Männer in der Lebensmitte

STUDIEN ZUR PÄDAGOGISCHEN UND PSYCHOLOGISCHEN INTERVENTION

Herausgegeben von
Wolf-Rüdiger Minsel und Jürgen Lohmann

Band 10

PETER LANG

Frankfurt am Main · Berlin · Bern · Bruxelles · New York · Paris · Oxford · Wien

Christiane Fügemann
Inés von der Linde
Wolf-Rüdiger Minsel

Männer in der Lebensmitte

PETER LANG
Internationaler Verlag der Wissenschaften

Bibliografische Information der Deutschen Nationalbibliothek
Die Deutsche Nationalbibliothek verzeichnet diese Publikation in
der Deutschen Nationalbibliografie; detaillierte bibliografische
Daten sind im Internet über <http://www.d-nb.de> abrufbar.

Gedruckt auf alterungsbeständigem,
säurefreiem Papier.

ISSN 0721-4170
ISBN 978-3-631-58464-4

© Peter Lang GmbH
Internationaler Verlag der Wissenschaften
Frankfurt am Main 2008
Alle Rechte vorbehalten.

Printed in Germany 1 2 3 4 5   7

www.peterlang.de

STUDIEN ZUR PÄDAGOGISCHEN UND PSYCHOLOGISCHEN INTERVENTION

Herausgegeben von Wolf-Rüdiger Minsel und Jürgen Lohmann

Die Reihe der 'Studien zur pädagogischen und psychologischen Intervention' wird in unregelmäßigen Zeitabständen erscheinen. Vorgesehen sind Monographien und Sammelbände. Im wesentlichen wird es sich um Arbeiten handeln, die spezielle Fragen zur Theorienbildung oder Anwendung pädagogischer und psychologischer Interventionen behandeln. Hierunter sind u.a. zu verstehen: Arbeiten zur Diagnostik, zum klinischen Urteilsprozeß, der Indikationsstellung sowie zu primärer, sekundärer und tertiärer Prävention in unterschiedlichen Berufsfeldern.
Mitarbeiter, die an einer Veröffentlichung im Rahmen der Reihe interessiert sind, wenden sich bitte an

Dr. Jürgen Lohmann
Universität Trier
Fachgebiet Psychologie
Tarforst
54296 Trier
Tel. 0651/201 2018

Prof. Dr. Wolf-Rüdiger Minsel
Universität zu Köln
Humanwissenschaftliche Fakultät
Department Psychologie
Gronewaldstr. 2
50913 Köln
Tel. 0221/470 40 74

www.peterlang.de

Inhaltsverzeichnis

6

1. Einleitung

Die Männergesundheit ist in jüngster Zeit ins Zentrum des Interesses gerückt. Neben den üblichen Frauenzeitschriften existieren nun auch Journale explizit für die Zielgruppe Mann. Dabei wird analog zu den entsprechenden Medien für Frauen der gesundheitsbewusste, aktive, fitte und potente Mann angesprochen, dem mit Tipps zur Verbesserung seines Muskelreliefs und zum Erlangen eines Waschbrettbauchs zur Seite gestanden wird. Daneben werden Sexualität, Karriereoptimierung und Aktivsportarten behandelt. Diese Mischung ist angesichts des Bestehens derartiger Medien offensichtlich eine erfolgreiche Strategie, um vor allem jüngere Männer quasi durch die Hintertür für gesundheitsrelevante Themen zu interessieren (Altgeld, 2004).

Auf fachlicher Seite wird dieser Trend begleitet durch die Bemühungen der Ärzteschaft den Facharzt für Männer zu etablieren. Aber auch die erfolgreiche Vermarktung von Viagra und Nachfolgerprodukten, sowie das aus endokrinologischen Kreisen laut werdende Interesse am fraglichen klimakterium Virile bzw. PADAM (partielles androgenes Defizitsyndrom des alternden Mannes) und entsprechender Hormonsubstitution (Jockenhövel, 1999), die den Mann im mittleren Lebensalter ansprechen, spiegeln den allgemeinen Trend auch für die Medizin wieder, der sich in entsprechenden Fachzeitschriften wie „Der Männerarzt" oder „The ageing Male" niederschlägt.

Möglicherweise kann die plötzlich entdeckte Männergesundheit auch lediglich als Ausdruck einer allgemeinen anti-aging Welle gewertet werden, die eben auch vor dem Mann nicht Halt macht.

Aber auch gesundheitspolitisch setzt sich zunehmend eine „gender mainstraim"- Perspektive durch. So präsentiert die WH0 2000 einen Männergesundheitsbericht mit der Thematik des alternden Mannes. Im Jahr 1999 wird der erste europäische Männerbericht in Wien für Österreich veröffentlicht. Als erstes deutsches Bundesland bringt Nordrhein-Westfalen im Jahr 2000 einen geschlechtsspezifischen Gesundheitsbericht heraus. Eine stärkere Beschäftigung mit der männlichen Gesundheit gerade auch im Zusammenhang des Älterwerdens wird gefordert (Rieder, 2001).

Im Zentrum der vorliegenden Studie steht, den gesellschaftlichen Trend aufgreifend, insgesamt das mittlere Erwachsenalter des Mannes, welches unter verschiedenen Perspektiven untersucht wird.

2. Das mittlere Erwachsenalter aus der Sicht verschiedener Entwicklungstheorien

Mit mittlerem Erwachsenenalter wird der Altersbereich von 40 bis 60 Jahren beschrieben. In gewissem Sinne erscheint diese Lebensphase „undramatisch", da sich hier eher „stille Übergänge" vollziehen. In älteren Phasenmodellen der Lebenspanne kommt diese relative „Ruhe" in den formulierten Lebensthemen, -krisen bzw. -aufgaben zum Ausdruck.

So kennzeichnet Charlotte Bühler (1933) in der biologischen Lebenskurve den Altersbereich von 25-45 Jahren als Phase des stabilen Wachstums mit Fortpflanzungsfähigkeit, gefolgt von der der Phase des stabilen Wachstums ohne Fortpflanzungsfähigkeit von 45- 55 Jahren und schließlich dem regressiven Wachstum ab 55 Jahren.

Auch in Eriksons Phasenmodell der psychosozialen Entwicklung (1988) in dem er den Lebenszyklus in acht Phasen unterschiedlicher psychosozialer Krisen untergliedert, steht das mittlere Erwachsenalter unter der Thematik Generativität. Dabei ist neben Fortpflanzung und Erziehung der nächsten Generation, Produktivität und Kreativität im Sinne des Hervorbringens neuen Lebens, neuer Ideen und neuer Produkte gemeint. Fehlt diese Weitergabe eigener Lebenserfahrungen an die nächste Generation, so kommt es zur Stagnation der Persönlichkeit.

Ähnlich wie Erikson strukturiert Havighurst (1972) den Lebenslauf in Phasen, die durch unterschiedliche Entwicklungsaufgaben charakterisiert sind. Die positive Lösung der jeweiligen Anforderung stellt dabei die Voraussetzung zur Bewältigung der Anforderungen der nächsten Entwicklungsstufe dar. Zentrale Anforderungen des mittleren Erwachsenalters sind nach Havighurst ebenso die Kindererziehung, die Entwicklung der Berufskarriere und die Übernahme sozialer und öffentlicher Verantwortung.

Diese älteren Phasenmodelle haben heute eher heuristischen Wert, da sie modernen Vorstellungen der Entwicklungspsychologie nicht mehr gerecht werden. Entwicklung wird in modernen Ansätzen im Gegensatz zu den genannten Theorien nicht mehr als universell und unidrektional, sondern als multidirektional, interindividuell variabel und als interaktionistisch konzipiert.

Für die vorliegende Arbeit ist die Arbeit des Sozialpsychologen Levinson (1979) von Interesse. Er geht von einer individuellen Lebensstruktur aus, womit das Grundmuster des Lebens eines Menschen, bei der Interaktion seines Selbst mit der Welt gemeint ist. Zentrale Komponenten bilden dabei der Beruf und Ehe/Familie, wobei es beträchtliche individuelle Unterschiede gibt. Darüber hinaus gibt es noch eher periphere Komponenten für das Selbst und des Aufbau des Lebens. Die Veränderung der individuellen Lebensstruktur, was in Interaktion des Individuums mit seiner jeweiligen Umwelt geschieht, gliedert den Lebenslauf. Auf der Grundlage diesen Konstrukts untersuchte Lewinson 40 Männer im Alter von 35 -45 Jahren mittels biographischen Interviews, um deren Biographien zu rekonstruieren. Dabei ergab sich der Wechsel von strukturbildenden mit stukturverändernden Phasen in Lebenslauf als das Ordnungsprinzip des Erwachsenalters. D.h. es findet in diesem Lebensalter abwechselnd Entscheidungsfindung und Strukturierung des individuellen Alltags aufgrund dieser Entscheidung (Strukturbildung) einerseits und Revidieren und Neukalibrieren von bestehenden Strukturen (Strukturveränderung) anderseits statt. Diese Strukturveränderungen im Lebenslauf finden in Übergangsperioden statt. Dies geschieht etwa beim Übergang der Lebensmitte, der frühes und mittleres Erwachsenalter verbindet und von Lewinson in den Altersbereich 40 bis 45 Jahre gelegt wird. Das bisherige Leben muss kritisch eingeschätzt und Veränderungen in der Lebensstruktur eingeleitet werden. Eine analoge Aufgabe muss in späteren Übergangsphasen, wie etwa dem „Übergang der Fünfzigerjahre" (50-55Jahre) oder dem „Übergang des späten Erwachsenenalters" (60-65 Jahre) geleistet werden. Wesentlich in diesem Ansatz erscheinen weniger die Altersgrenzen der jeweiligen Phasen als vielmehr die zu erfassende individuelle Lebensstruktur als Konstrukt, die das Erwachsenalter in einander abwechselnde Phasen von relativ ruhigen, stagnierenden Phasen und Umbruchsphasen gliedern. In der vorliegenden Arbeit, werden Altersgruppenvergleiche im Querschnitt durchgeführt, die ebenfalls der Annahme folgen, dass das Alter einen Indikator für unterschiedliche Übergangsphasen in der Erwachsenbiographie darstellt.

In ähnlicher Weise versucht auch die Lebensereignisforschung die Entwicklung im Erwachsenalter zu strukturieren (Filipp, 1990; Faltermaier, 1984). Rollenübergänge , normative und nicht-normative Ereignisse im Lebenslauf, Lebenskrisen und kritische Lebensereignisse wurden untersucht, mit der Annahme, dass sich gerade im Erwachsenenalter persönliche Entwicklung aus der erfolgreichen Bewältigung beschreibbarer Ereignisse und den damit einhergehenden persönlichen Belastungen ergibt. Markante Lebensereignisse, die subjektiv bedeutsamer erlebt werden, gliedern dabei den Lebenslauf, wobei in einer Zeit raschen gesellschaftlichen Wandels, zunehmender Individualisierung und Pluralisierung normative Lebensläufe immer mehr verwischen.

Die vorliegende Arbeit betrachtet das Erwachsenalter ebenfalls aus der Perspektive der Lebensspanne, wobei für die Zeit des mittleren und höheren Erwachsenalters Expansion und Konzentration von Staudinger (2000) als die wesentlichen Themen des Erwachsenalters genannt werden. Während zu Beginn des Erwachsenalters hauptsächlich das Wählen und Entscheiden in vielen Lebensbereichen (Beruf, Partnerschaft, Elternschaft, Freizeit) geleistet werden muss, so verschiebt sich das Gewicht im weiteren Lebenslauf eher hin zum Abwählen von Bereichen und hin zur Konzentration und Pflege der bestehen bleibenden Lebensbereiche.

Baltes Modell der selektiven Optimierung mit Kompensation liefert für die Betrachtung des Erwachsenalters den theoretischen Rahmen auf dem Hintergrund einer allgemeinen Theorie erfolgreicher Entwicklung (Baltes, 1997). Baltes definiert darin die biologische und kulturelle Architektur des Lebenslaufs durch drei invariante Grundzüge. Er nennt drei grundlegende und wechselseitig abhängige Altersfunktionen, die den Lebenslauf dynamisch strukturieren:

- Mit dem Alter werden evolutionäre Selektionsvorteile geringer.
- Mit dem Alter nimmt der Bedarf an Kultur zu.
- Mit dem Alter nimmt der Wirkungsgrad von Kultur ab; d.h. mit zunehmendem Alter ist ein erhöhter Aufwand materieller, sozialer, ökonomischer oder psychologischer Ressourcen notwendig, um eine Funktionsniveau auf einem Gebiet zu erhalten.

Ferner liegt das maximale Funktionsniveau bei älteren Erwachsenen niedriger als bei jüngeren.

Die beschriebene Architektur des Lebenslaufs bewirkt, dass sich nach Baltes die Entwicklungsziele des Menschen im Lauf seines Lebens verschieben. Mit zunehmendem Alter werden mehr Ressourcen für den Erhalt eines Funktionsniveaus (d.h. Beibehaltung) und für die Regulation von Verlusten (d.h. Kompensation) aufgewendet, während zunehmend weniger Ressourcen für die Funktionszunahme investiert werden.

Erfolgreiche Entwicklung, die nach Baltes & Baltes (1990) als Maximierung von Entwicklungsgewinnen bei gleichzeitiger Minimierung von Verlusten definiert ist, vollzieht sich nach dem Modell der selektiven Optimierung mit Kompensation (SOK) durch die Interaktion von drei übergreifenden Entwicklungsprozessen:

- Selektion: Die Auswahl von Funktionsbereichen, auf die sich die begrenzten Ressourcen zu einem jeweiligen Zeitpunkt in der Lebensspanne konzentrieren.
- Optimierung: Entwicklungsgewinne werden hergestellt; Ressourcen zur Erreichung von Entwicklungszielen werden erworben, verfeinert und angewendet.
- Kompensation: Der Erwerb, die Verfeinerung und die Anwendung von Ressourcen, die Verlusten im Funktionsniveau entgegenwirken, was der Aufrechterhaltung des Niveaus dient.

Die von Baltes postulierte Veränderung der relativen Ressourcenallokation mit zunehmendem Alter könnte sich beispielsweise bezüglich des Gesundheitsverhaltens etwa in Altersunterschieden bei den gesundheitsbewussten, konkreten Verhaltensweisen, gesundheitlichen Wissen, Gesundheitsbewusstseins oder Bewertungen des eigenen Gesundheitsverhaltens manifestieren. In einer Studie von Staudinger (1996) zum Lebensinvestment zeigt sich diese Zielverschiebung über die Lebenspanne empirisch. Im Vergleich von Erwachsenen im Alter von 25 Jahren bis zu 105jährigen hinsichtlich des selbstberichteten Lebensinvestments- d.h. die Bereiche im Leben, für die nach eigenen Angaben Zeit, Energie und Anstrengung investiert wird- konnte ein Wechsel in der Rangreihe der Investments aufgezeigt werde. So lautet die Rangreihe der ersten vier Ziele bei den 35-54jährigen: 1. Familie, 2. Beruf, 3. Freunde, 4. Kognitive Leistungsfähigkeit. Die Rangreihe der 55-65jährigen lautet demgegenüber: 1. Familie, 2. Gesundheit, 3. Freunde, 4. Kognitive Leistungsfähigkeit. Damit taucht bei letztgenannter Altergruppe überhaupt erstmalig Gesundheit als Ziel auf, dann aber direkt an priorisierter Position, was als Anpassungsleistung im Sinne des SOK – Modells gewertet werden kann vor dem Hintergrund einer mit dem Alter anfällig werdender Gesundheit und subjektiv wahrnehmbaren biologischen-körperlichen Veränderungen (z.B.: Nachlassen der Sehkraft, Hautveränderungen, Veränderungen der Muskulatur, Ergrauen und/ oder Verlust der Haare etc.).

Die von Staudinger gefundenen Veränderungen der berichteten Priorisierungen im Lebensinvestment insgesamt, entsprechen inhaltlich den zentralen Entwicklungsaufgaben wie sie auch in ältern Phasenmodellen von Erikson oder Havighurst schon formuliert wurden.

2.1. Männerspezifische Aspekte der Entwicklung im Erwachsenalter

2.1.2 Körperliche Altersveränderungen des Mannes

Im Allgemeinen findet keine differenzierte Betrachtung physiologischer Altersveränderung für die Geschlechter statt, sondern es werden meist allgemeine Alternsprozesse beschrieben (Kruse et al., 2001). Das menschliche Altern als normales und nicht pathologisches Phänomen beginnt im biologischen Sinne schon recht früh gegen Ende des zweiten Lebensjahrzehnts. Es kommt zu einem mehr oder weniger ausgeprägten, allgemeinen Leistungsabbau aller Körperfunktionen, was muskuläre, skelettöse, hormonelle, immunologische, sensorische, kognitive Veränderungen beinhaltet.

Es soll an dieser Stelle daher auf einige biologische Veränderungsprozesse für den Mann eingegangen werden ohne den Anspruch auf vollständige Erfassung aller altersbedingten Organ- oder Funktionsveränderungen. Ory & Warner (1990) zeigen einige Unterschiede im Alternsprozess zwischen Männern und Frauen auf, die durch die unterschiedliche hormonelle, immunologische und diverse andere geschlechtspezifische biologische Faktoren bedingt sind, und worin sich biologische Erklärungsmöglichkeiten für die geringere Lebenserwartung und geschlechtsspezifischen Morbiditätsmuster (vgl. Statistisches Bundesamt, 1997) zu finden sind.

Mit dem Alter nimmt bei Männern die Effektivität des Immunsystems deutlicher als bei Frauen ab, was zu einem erhöhten Infektionsrisiko führt, Tumore wahrscheinlicher werden lässt und Autoimmunerkrankungen begünstigt. Kruse et al. (2001) sehen darin eine mögliche Ursache für die stärkere Neigung zu akuten, lebensbedrohlichen und komplikationsreicheren Erkrankungen von Männern im Alter im Vergleich zu Frauen im Alter.

Die hormonellen Altersveränderungen des Mannes rücken erst in jüngster Zeit ins Zentrum des wissenschaftlichen Interesses, so dass im Vergleich zur Erforschung der weiblichen Menopause vergleichsweise wenige gesicherte Erkenntnisse über die Auswirkungen der hormonellen Veränderungen im Erwachsenalter des Mannes bestehen. Die These von den „männlichen Wechseljahren" mit entsprechenden Beschwerden wird in der Literatur kontrovers behandelt (Werner, 1939; Degenhardt, 1993). Tan (1999) spricht in Analogie zur „Menopause" von der „Andropause", die typischerweise um das 50. Lebensjahr beginnt und mit einem reduzierten Androgenniveau verbunden seien kann. Er betont aber explizit, dass hiervon nicht alle Männer betroffen seien. Als Symptome der Andropause betrachtet er die erektile Dysfunktion, Osteoporose, Schwäche, Depressivität und kognitive Veränderungen wie Gedächtniseinbußen oder Schwierigkeiten in der Raumwahrnehmung. Jockenhövel (1999) spricht dagegen bewusst von Androgenmangel des älteren Mannes und wendet sich gegen des „Klimakterium virile". Der Begriff ist aus seiner Sicht irreführend. Im Gegensatz zur Frau, kommt es beim Mann nicht zu einer relativ abrupten und drastischen Verringerung des Geschlechtshormons, sondern der Mann unterliegt einem kontinuierlichen Abfall der Testosteronproduktion. Auch er konstatiert aber, dass „viele Männer nach dem 50. bis 60. Lebensjahr unter klinischen Zeichen verminderter Virilität „ leiden (Jockenhövel, 1999, S. 75). Symptome des Androgenmangels nach Jockenhövel sind: Osteoporose, Atrophie der Muskulatur bzw. Muskelschwäche, chronische Müdigkeit auf Grund von Erythropoese/ Anämie, Nachlassen der Sexualfunktionen, Veränderungen der Köperfett-Muskulatur-Zusammensetzung im Sinne einer Erhöhung des Fettanteils. In der Massachusetts Studie zum Alterungsprozesses des Mannes konnten Gray et al. (1991) im Alter zwischen 40 und 70 Jahren eine durchschnittlichen Konzentrationsabfall des freien Testosterons von 1,2 Prozent nachweisen, was eine Reduktion von über 30 Prozent über den Altersbereich beinhaltet. Im Allgemeinen bleibt aber beim Mann bei zwar reduzierter Spermatogenese die Zeugungsfähigkeit erhalten. Bezüglich des individuellen hormonellen Ausgangsniveaus und dem Ausmaß der Reduktion gibt es beträchtliche interindividuelle Schwankungen, die vor allem durch Faktoren des Lebensstils wie Übergewicht, hohen Alkoholkokonsum und chronische Erkrankungen vermittelt sind (Jöckenhövel, 1999; Vermeulen et al., 1996; Ferrini & Barrett-Connor, 1996).

Vermeulen (2000) widerspricht daher der Position Jockenhövels von einem eigenständigen Androgenmangelsyndrom. Er geht von einem nicht pathogenen, allgemeinen Alterungsprozess aus, wobei die Symptome, die dem Androgenmangel zugeschrieben werden nahezu alle multifaktoriell bedingt seien.

Neben der Abnahme der Testosteronproduktion über den Lebenslauf kommt es mit zunehmendem Alter auch zu einer Verringerung der zirkadianen Dynamik der Testosteronausschüttung (Bremner et al. 1983).

Folgende alterungsbedingte Veränderungen in den sexuellen Funktionen des Mannes sind teils auf die genannten hormonellen Veränderungen zurück zu führen, teils Ausdruck allgemeiner körperlicher Abbauprozesse (vgl. Zeier, 1999, S. 34f.):

- Bis zur vollständigen Erektion dauert es länger; sie kann aber länger ohne Ejakulation aufrechterhalten werden.
- Für eine Erektion ist vermehrt direkte, taktile Stimulation notwendig.
- Die morgendliche Erektion wird seltener und bleibt schließlich ganz aus.
- Die voll Erektion wird weniger hart, der Erektionswinkel nimmt ab.
- Der Erektionsdrang nimmt ab.
- Der Erektionsdruck nimmt ab.
- Das Ejakulationsvolumen erhöht sich, die Anzahl funktionstüchtiger Spermien verringert sich aber.
- Nach der Ejakulation kommt es schneller zu einer Peniserschlaffung; die Refraktärzeit nimmt zu.
- Die Hoden atrophieren, der Hodensack wird länger und bei sexueller Erregung weniger hochgezogen.

Exkurs: Physiologische Grundlagen

Nach Vermeulen und Kaufmann (1995) ist der Alternsprozess beim Mann verbunden mit bedeutsamen Veränderungen in der Hypothalamus-Hypophysen-Gonaden-Achse.

Der Hypothalamus ist die Hirnregion, die das endokrine System zentral steuert. Mittels Hormonen als Botenstoffen werden zahlreiche Körperprozesse in der Körperperipherie gesteuert und rückgekoppelt. Der Hypothalamus ist eng mit der Hypophyse verbunden, welche, gesteuert über hypothalamische Releasing-Hormone, eigene Hormone produziert. Hypophysenhormone sind mit anderen hormonproduzierenden Drüsen im Körper (z.B. Sexualdrüsen) in spezielle Regelkreise eingebunden. Die verschiedenen hormonellen Regelkreise sind an der Funktionsfähigkeit der körperlichen, sexuellen und auch kognitiven Leistungsfähigkeit des Organismus beteiligt. Beim Mann ist das wichtigste Sexualhormon das Testosteron, welches in den Leydigzellen des Hodens produziert wird. (Crapo, 1987 & Schmidt, 1987, nach Thiele, 1998)

Die Produktion des Testosterons wird durch das Hypophysenhormon Lutenisierendes Hormon (LH) gesteuert. Der Testosteronspiegel wiederum wirkt auf den Hypothalamus zurück, welcher über das Gonadotropin-Releasing-Hormon (GnRH) die LH-Ausschüttung anregt (Sternbach, 1998).

Mit zunehmendem Lebensalter lässt sich ein fortschreitender Abfall der Testosteronkonzentration im Serum feststellen. Dies ist insbesondere für das biologisch-aktive freie Testosteron nachweisbar und liegt in der Größenordnung von etwa 1,2% pro Jahr. Das freie Testosteron entspricht dem nicht an Plasma-Proteine, insbesondere dem Sexualhormonbindenden Globulin (SHGB) gebundenen Anteil des Gesamttestosterons und beträgt etwa 15% des Gesamttestosterons. Für 75jährige gesunde Männer liegt, wie Vermeulen (1993) im Querschnitt nachwies, der mittlere Serumspiegel für freies Testosteron etwa 2/3 unter dem Wert junger 25jähriger Männer.

Vermeulen und Kaufmann (1995) geben die Häufigkeit eines Hypogonadismus bei 300 ambulant untersuchten Männern ohne Krankheiten bei den 40-60jährigen mit 7 %, bei den 60-80jährigen mit 21% und den über 80jährigen mit 35% an, wobei der Wert von 12 nmol/l als Grenzwert angesetzt wird. Es besteht eine große interindividuelle Variabilität innerhalb der Serumtestosteronspiegel. Einige ältere Männer behalten eine Serumsekretion entsprechend den Werten junger Männer.

Insgesamt ist von einer komplexen Verursachung der Verringerung des Testosteronspiegels auszugehen. Folgende Ursachen werden von Kaufmann und Vermeulen (1998) benannt:

- Der Hypogonadismus im Alter hat einerseits seinen Ursprung in den Testikeln, da die Zahl und die Funktionsfähigkeit der Leydig-Zellen im Hoden mit dem Alter abnimmt. Die Testosteronkonzentration kann zusätzlich durch gleichzeitig bestehende Krankheiten mit Einfluss auf die Leydigzellfunktion vermindert sein, so dass von einer größeren Anzahl von Probanden mit subnormaler Testosteronkonzentration ausgegangen werden muss (Kaufman &Vermeulen, 1998).

- Zweitens wird die stärkere Abnahme des freien Testosterons vermutlich verursacht durch die mit dem Alter erhöhte Zunahme der Konzentration und der Bindungskapazität des SHBG. Die Gründe der Zunahme des SHBG sind bisher weitgehend unbekannt (Vermeulen & Kaufmann, 1995).

- Die verminderte Testosteronkonzentration würde normalerweise bei jüngeren Männern zu einem erhöhten LH-Spiegel führen. Dieser ist beim alternden Mann jedoch häufig niedrig oder auf normalem Niveau, welches durch eine eingeschränkte Sensitivität des hormonellen Feedback-Mechanismus der Hypothalamus-Hypophysen-Gonaden-Achse sowie durch eine eingeschränkte LH-Pulsamplitude hervorgerufen wird. Diese wird vermutlich durch eine primäre hypothalamische Dysfunktion erzeugt.

- Zusätzlich verringert sich altersabhängig auch die Anzahl der Androgenrezeptoren in den Zellen, so dass die Androgenkonzentration in den Zellen vermindert wird. So sind die Androgenzielorgane weniger sensitiv für die zirkulierenden Androgene.

Der Testosteronspiegel des älteren Mannes wird weiterhin beeinflusst von erblichen Faktoren, hormonellen und Stoffwechselfaktoren, Einflüssen des Lebensstils und chronischen Krankheiten.

So konnten Studien an ein- und zweieiigen Zwillingen 60% der Variabilität der Serumkonzentration des Testosterons aufklären.

Übergewicht, operationalisiert durch den Body- Mass- Index (BMI), ist negativ korreliert mit dem Testosteronserumspiegel. Alkoholkonsum, chronische Krankheiten, wie z.b. Schlafapnoe, Diabetes mellitus, Arteriosklerose, psychische und physische Stressfaktoren, sowie anstrengende körperliche Tätigkeit haben negativen Einfluss auf die Testosteronserumkonzentration. Für Raucher lassen sich erhöhte Testosteronwerte nachweisen (Kaufman u. Vermeulen, 1998).

Ein weiteres Phänomen der zweiten Lebenshälfte des Mannes ist die Prostatavergrößerung, über deren biologisch-medizinischen Ursachen verschiedene Hypothesen bestehen. Als verhaltensabhängige Faktoren seien hier verringerte Ejakulationshäufigkeit, was eine Wechselwirkung mit dem Sexualverhalten zeigt, oder Übergewicht und Bluthochdruck zu nennen. Letztgenannte so genannte „Zivilisationskrankheiten" sind deutlich durch gesundheitsrelevante Verhaltensgewohnheiten mit bedingt.

Verhalten hat ebenfalls maßgeblichen Einfluss auf den erwähnten altersbedingten Verlust von Muskel- und Knochenmasse. Zwischen 30 und 80 Jahren verliert der Mann 30-40 Prozent seiner Muskelkraft, was durchschnittlich 10 kg Muskelmasse entspricht. Dabei gehen zunächst stärker die Muskeln verloren, die eine hohe Kontraktions- und Erschlaffungsgeschwindigkeit zeigen. Die Muskelfasern, die langsamer kontrahieren und eher für Ausdauerleistungen verantwortlich sind bleiben länger erhalten. Wie viel Muskelmasse im Alter bleibt hängt von der Muskelmasse ab, die in Wachstumsphasen aufgebaut wurde und mit welcher Trainingsintensität sie aufrechterhalten wird (Zeier, 1999).

Die Verringerung der Knochenmasse, die circa mit 30 Jahren beginnt, variiert sehr stark je nach genetischer Veranlagung und Umwelteinflüssen. Slemenda et al. (1992) belegen aber auch hier die Bedeutung des gesundheitlichen Lebensstils. Knochenabbau wird gefördert durch hohen Alkoholkonsum, Rauchen, kalziumarme Ernährung und Bewegungsmangel.

Mit der Reduktion von Muskelmasse geht mit dem Alter eine Zunahme von Fettgewebe einher, was wiederum die Energiebilanz verändert, das Muskeln mehr zur Aufrechterhaltung mehr Energie benötigen als Fett. In der Summe führen diese Veränderungen in der Körperzusammensetzung zu einer physiologischen Reduktion des Energiebedarfs, auf die eine entsprechende Verhaltensanpassung (Ernährung, Bewegung) stattfinden muss. Andernfalls kommt es sukzessive zu Erhöhung des Körpergewichts (Pudel & Westhöfer, 2003). Hayflick (1996) nennt 20-30 Prozent übergewichtige Erwachsene in den Wohlstandsgesellschaften, wobei Männer hier den größeren Anteil bilden. Im Gesundheitsbericht des Bundes (Robert-Koch Institut, 2003) liegt der Anteil der übergewichtigen und adipösen 40-59 jährigen Männer zwischen 70 % und 80 % Prozent! Übergewicht ist vergesellschaftet mit Bluthochdruck, Koronaren Herzerkrankungen, Typ 2-Diabetes, Fettstoffwechselstörungen, Schlaganfall, Schlafapnoe-Syndrom, Gicht, Gallenblasenerkrankungen, Krebs und Schäden am Bewegungs- und Stützapparat.

Als letzte biologische Altersveränderung, die allerdings nicht geschlechtsspezifisch ist, soll auf die Veränderung des Schlafes eingegangen werde. Die Schlafarchitektur des Erwachsenen verändert sich mit zunehmendem Lebensalter dahingehend, dass der Schlaf weniger tief wird. Es sind weniger langsame Deltawellen im EEG beobachtbar. Diese erhöhte Oberflächlichkeit des Schlafes und der häufigere Wechsel zwischen den Schlafphasen führt zu einer zunehmenden Schlaffragmentierung ab circa 50 Jahren. Aufwachperioden werden mit zunehmendem Alter häufiger, länger und führen mehr zu richtigem Erwachen. Insgesamt nimmt die Schlafeffizienz – der Anteil der Schlafzeit bezogen auf die im Bett verbrachte Zeit - mit dem Alter ab (Backhaus & Riemann, 1999). Zusätzlich wird für Männer ab der zweiten

Lebenshälfte das Durchschlafen häufig wegen vermehrten Harndrangs aufgrund von einer Prostatavergrößerung erschwert.

2.1.2 Soziale Veränderungen des Mannes im mittleren Erwachsenalter

Neben den körperlichen Veränderungen und der Frage, wie diese sich im psychischen Erleben niederschlägt, vollzieht sich zusätzlich vor diesem Hintergrund die Auseinandersetzung mit sozialen Rollen und sozialen Transitionen im Familien- und Karrierezyklus. Dies stellt weiteres Kennzeichen der Entwicklung im Erwachsenalter dar (Faltermaier et al., 1992).

Thiele, Degenhardt und Jaursch-Hancke (2001) geht davon aus, dass die Wahrnehmung von Verlusten in der Körperkraft und physischen Ausdauer, die als grundlegende Ressource zur Bewältigung beruflicher, sozialer und familiärer Anforderungen angesehen werden kann, die Realisierung von Lebenszielen behindern kann, und somit das psychische und körperliche Wohlbefinden beeinträchtigt.

Aus diesem Blickwinkel erschien das mittlere Erwachsenalter in den 70er Jahren als eine besonders krisenhafte Altersstufe (Brim, 1976; Levinson, 1979). Das Konzept der männliche „midlife crises" fasst diese frühere entwicklungspsychologische Annahme zusammen. Brim (1976) kommt in seiner Übersichtsarbeit zu diversen Erklärungsansätzen für die sog. „midlife crises", deren zentraler Kern die Auseinandersetzung mit den eigenen Lebenszielen und den sozialen Rollenerwartungen ist. Dabei können Altersveränderungen Zieldiskrepanzen begünstigen, z.B. wenn der älter werdende Mann an einem männlichen Rollenbild festhält, das von Jugendlichkeit, körperlicher Fitness, Stärke und Ausdauer geprägt ist. Daran wird aber deutlich, dass die Entwicklung im mittleren Lebensalter einen aktiven Regulationsprozess darstellt, der nur zu einem Teil von den objektiven körperlichen Ressourcen abhängt, sondern von den Bewältigungsmöglichkeiten des Mannes modifiziert wird. Auch Faltermaier et al. (1992) kommen zu der Beurteilung, dass die ursprüngliche Annahme einer universellen Krise im mittleren Erwachsenalter eindeutig verneint werden muss. Sie betonen vielmehr, dass die Entwicklungen im mittleren Erwachsenalter lediglich kohorten-, geschlechts- und lebensbereichsspezifisch beschreibbar sind, wobei auch dabei von großen interindividuellen Abweichungen ausgegangen werden muss.

Der Lebenslauf kann als Abfolge von sozialen Rollen betrachtet werden, wobei es sozial vermittelte Altersnormen für die Übergänge zwischen den Rollen gibt. Die Sozialisation erzeugt eine Vorstellung von der Ausfüllung diverser Rollenbereiche wie Familie, Beruf und Freizeit, die auch als „Normalbiographie" bezeichnet werden kann. Diese traditionelle „Normalbiographien" sind geschlechtspezifisch unterschiedlich orientiert (Levy, 1977). Vereinfacht gesagt ist der weibliche Lebenslauf primär durch den Familienzyklus festgelegt, während die männliche Biographie eher durch den Karriereverlauf strukturiert wird. Das Konstrukt der Normalbiographie muss jedoch vor dem Hintergrund gesellschaftlichen Wandels relativiert werden. Tatsächlich existieren neben den traditionellen Normalbiographien parallel eine Vielzahl von individualisierten Lebensläufen. Die Antizipation von Abfolgen im Familienzyklus und im Karriereablauf, wird durch gestiegenen Wahlmöglichkeit bzw. Zwang zur Flexibilität (Beck-Gernsheim, 1983) in der Beziehungsgestaltung und in beruflichen Kontexten, immer schwieriger. Zunehmend kann bzw. muss der Einzelne seinen Lebensentwurf und- lauf durch eigene Entscheidungen aktiv gestalten. Erwachsene unterschiedlicher Kohorten unterlagen dabei verschiedenen Sozialisationsbedingungen, was unterschiedliche individuelle Lebensentwürfe entstehen ließ. Denkbar ist, dass der gesellschaftliche Technisierungs- und Modernisierungsprozess, aktuelle Entwicklungen des Arbeitsmarktes, des Gesundheitssystem und des Rentensystems für einige Männer gegenwärtig ganz andere Bedingungen bereithält als frühere Sozialisationprozesse normativ in Aussicht stellten.

Nave-Herz (2000) kommt aber dennoch bei ihrer Analyse der These von der zugenommenen Pluralisierung von neuen Familienformen zu dem Ergebnis, dass zwar von einer gestiegenen Pluralität der Lebensformen gesprochen werden könne, aber nach wie vor, die Mehrzahl der Menschen in ihrem Leben eine Familie bildet, wobei die Elternfamilie unverändert das quantitativ dominante Modell aller Familienformen bleibt.

Trotz einer geringer werdenden Standardisierung der Lebensläufe finden also nach wie vor typische Veränderungen in der Lebensmitte statt. Wichtige soziale Transitionsthemen des mittleren Lebensalters sind im familiären Bereich das Erwachsenwerden, die Lösung und der Auszug der Kinder aus dem Elternhaus und die Veränderungen im Berufsleben hinsichtlich objektiver Karrierechancen und Orientierungen auf den Ruhestand.

Das in den 60er Jahren formulierte „empty nest syndrom" betrachtet dabei vorrangig die weibliche Perspektive des sozialen Übergangs Auszug der eigenen Kinder. Spätere Ansätze betrachten den Übergang dann eher aus der familiären Perspektive (Rubin, 1980; Fahrenberg, 1986). Es ist davon auszugehen, dass der Mann zum einen indirekt durch den Bewältigungsprozess seiner Partnerin beim Auszug von Kindern aber auch direkt durch die familiäre Veränderung beeinflusst wird. In einer Untersuchung von Bell & Eisenberg, (1985), konnten bei einem Vergleich der Lebenszufriedenheit in elf Bereichen von kinderlosen Paaren in der Lebensmitte mit altersgleichen Paaren in der empty-nest-Phase keine Geschlechtsunterschiede innerhalb der Gruppen gefunden werden. In einer Studie von Barber (1978) werden die mit dem Weggang der Kinder verbundenen Gefühle der Eltern untersucht. Hier wurde gezeigt, dass Männer, wie Frauen, ihrer emotionale Lage als Mischung aus Verlust und Gewinn beschreiben. Welche Gefühlslage stärker hervortritt, unterliegt diversen individuellen Einflussvariablen. Geschlechtspezifische Befunde lassen sich in Bezug auf die eheliche Zufriedenheit in der Lösungsphase der Kinder finden (Olson et al., 1989), wobei Männer zum Zeitpunkt des Auszugs der Kinder unzufriedener mit der Ehe sind als Frauen.

Im beruflichen Lebensbereich fallen in das mittlere Erwachsenalter mindestes zwei Berufsphasen. Zu Beginn dieses Altersabschnitts scheint eher die Konsolidierung, d.h. Erhalt und Ausbau beruflicher Ziele im Vordergrund zu stehen, während am Ende der Lebensphase das Ausscheiden aus dem Berufsleben schon antizipiert werden dürfte, so dass die grundsätzlichen beruflichen Orientierungen sich innerhalb des mittleren Lebensalters wandeln dürften. Lehr (1981) beklagt, dass die Arbeitsplatzstruktur und -gestaltung vorwiegend auf das frühe Erwachsenalter ausgerichtet ist, was in der Erwartungshaltung von Arbeitgebern Arbeitnehmer mit zunehmendem Alter eher zur Gruppe der Leistungsgeminderten und Problemfälle zuordnen lässt. Empirisch lässt sich dieses negative Stigma des älteren Arbeitnehmers als leistungsgemindert nicht bestätigen (Lehr, 1981). Vor dem Hintergrund aktuell wieder heraufgesetzter Lebensarbeitszeiten wird hier zudem eine Neubewertung erforderlich.

Dennoch zeigt sich im mittleren Lebensalter, dass berufliche Festlegungen, die in jüngeren Jahren stattgefunden haben in allgemeinen nicht mehr rückgängig zu machen sind, bzw. Alternativen nicht mehr nachzuholen sind. Faltermaier et al. (1992) sehen im mittleren Lebensalter die Zeit der kritischen Bilanzierung und des Konfrontiertwerdens mit Grenzen und den genannten Stigmatisierungen im beruflichen Kontext. Kruse et al. (2001) vermuten, dass dem Mann mit dem Wegfall seiner Berufrolle, anolog zur weiblichen Menopause, schlagartig eigenes „Alt- werden" vor Augen geführt werde. Neben dem Wegfall berufsbedingter Tages- und Wochenstrukturierungen, Änderungen im sozialen Beziehungen zu Kollegen und Vorgesetzten und einem plötzlichen Mehr an Zeit, was eine Neuorientierung in der Lebensgestaltung fordert, muss das Selbstbild gewandelt werden.

Das mittlere Erwachsenenalter nimmt damit eine Zwischenstellung zwischen Jugend und Alter ein, wobei offensichtlich Merkmale der mittleren Lebensphase die Gestaltung des Alters mit bedingen. So konnte Abraham (1993) zeigen, dass für Männer Handlungsspielraum, Kontroll- und Entscheidungsmöglichkeiten in der Erwerbstätigkeit entscheidende Prädikatoren für die Bewältigung der nachberuflichen Zeit sind. Hohe Werte in den genannten Merkmalen der Berufsausübung sagten eine besseres Zurechtkommen mit dem Ruhestand und ein aktiveres Leben mit mehr Plänen voraus.

Auch das Freizeitverhalten scheint eine hohe Kontinuität zu besitzen (Bossé & Ekerdt, 1981; Long, 1987). So werden nach dem Berufsende schon vorhandene Interessen wieder aufgenommen oder intensiviert, aber anders als die erhobenen Vorsätze vor dem Berufsausscheiden, werden äußerst selten gänzliche neue Freizeitaktivitäten begonnen. Allenfalls die Funktion derartiger Aktivitäten ändert sich im Zusammenhang mit dem Erwerbsleben. Während Freizeitaktivitäten vor dem Ruhestand eher die Bedeutung eines Ausgleichs zur beruflichen Tätigkeit haben, dienen sie in der Ruhestandsphase eher der eigenen Bestätigung und Achtung durch andere. Kiefer (1997) schränkt jedoch ein, dass dieser Bedeutungswandel von Freizeitaktivitäten nur dann eintritt, wenn der der Ruhestand als „Verlust" der beruflichen Tätigkeit bewertet wird.

Hinsichtlich der Zufriedenheit resümieren Kruse et al. (2001) dass für die meisten männlichen und weiblichen Erwerbstätigen der Übergang in die nachberufliche Phase positiv verläuft und sie mit ihrem Leben nach dem Ruhestand genau so zufrieden sind wie vorher. Rosenmayr (1983) werten dies als Ausdruck einer allgemein höheren gesellschaftlichen Freizeitorientierung und einer gesellschaftlichen Aufwertung des Ruhestands. Von Bedeutung für diese Transition scheint jedoch der Ruhestandsmodus freiwillig oder unfreiwillig sowie die Übereinstimmung des Zeitpunkts mit der männlichen Normalbiographie zu sein (Niederfranke, 1987).

2.1.3 Psychische Veränderungen des Erwachsenalters

Die genannten biologischen und sozialen Veränderungen schlagen sich in psychischen Veränderungen der kognitiven Leistungsfähigkeit, des Selbstbildes bzw. der Persönlichkeit und der allgemeinen Lebensorientierungen, dem Wohlbefinden und dem Kontrollerleben nieder.

Zunächst soll auf die Entwicklung der kognitiven Leistungen im Erwachsenalter eingegangen werde. Befunde lassen sich hier vornehmlich für den Übergang zum höheren Alter finden. Das jüngere bis mittlere Erwachsenalter scheint hier den Status des Optimums einzunehmen, zu dem ein Individuum sich hin entwickelt, und von dessen Niveau es sich je nach Kompensationsvermögen mehr oder weniger rasch entfernt.

Nach dem Zwei-Komponentenmodell der intellektuellen Entwicklung (Cattell, 1971; Baltes 1987) wird zwischen den biologischen (Mechanik der Kognition; fluide Intelligenz) und den kulturellen Determinanten (Pragmatik der Kognition; kristalline Intelligenz) der kognitiven Entwicklung unterschieden, wobei damit Unterschiede in der Alterungsanfälligkeit verbunden sind. Als typische alterungsanfällige Leistungen gelten kognitive Funktionen, die sich auf Schnelligkeit, Genauigkeit und Koordination kognitiver Prozesse beziehen, z.B.: Induktion und Deduktion bei geringem Vorwissen, räumliches Vorstellungsvermögen, Wahrnehmungstempo und Merkfähigkeit. Nach einem schnellen Anstieg dieser kognitiven Fähigkeiten im Kindes- und Jugendalter fallen sie im

Erwachsenalter nahezu linear ab, um im hohen Alter einen beschleunigten Rückgang zu erleiden. Dagegen gelten kognitive Fähigkeiten, die das Niveau von Fertigkeiten, d.h. eher prozeduales Wissen betreffen, sowie die Qualität und Quantität von deklarativem Wissen, als eher alterungsresistent. Beispiele sind: Kopfrechnen oder der Wortschatz. Mechanik und Pragmatik der Kognition beeinflussen sich wechselseitig. So gibt es empirische Befunde, die zeigen, dass Pragmatik, d.h. erworbenes Wissen altersbedingte Einbußen in der Mechanik der Kognition ausgleichen bzw. abschwächen kann, was konsistent mit den Annahmen des SOK-Modells ist (vgl. Lindenberger, 2002).

Die Entwicklung der intellektuellen Fähigkeiten in Erwachsenalter wird in der Literatur kaum unter geschlechtsspezifischen Differenzen der Entwicklung betrachtet. Eine Ausnahme bildet zwar die „Bonner gerontologische Längsschnittstudie", die zwischen den mentalen Leistungen der Geschlechter im Alter differenziert, und die Überlegenheit ältere Männer gegenüber den Frauen im verbalen Leistungsbereich findet. Dieses Ergebnis ist allerdings schwer zu interpretieren, da in der Studie Geschlecht und der soziale Kohortenfaktor Erlernen und Ausüben einer Erwerbstätigkeit miteinander konfundieren, so dass die gefunden Differenzen auch auf ungleiche Sozialisations- bzw. Trainingsbedingungen zurückzuführen seien könnten (Thomae, 1976). So macht auch Kausler (1991) in seinem Überblick über Befunde zur Entwicklung mentaler Leistungsfähigkeit im Alter keine geschlechtsspezifischen Differenzierungen.

Bezüglich der Persönlichkeitsentwicklung sei zunächst auf die weiter oben beschriebenen traditionellen Phasenmodelle über den Lebenslauf verwiesen. Sie orientieren sich am Wachstum einer Person und gehen von der organismischen Vorstellung aus, dass ein intern vorprogrammierter Entwicklungsprozess relativ unabhängig von externen Einflussfaktoren abläuft. Erikson oder auch C. G. Jung sind Vertreter dieser Vorstellung. Gould (1979), der ebenfalls dem organismischem Entwicklungsmodelle verpflichtet ist, geht davon aus, dass die Persönlichkeitsentwicklung durch Transformationen des Bewusstseins des Menschen über sich selbst vorangetrieben wird, und formuliert Stufen in der Evolution des Erwachsenenbewusstseins. Die Persönlichkeitsentwicklung besteht demnach im Wesentlichen aus dem Aufgeben irriger Annahmen des Kindheitsbewusstseins. Sie gipfeln in dem reifen Erwachsenenbewusstsein, dass letztlich die Annahme „Ich gehöre meinen Eltern und ich glaube an ihre Welt" zugunsten des Bewusstseins aufgibt „Ich gehöre mir selbst". Geschlechtsspezifische Differenzierungen werden hier nicht gemacht.

Neben diesem eher theoretischen Zugang zur Persönlichkeitsentwicklung ist der empirische Zugang der Persönlichkeitsforschung zu nennen, die besonders Stabilität und Veränderung von Merkmalszusammenhängen über die Lebensspanne mit psychometrischen Methoden untersucht. Die sog. „Big Five" (Costa & McCrae, 1995) - Neurotizismus, Extraversion, Offenheit, Verträglichkeit, Gewissenhaftigkeit - zeigen dabei nach Lindenberger (2002) im mittleren und höheren Erwachsenalter auch über verschiedene Stabilitätsformen (strukturelle, relative, Niveau- und Profilstabilität) ausgeprägte Entwicklungsstabilität.

Die Erforschung des Selbstkonzepts und der selbst-regulativen Prozesse unterstreicht den Vorteil einer pluralen Selbst-Struktur (z.B. als Berufstätiger, als Vater, als Hobbyfußballer, als Ehemann, als Vereinsmitglied) bei der Anpassung an sich verändernde Lebensbedingungen. Freund (1995) zeigte, dass ältere Personen, deren Selbstkonzeptionen reichhaltiger, positive, verbundener und in der Gegenwart verankert waren, mit gesundheitlichen Beeinträchtigungen besser umgehen als andere.

Nach dem o.g. SOK-Modell sind Selbstkonzept und Persönlichkeitsstruktur personale Ressourcen, die in Interaktion mit alterskorrelierten Entwicklungsanforderungen stehen und zu Zielverschiebungen über die Lebensspanne führen (Staudinger, 1996). Diese Zielverschiebungen manifestieren sich scheinbar in Veränderungen der sozialen und temporalen Vergleichsprozesse, mit denen Lindenberger (2002) das sog. „Zufriedenheitsparadox" erklärt, dass Menschen auch in schwierigen Lebenssituationen meist ein hohes Maß an Zufriedenheit und Wohlbefinden aufrechterhalten. Ryff (1991) zeigte, dass junge Erwachsenen ihre eigene Zukunft positiver und ihre eigene Vergangenheit negativer als ältere Erwachsenen bewerten, die diese eher positiv bewerteten. Die geringer werdende Lebenszeit und die abnehmenden Ressourcen führen bei älteren Erwachsenen offenbar dazu, dass selbstwertstabilisierende Vergleichsprozesse aktiviert werden.

Literatur

Abraham, E. (1993): Arbeitstätigkeit, Lebenslauf und Pensionierung. Münster: Waxmann.

Altgeld, Th. (2004): Jenseits von Anti-Aging und Work-out? In: Altgeld, Th. (Hrsg.), Männergesundheit. Weinheim: Juventa, S. 265-287.

Backhaus, J. & Riemann, D. (1999): Schlafstörungen. Göttingen: Hogrefe.

Baltes, P.B. (1987): Theoretical propositions of life-span developement: On the dynamics between growth and decline. Developmental Psychology, 23, 611-626.

Baltes, P.B. & Baltes, M.M. (1990): Psychological perepectives on succsessful aging: The model of selective optimization with compensation. In P.B. Baltes & M. Baltes (Eds.), Sucsessful aging: Perspectives from the behavioral sciences (pp. 1- 34). New York: Cambridge University Press.

Baltes, P.B. (1997): Die unvollendete Architektur der menschlichen Ontogenese: Implikationen für die Zukunft des vierten Lebensabschnitt. Psychologische Rundschau, 48, 191-210.

Barber, C.E. (1978): Gender differences in experiencing the transition to the empty nest: Reports of middle-aged Women and men. Paper presentet at the Meeting of the Gerontological Society of America, Dallas, USA.

Beck-Gernsheim, E. (1983): Vom „Dasein für andere" zum Anspruch auf ein Stück „eigenes Leben". Individualisierungsprozesse im weiblichen Lebenszusammenhang. Soziale Welt, 3, 307-340.

Bell, J.E. & Eisenberg, N. (1985): Life satisfaction in midlife childless and empty-nest men and women. Lifestyles, 7 (3), 146-155.

Bossé, R. & Ekerdt, D.J. (1981): Change in self-perceptions of leisure activities with retirement. The Gerontologist, 21, 650-654.

Bremner, W.J., Vitiello, M.V. & Prinz, P.N. (1983): Loss in circadian rhythmicity in blood testosterone levels with aging in normal men. Journal of Clinical Endocrinolgy and Metabolism. 56, 1278-1281.

Brim, O.G., jr. (1976): Theories of the male mid-life crises. The Counceling Psychologist, 6, 2-8.

Bühler, Ch. (1933): Der menschliche Lebenslauf als psychologisches Problem. Leibzig: Hirzel.

Cattell, R.B. (1971): Abilities: Their structure, growth and action. Boston, MA: Houghton Mifflin.

Costa P.T. & MaCrae, R.R. (1995): Longitudinal stability of adult personality. In: R. Hogan, J. A. Johnson & S.R. Briggs (eds.): Handbook of personality psychology. New York, NY: Academic Press.

Degenhardt, A. (1993): Klimakterium virile oder Midlife Crisis ? In: J. Reis & S. Wolf (Hrsg.): Individualität und soziale Verantwortung. Festzeitschrift zum 60. Geburtstag von Ingrid M. Deusinger. Universität, Institut für Psychologie, Frankfurt am Main.

Erikson, E.H. (1988): Der vollständige Lebenszyklus. Frankfurt a.M.: Suhrkamp.

Faltermaier, T. (1984): Lebensereignisse- Eine neue Perspektive für Entwicklungspsychologie und Sozialisationsforschung?. Zeitschrift für Sozialisationsforschung und Erziehungssoziologie, 4, 344-355.

Faltermaier, T. (1994): Gesundheitsbewusstsein und Gesundheitshandeln. Weinheim: Psychologische Verlags Union.

Ferrini, R.L. & Barrett-Connor, E. (1996): Sex hormone and age: A cross-sectional study of testosterone and estradiol and their bioavailable fractions in community-dwelling men. American Journal of Epidemiology, 147, 750-754.

Filipp, S.-H. (1990): Kritische Lebensereignisse (2.Aufl.).München: Psychologische Verlagsunion.

Freund, A. (1995): Die Selbstdefinition alter Menschen. Inhalt, Struktur und Funktion, Freie Universitaet Berlin: Edition Sigma

Gould, R.L. (1979): Lebensstufen. Entwicklung und Veränderung im Erwachsenalter. Frankfurt a. M.: Fischer.

Gray, A., Feldman, H.A., McKinlay, J.B. & Longcope, C. (1991): Age, Disease and Changing Sex Hormone Levels in Middle-aged men: Results of the Massachusetts Male Aging Study.

Havighurst, R.J. (1972): Developmental tasks and education (3th ed.). New York: Longmans, Green.

Hayflick, L. (1996): Auf ewig Jung? Ist unsere biologische Uhr beeinflussbar? Köln: vgs Verlagsgesellschaft.

Jockenhövel, F. (1999): Männlicher Hypogonadismus – Aktuelle Aspekte der Androgensubstitution. Uni-Med. Bremen.

Kaufman, J.M. & Vermeulen, A. (1998): Androgens in the male senence. In E. Nieschlag (Hrsg.), Testosterone. Berlin: Springer.

Kausler, D.H. (1991): Experimental psychology, cognition and human aging. New York: Springer.

24

Kiefer, T. (1997): Von der Erwerbsarbeit in den Ruhestand. Bern: Huber

Kruse, A., Schmitt, E., Maier, G., Pfendtner, P. & Schulz-Nieswandt, F. (2001): Der alte Mann – körperliche, psychische und soziale Aspekte geschlechtsspezifischer Entwicklung, In E. Brähler & J. Kupfer (Hrsg.): Mann und Medizin, (S.34-53). Göttingen: Hogrefe.

Lehr, U. (1981): Der ältere Mitarbeiter im Betrieb. In: F. Stoll (Hrsg.): Die Psychologie der XX. Jahrhunderts, Band XIII (S. 910-929). Zürich: Kindler.

Levinson, D.J. (1979): Das Leben des Mannes. Werdenskrisen, Wendepunkte, Entwicklungschancen. Köln: Kiepenheuer & Witsch.

Levy, R. (1977): Der Lebenslauf als Statusbiographie. Die weibliche Normalbiographie in makrosoziologischer Perspektive. Stuttgart: Enke.

Lindenberger, U. (2002): Erwachsenenalter und Alter. In: R. Oerter & L. Montada (Hrsg.): Entwicklungspsychologie. Weinheim: Beltz.

Long, J. (1987): Continuity as a basis of change: Leisure and male retirement. Leisure-Studies, 6, 55-70.

Nave-Herz, R. (2000): Wandel der Familie: eine familiensoziologische Perspektive. In: K.A. Schneewind (Hrsg.): Familienpsychologie im Aufwind, (S. 19-31). Göttingen: Hogrefe.

Niederfranke, A. (1987): Vor-Ruhestand: Erleben und Formen der Auseinandersetzung bei Männern aus psychologischer Sicht. Phil. Dissertation. Universität Bonn.

Olson, D.H.; McCubbin, H.I., Barnes, H.L., Larson, A.S., Muxen, M.J. & Wilson, M.A. (1989): Families – what makes them work. Newbury Park: Sage.

Ory, M.G. & Warner, H.R. (1990): Gender, health and longevity. New York: Springer.

Pudel, V. & Westenhöfer, J.: (2003): Ernährungspsychologie. 3. Auflage, Göttingen: Hogrefe.

Rieder, A. (2001): Sozialmedizinische Aspekte beim älteren Mann. Wiener Medizinische Wochenschrift, 151, 412-421.

Robert Koch-Institut (2003): Gesundheitsberichterstattung des Bundes. Heft 16, Übergewicht und Adipositas, URL am 18.03.04: http://www.rki.de/GBE/HEFTE/ADIPOSI.PDF.

Rosenmayr, L. (1983): Die späte Freiheit: Das Alter – ein Stück bewusst gelebtes Lebens. Berlin: Severin & Siedler.

Rubin, L.B. (1980): The empty nest: beginning or ending? In: L.A. Bond & J.C. Rosen (eds.): Competence and coping during Adulthood (pp. 309-331), Hanover, N.H.: University Press.

Fahrenberg, B. (1986): Die Bewältigung der "empty nest situation" als Entwicklungsaufgabe der älter werdenden Frau – eine Literaturanalyse. Zeitschrift für Gerontologie, 19, 323-335.

Ryff, C.D. (1991): Possible selves in adulthood and old age: A tale of shifting horizons. Psychology and Aging, 6, 286-295.

Slemenda, C.W., Loncope, C., Zhou, L., Hui, S.L, Peacock, M. & Johnston, C. (1997): Sex steroids and bone mass in older men. Journal of Clinical Investigation . 100, 1755-1759.

Statistisches Bundesamt (Hrsg.). (1997) Statistisches Jahrbuch 1997 für die Bundesrepublik Deutschland. Stuttgart: Metzler-Poeschel.

Staudinger, U.M. (1996): Psychologische Produktivität und Selbstentfaltung im Alter. In M.M. Baltes & L. Montada (Hrsg.): Produktives Leben im Alter (S. 344- 373). Frankfurt/Main: Campus.

Staudinger, U.M. (2000): Viele Gründe sprechen dagegen, und trotzdem geht es vielen Menschen gut: Das Paradox des subjektiven Wohlempfindens. Psychologische Rundschau, 51, 185-197.

Sternbach, H. (1998). Age-Associated Testosteron Decline in Men: Clinical Issues for Psychiatry. Am J Psychiatry, 155, 1310-1318.

Tan, R.S. (1999): Managing the andropause in the Aging Men. Endocrinology, 7(8), 63-67.

Thiele, A. (1998): Verlust körperlicher Leistungsfähigkeit. Bewältigung des Alterns bei Männern im mittleren Lebensalter. Idstein: Schulz-Kirchner-Verlag.

Thiele, A.; Degenhardt, A. & Jaursch-Hancke, C. (2001): Bewältigung körperlicher Altersveränderungen bei gesunden Männern. In: E. Brähler & J. Kupfer (Hrsg.): Mann und Medizin, (S. 54-71). Göttingen: Hogrefe.

Thomae, H. (1976): Patterns of Aging. Findings from the Bonn Longituduinal Study if Aging. Basel: Karger.

Vermeulen, A. & Kaufmann, J.M. (1995): Ageing of the Hypothalamo-Pituitary-Testicular Axis in Men. Horm Res, 439, 25-28.

Vermeulen, A. (1993): The Male Climacterium. Annals of Medicine, 25, 531-534.

Vermeulen, A. (2000): Andropause. Maturitas, 34, 5-15.

Vermeulen, A., Kaufmann, J.M. & Guigulli, V.A. (1996): Influence of some biological indices on sex hormone binding globulin and androgen levels in aging or obese males. Journal of Clinical Endocrinology and Metabolism, 81, 1821-1826.

Werner, A.A. (1939): The male climacteric. Journal of the American Medical Association, 112, 1441-1443.

Zeier, H. (1999): Männer über fünfzig. Göttingen: Huber.

3. Überblick über die Gesamtkonzeption des Projekts „Das mittlere Erwachsenenalter des Mannes"

Das Gesamtprojekt „Das mittlere Erwachsenenalter des Mannes" wurde in mehreren Einzelstudien unter der Leitung von Prof. Wolf-Rüdiger Minsel von den Dipl.-Psychologinnen Inés von der Linde und Christiane Fügemann, sowie den Diplomandinnen Frau Christina Scavello, Frau Catherine Hester, Frau Annika Steinmann und Frau Charlotte Staudigel an der Universität zu Köln im Zeitraum 2002 bis 2006 bearbeitet. Während in einer ersten Erhebungsphase Altersgruppenvergleiche von Männern am Beginn und am Ende des mittleren Erwachsenalters zu zentralen Lebensthematiken vorgenommen wurden, wurde aus den Erkenntnissen ein präventives Gesundheitstraining „Männlich Fit ab 40" konzipiert, welches in einer zweiten Projektphase einer ersten Evaluation unterzogen wurde.

Allen Studien der ersten Erhebungsphase ist gemeinsam, dass das Beschwerdeerleben mittels Klimakterium virile Inventar erfasst wird. Mögliche Altersveränderungen im mittleren Erwachsenenalter bilden somit den Rahmen des Gesamtprojektes.

Um eine Orientierung über das gesamte Projekt zu geben, werden im Folgenden die Teilgebiete und zugehörigen Stichprobenzahlen überblicksartig dargestellt.

Tab. 1 Überblick über das Gesamtprojekt „Das mittlere Erwachsenenalter des Mannes"

Teilprojekt	N	Verfahren	Bearbeiter
Kognitive Leistungsfähigkeit von Männern (über die Lebensspanne)	60	Sozio-demografischer Fragebogen, KLV LPS bzw. LPS 50+ (3, 7, 9, 10, 14) MWT-B LGT- 3: Bau und Stadtplan WMS- R (4, 5, 6, 7, 8, 10)	Ines von der Linde Catherine Hester
Beschwerdeerleben, Lebenszufriedenheit und Stressbewältigung	61	Sozio-demografischer Fragebogen KLV FLZ SVF	Christiane Fügemann

Teilprojekt	N	Verfahren	Bearbeiter
Beschwerdeerleben, Geschlechtsrollenidentität und berufliches Belastungserleben	79 (davon 7 ohne berufl. Belastungserleben)	Sozio demografischer Fragebogen KLV EPAQ FVEG	Christiane Fügemann
	72	FABA FLZ Arbeit und Beruf LbSA	Ines von der Linde
Beschwerdeerleben, Einstellungen zu den Wechseljahren und Gesundheitsverhalten	71	Sozio-demografischer Fragebogen KLV Fragebogen zu Annahmen über die Wechseljahre des Mannes	Christiane Fügemann
		FEG	Ines von der Linde
Beschwerdeerleben, Partnerschaft und Sexualität	62	Sozio-demografischer Fragebogen KLV FSP, Teile des FLZ	Christiane Fügemann Christina Scavello
Gesamtbetrachtung des KLV	271	Sozio-demografischer Fragebogen KLV	Christiane Fügemann
Durchführung und Evaluation des Trainings „Männlich Fit ab 40"	4 VG, 4 KG	Evaluationsbögen, Stundenbeurteilungsbögen	Charlotte Staudigl
Durchführung und Evaluation des Trainings „Männlich Fit ab 40"	8	KLV Evaluationsbögen, Stundenbeurteilungsbögen	Annika Steinmann

Abkürzungen:

EPAQ... Extended Personal Attributes Questionnaire
FEG... Fragebogen zur Erfassung des Gesundheitsverhaltens
FLZ... Fragebogen zur Lebenszufriedenheit
FSP....Fragebogen zu Sexualiät und Partnerschaft
FVEG... Fragebogen zur verhaltensnahen Erfassung der Geschlechtsrollenorientierung
KLV... Klimakterium virile Inventar
LbSA... Liste zur Beschreibung von belastenden Situationen am Arbeitsplatz
LGT...Lern- und Gedächtnistest
LPS...Leistungs-Prüfsystem
MWT-B...Mehrfach-Wortschatz-Wahltest
SVF... Stressverarbeitungsfragebogen
WMS...Wechsler Memory Scale

In jeder Einzelstudie (außer bei der Studie „kognitiven Leistungsfähigkeit bei Männern über die Lebensspanne, bei der jeweils 20 Männer in den Altersgruppen 20-40, 41-60 und 61-80 Jahre teilnahmen) wurden jeweils Männer zweier Altersgruppen (AG) rekrutiert. AG 1 bildeten Männer, die zum Zeitraum der Erhebung 40-45 Jahre alt waren, AG 2 Personen, die 55-60 Jahre alt sind. Auf eine in etwa gleiche Stichprobenanzahl der Teilstichproben wurde geachtet. Es sollten pro Teilstichprobe mindestens 30 Personen in jeder Altersgruppe in die Betrachtung einbezogen werden. Damit werden jeweils der Beginn und das Ende der Phase „Mittleres Erwachsenenalter" vergleichend beschrieben. Nähere Angaben zu den Verfahren und zur Stichprobengewinnung sind in den jeweiligen Kapiteln nachzulesen. Die Gesamtzahl der untersuchten Probanden deckt sich nicht vollständig mit der Summe der Probanden der Teilprojekte, da gelegentlich von einem Proband mehrere Themen bearbeitet wurden.

Die Beschreibung des Trainings „Männlich Fit ab 40" und die erste Evaluation des Trainings werden in den abschließenden Kapiteln dargestellt. Die Durchführung des Trainings erfolgte durch Frau Charlotte Staudigl und Frau Annika Steinmann.

4. Beschwerdeerleben der Gesamtstichprobe und kritische Betrachtung des Klimakterium virile Inventars (KLV)

In diesem Kapitel soll das Beschwerdeerleben in der Gesamtstichprobe des Projekts „Das mittlere Erwachsenenalter des Mannes" betrachtet werden. Dadurch wird eine deskriptive Beschreibung des subjektiven Gesundheitszustandes von Männern am Beginn und am Ende des mittleren Erwachsenenalters geleistet. Daten von 271 Personen wurden einbezogen. Weiterhin wird der eingesetzte Fragebogen- Klimakterium virile Inventar (Degenhardt, 1993) einer kritischen Betrachtung unterzogen.

Die kritische Reflexion des KLV beinhaltet eine Neuberechnung der Reliabilität sowie die Überprüfung der von Degenhardt postulierten Faktorstruktur. Diese methodische Betrachtung des Verfahrens ist u.a. deshalb notwendig, da in der vorliegenden Untersuchung, abweichend von der Untersuchung bei Degenhardt, nicht nur eine akademische Stichprobe einbezogen wird. Somit muss überprüft werden, ob sich die von Degenhardt beschriebene Faktorstruktur replizieren lässt.

In der Literatur zeigt sich eine ausgeprägte Geschlechtsspezifität bezüglich dem Klagen über körperliche Beschwerden (z.B.: Brähler & Möhring, 1995; Fahrenberg, Hampel & Selg, 1994; Maschewsky-Schneider et al., 1999). Dabei werden eine größere Leidensfähigkeit und emotionale Offenheit, tatsächlich höhere Belastetheit und die höhere Bereitschaft zur Äußerung von Beschwerden bei Frauen als Ursachen für die ausgeprägteren weiblichen Beschwerden diskutiert (Brähler, Goldschmidt & Kupfer, 2001). Männer dagegen schätzen ihren Gesundheitszustand immer etwas günstiger ein als Frauen. Diese subjektive Einschätzung der Männer steht aber im Gegensatz zu dem deutlich erhöhten Mortalitätsrisiko für die Haupttodesursachen der Männer und der geringeren Lebenserwartung von Männern aller Altersgruppen (Rieder, 2001).

Thiele (1998) untersucht die Bewältigung körperlicher Altersveränderungen bei Männern in der Lebensmitte. Er zeigt, dass objektive körperliche Leistungseinbussen, wie sie mit dem Alter einhergehen, nicht zwingend zu subjektiv erlebten Beeinträchtigungen führen. In der untersuchten Männerstichprobe unterscheiden sich die Altersgruppen der 35-44 Jährigen, der 45-54 Jährigen und der 55-64 Jährigen zwar deutlich hinsichtlich ihrer körperlichen Ressourcen, aber nicht in ihrem Beschwerdeerleben im psychischen und physischen Bereich. Einen Einfluss auf das Beschwerdeerleben von Männern aller Altersgruppen hatte die objektive und subjektive Fitness. Geringere objektive und subjektive Fitness konnten im Pfadmodell ein erhöhtes Beschwerdeerleben vorhersagen, wobei es keinen direkten Pfad zwischen objektiver Fitness und subjektivem Beschwerdeerleben gab. Die objektiven Leistungsressourcen wirken sich indirekt über das Selbstkonzept der körperlichen Leistungsfähigkeit, d.h. die Wahrnehmung und

Bewertung eigener körperlicher Leistungsfähigkeiten, auf das Beschwerdeerleben aus.

Neben der Wahrnehmung körperlicher Veränderung hat aber auch die Bewertung bzw. das Bewältigungsverhalten Einfluss auf das Beschwerdeerleben. So konnten Schumacher, Wilz und Brähler (1997) im Rahmen der o.g. Studie zeigen, dass ältere Menschen die sich gedanklich weniger mit tatsächlichen oder potentiellen Risiken oder Bedrohungen des Lebens beschäftigen („Vermeider"), unter weniger Körperbeschwerden leiden und die höhere Lebenszufriedenheit aufweisen als sog. „Sensibilisierer".

Betrachtet man die soziodemografischen Merkmale der Untersuchten so finden sich zwischen den jüngeren und älteren Männern bis auf die Haushaltsform keine Übereinstimmungen in den Verteilungen der Merkmale. Die jüngeren Probanden haben höhere Bildungsabschlüsse, zeigen größere Variabilität in den Familienformen, d.h. eine größere Abweichung vom traditionellen Familienmodell, sind häufiger kinderlos als die Älteren, sind noch praktisch ausnahmslos berufstätig, arbeiten weniger in einfachen Berufen und haben seltener chronische Krankheiten. Diese Unterschiede bilden überwiegend gesellschaftliche Trends ab: Pluralisierung der Lebens- und Familienformen sowie ein breiterer Zugang der deutschen Bevölkerung zu höheren Schul- und Berufsausbildungen seit den 70iger Jahren des vergangenen Jahrhunderts. Die höhere Zahl chronischer Krankheiten bei den Älteren kann weiterhin mit der erhöhten Prävalenz zahlreicher Krankheiten mit zunehmendem Alter (z.B. Herz-Kreislauf-Erkrankungen und Stoffwechselerkrankungen), mit einem verbesserten Gesundheitsverhalten jüngerer Generationen sowie mit höherer Belastung des Stütz- und Bewegungsapparates in niedrigen Berufen, denen die Probanden dieser Stichprobe vermehrt angehören, in Verbindung gebracht werden.

Wird der KLV einer Prüfung unterzogen, so zeigt sich, dass die interne Konsistenz des Verfahrens, ermittelt durch Cronbachs α, liegt in der vorliegenden Untersuchung bei .92 als sehr gut einzuschätzen ist.

Die Faktorenanalyse erbrachte nicht die erwartete Bestätigung der Faktorenstruktur, die von Degenhardt (1993) postuliert wird. Während mittels Hauptkomponentenanalyse und Varimax-Rotation zunächst 7 Faktoren extrahiert wurden, die 60.7 % der Gesamtvarianz erklären, zeigt sich bei der Betrachtung der Ladungen, dass 24 von 30 Items auf Faktor 1 laden. Diese beklagten Beschwerden beinhalten den von Degenhardt postulierten Faktor „psychischer Energieverlust" sowie weitere eher unspezifische Items. Klar dagegen abgegrenzt finden sich die Einzelitems „anfallsweise Herzbeschwerden" und „Frösteln", die jeweils auf einem Faktor laden sowie ein Faktor „Beschwerden des Stütz- und Bewegungsapparates" mit den Items Kreuz- und Gelenk- und Gliederschmerzen. Beim Faktor „sexuelle Probleme" mit den Items nachlassendes sexuelles Interesse und Potenzstörungen lädt ein Item zusätzlich auf Faktor 1, beim Faktor „Symptomatik des weiblichen Klimakteriums" laden ebenfalls zwei der drei Items auf Faktor 1. Diese Faktorstruktur erscheint eher unbefriedigend. Während sich bei drei Items noch eventuell klar abgrenzbare organisch bedingte Symptome erkennen lassen, so kann inhaltlich nicht begründet werden, warum Weinen, Frösteln und nachlassendes sexuelles Interesse nicht auch auf Faktor 1 laden. Es findet sich jedoch keinerlei Hinweise darauf, dass sich der ursprüngliche Faktor „klimakterischer Syndromkomplex" inhaltlich replizieren lässt.

Mögliche Gründe dafür könnten darin zu suchen sein, dass der Altersbereich von 45-54 Jahren nicht einbezogen wurde sowie dass neben Akademikern und Führungskräften, wie sie bei Degenhardt untersucht wurden, eine weniger homogene Bildungs- und Sozialschicht vorlag. Andererseits stellt sich generell de Frage, ob es so etwas wie ein „klimakterisches Syndrom" überhaupt gibt und wann es zu lokalisieren sei. Da der Testosteronspiegel eher kontinierlich abfällt und der Prozentsatz derjenigen mit PADAM mit dem Alter steigt, wäre eine Zunahme von klimakterischen Beschwerden mit dem Alter zu erwarten. Andererseits konnte vielfach gezeigt werden, dass Testosteron kaum Beziehungen zum Beschwerdeerleben aufweist. Zudem werden die Alterseinbußen in der Regel gut kompensiert (vgl. Thiele, 1998). Mit dem KLV werden also insgesamt unspezifisch Beschwerden gemessen, die aufgrund vielfältiger Erkrankungen, aufgrund von Alterungsprozessen und psychosozialen Belastungen entstehen können. Ein Bezug zu einem fraglichen „Klimakterium virile" kann nicht unterstützt werden.

Da die interne Konsistenz des Verfahrens jedoch recht hoch ist, wird im Weiteren mit dem Gesamtbeschwerdescore und dem neu gewonnene Faktor „Depressiviät und Erschöpfung" sowie mit Betrachtung von Einzelitems gearbeitet.

Auf den beiden Skalen lassen sich höhere mittlere Beschwerdewerte für die älteren Männer nachweisen. Jedoch liegt der Mittelwert im Bereich von „gar nicht" bis „kaum", d.h. es wird insgesamt nur ein geringes Ausmaß von Beschwerden angegeben. Da sich unter den Älteren signifikant mehr Probanden mit chronischen Krankheiten befinden, wurden zusätzlich die Beschwerdescores zwischen den Altersgruppen verglichen, bei denen nur diejenigen Probanden einbezogen wurden, die angaben, nicht unter chronischen Krankheiten zu leiden.

Hierbei lassen sich weder in der Skala „Depressivität und Erschöpfung" noch im Gesamtscore Mittelwertsunterschiede zwischen den Gruppen finden. D.h. die gefundenen Unterschiede in der Intensität der Beschwerden lassen sich auch durch die größere Häufigkeit chronischer Erkrankungen bei den 55-60jährigen erklären. Bei gesunden Männern am Beginn und am Ende des mittleren Erwachsenenalters bestehen keine Unterschiede in der Intensität der angegebenen Beschwerden.

Zwischen jüngeren und älteren Männern bestehen weiterhin Unterschiede in der Häufigkeit der Nennung von Beschwerden. Müdigkeit, übermäßiges Schlafbedürfnis und Kreuzschmerzen sind die drei dominierenden Beschwerden der 40-45jährigen Männer. Mehr als ¾ der Befragten geben in irgendeiner Form an, sie würden darunter leiden. Dagegen spielen aufsteigende Hitzewallungen, Potenzstörungen, Kloßgefühl oder Würgen im Hals sowie Gleichgewichtsstörungen, sie werden von weniger als 20% der Befragten beklagt, nur eine untergeordnete Rolle bei den jüngeren Probanden.

Für die älteren Probanden ergibt sich folgendes Bild: Zu den am meisten beklagten Beschwerden zählen neben den von den jüngeren genannten Beschwerden, Müdigkeit, übermäßigem Schlafbedürfnis und Kreuzschmerzen, innere Unruhe und Nervosität. Diese Beschwerden werden von mehr als ¾ der älteren Befragten genannt. Dagegen erfährt keine Beschwerde eine Zustimmung von weniger als 20%.

Weiterhin bestehen auch bedeutsame Unterschiede zwischen den Altersgruppen bei folgenden Einzelbeschwerden: nachlassendes Interesse an Sexualität, Potenzstörungen, Konzentrationsstörungen, nachlassendes Gedächtnis, Kreuzschmerzen, Juckreiz und Schwitzen.

Auffallend erscheint die starke Abnahme des sexuellen Interesses. Knapp 60% der Jüngeren aber nur 40% der älteren Probanden berichten über kein verringertes Interesse an Sexualität. Dementsprechend klagen deutlich mehr ältere als jüngere Probanden über mäßig bis starkes nachlassendes sexuelles Interesse. Die Häufigkeit von Potenzstörungen weist das gleiche Muster wie das nachlassende Interesse an Sexualität auf. Es ist anzunehmen, dass sich infolge von Potenzstörungen das sexuelle Interesse vermindert. Potenzprobleme sind einerseits Ausdruck normaler körperlicher Veränderungen. Das Schwächerwerden der Muskulatur (v.a. der Musculus pubococcygeus und ischiocavernosus) bewirkt, dass es länger dauert eine Erektion zu erreichen, dass diese schwächer ausfällt oder erst nach taktiler Stimulation ausgelöst wird (vgl. Zeier, 1999). Zusätzlich reduzieren sich durch die Abnahme der zirkadianen Dynamik der Testosteronsekretion die morgendlichen Spontanerektionen. Weiterhin nehmen mit dem Alter die Erkrankungen, die Auswirkungen auf die Potenz haben zu (z.B. Diabetes mellitus, Gefäßerkrankungen), so dass dies eine weitere Erklärung für die verstärkte Angabe von Potenzproblemen und nachlassendem Interesse an Sexualität darstellt.

Jüngere Probanden geben deutlich häufiger als ältere an, sie würden nicht unter Konzentrationsstörungen leiden und schätzen seltener ein, sie hätten in mäßigem Ausmaß Konzentrationsstörungen. Ein sehr geringer Prozentsatz gibt in beiden Altersgruppen an, stark unter Konzentrationsstörungen zu leiden.

Ein nachlassendes Gedächtnis beklagen jüngere Probanden in etwa der Hälfte der Fälle, jedoch ca. 70 % der Älteren. Hierbei geben die Älteren besonders häufig an, sie litten unter mäßigen Gedächtnisschwierigkeiten. Die Zunahme von Schwierigkeiten mit Konzentration und Gedächtnis am Ende des mittleren Erwachsenenalters lässt sich zum einen aus dem Cattelschen Intelligenzmodell erklären. Fluide Anteile, zu denen neben geschwindigkeitsbezogenen Anforderungen auch Gedächtnis und Konzentration zählen, werden mit zunehmendem Lebensalter schlechter erbracht. Gleichzeitig könnte man jedoch überlegen, inwieweit ein negatives Alternsstereotyp begünstigt, dass eher darauf fokussiert wird, dass vielleicht mit dem eigenen Gedächtnis „etwas nicht stimme" und eher harmlose, übliche Vergessensangelegenheiten bzw. konzentrative Schwierigkeiten überbewertet werden. Daraus würde bei den Älteren ein anderes Antwortverhalten resultieren. Weiterhin ist zu beachten, dass unter den Älteren der Anteil derjenigen, die in einfachen Berufen arbeiten und geringere Bildungsabschlüsse haben, höher ist als unter den jüngeren Probanden, so dass hier möglicherweise eine geringere Geübtheit und ein geringeres Gefordert-Sein stärker Schwierigkeiten mit Konzentration und Gedächtnis bewirken. Da die Angaben auf der Selbsteinschätzung und nicht auf Testleistungen beruhen, kann nicht differenziert werden, welche der Ursachen zutreffend sind.

Für die Beschwerde Schwitzen finden sich ebenfalls noch knapp signifikante Verteilungsunterschiede zwischen den Gruppen. 60% der Jüngeren haben keine Schwierigkeiten mit Schwitzen, jedoch nur 50 % Älteren. Starke Probleme mit Schwitzen sind etwas stärker bei den Älteren vertreten, mäßige Probleme berichten dagegen häufiger die Jüngeren. Erklärungen für die unterschiedlichen Angaben bezüglich der Probleme mit starkem Schwitzen sind schwer zu finden und sollen deshalb hier nicht weiter diskutiert werden.

Für Kreuzschmerzen zeigt sich ein bedeutsamer Unterschied, wenn starke Schmerzen beklagt werden. Dies wird kaum von den 40-45jährigen beklagt, jedoch zu etwa 15 % von den 55-60jährigen. Leichte und mäßige Beschwerden äußern die jüngeren Befragten häufiger. Nicht unter Kreuzschmerzen zu leiden wird in beiden Altersgruppen zu etwa ¼ angegeben. Einerseits nehmen mit höherem Alter die degenerativen Veränderungen des Stütz- und Bewegungsapparates zu, andererseits sind in der Stichprobe der älteren Männer vermehrt Personen aus einfachen Facharbeiterberufen, die stärker körperlich arbeite(t)en und daher eher unter Rückenproblemen leiden.

Juckreiz ist ebenfalls in den beiden Altersgruppen verschieden ausgeprägt Keine Probleme mit Juckreiz haben etwa 70% der jüngeren und ca. 55% der älteren Befragten. Die älteren Probanden berichten stärker über leichten und mäßigen Juckreiz als die jüngeren. Starker Juckreiz wird dagegen in beiden Altersgruppen kaum beklagt. Dies lässt sich möglicherweise auf die mit der normalen körperlichen Alterung verbundene verringerte Elastizität der Haut und stärkere Hauttrockenheit zurückführen.

Zusammenfassend lässt sich feststellen, dass sich zwischen Männern am Beginn und am Ende des mittleren Erwachsenenalters Unterschiede in der Häufigkeit der beklagten Beschwerden nachweisen lassen. Unterschiedliche Beschwerdeausprägungen finden sich im sexuellen und kognitiven Bereich, beim Juckreiz, Schwitzen und den Kreuzschmerzen. Die Unterschiede sind jedoch nicht mehr feststellbar, wenn man nur die, nach eigenem Urteil gesunden, Probanden in die Untersuchung einbezieht

Literatur

Brähler, E. & Möhring, P. (1995): Der Körper im Beschwerdebild – Erfahrungen mit dem Gießener Beschwerdebogen (GBB). In: E. Brähler: Körpererleben – ein subjektiver Ausdruck von Körper und Seele, 2. Aufl., Gießen: Psychosozial-Verlag.

Fahrenberg, J., Hampel, R. & Selg, K. (1994): Das Freiburger Persönlichkeits-Inventar FPI. Revidierte Fassung FPI-R und teilweise geänderte Fassung FPI-R1, 6. Auf., Göttingen: Hogrefe.

Maschewsky-Schneider, U., Sonntag, U. & Kleese, R. (1999): Das Frauenbild in der Prävention – Psychologisierung der weiblichen Gesundheit? In: E. Brähler & H. Felder (Hrsg.): Weiblichkeit, Männlichkeit und Gesundheit, 2. Aufl. (S. 98-120), Opladen: Westdeutscher Verlag.

Brähler, E. , Goldschmidt, S. und Kupfer, J. (2001): Männer und Gesundheit. In: E. Brähler, M. Bullinger, H.P. Rosemeier, B. Strauß: Mann und Medizin. Jahrbuch der medizinischen Psychologie, Bd 19 (S. 11-33), Göttingen: Hogrefe.

Rieder, A. (2001): Sozialmedizinische Aspekte beim älteren Mann. Wiener Medizinische Wochenschrift, 151, 412-421.

Thiele, A. (1998): Verlust körperlicher Leistungsfähigkeit. Bewältigung des Alterns bei Männern im mittleren Lebensalter. Idstein: Schulz-Kirchner-Verlag.

Degenhardt, A. (1993): Klimakterium virile oder Midlife Crisis ? In: J. Reis & S. Wolf (Hrsg.): Individualität und soziale Verantwortung. Festzeitschrift zum 60. Geburtstag von Ingrid M. Deusinger. Universität, Institut für Psychologie, Frankfurt am Main.

Schumacher, J., Wilz, G. & Brähler, E. (1997): Zum Einfluß dispositioneller Bewöltigungsstrategien auf Körperbeschwerden und Lebenszufriedenheit im Alter. Zeitschrift für Gerontologie und Geriatrie, 30 (5), 338-347.

Zeier, H. (1999): Männer über fünfzig. Göttingen: Huber.

5. Die „Wechseljahre des Mannes" im Fokus der Betroffenen

Es wird untersucht, ob sich die Annahmen und Konzepte über die Wechseljahre des Mannes im mittleren Erwachsenenalter ändern, wie verbreitet und bekannt dieses Konzept bei den Befragten ist, welche Ursachen benannt werden, und es wird versucht, Verbindungen zwischen Konzepten und Einstellungen und dem (klimakterischen) Beschwerdeerleben aufzuzeigen.

Bereits 1992 berichten Solstad & Garde (1992) über Resultate einer Längsschnittstudie mit drei Messzeitpunkten (1976, 1981 und 1987) an einer vollständigen Stichprobe der zum Messzeitpunkt 1976 40jährigen Männer einer geografischen Region Dänemarks, in welcher Annahmen und Erwartungen bezüglich der weiblichen und männlichen Wechseljahre erfragt und hormonelle Parameter - freies Testosteron und Lutenisierendes Hormon - erfasst wurden. Die Untersuchung wurde teils mittels Fragebogenmethodik und bei einer zufällig ausgewählten Teilstichprobe von 100 Probanden zusätzlich mittels Interview durchgeführt.

Dabei glaubten im Alter von 40 Jahren 59% der Befragten, dass es männliche Wechseljahre gäbe. Im Alter von 45 Jahren waren es nur noch 51% und im Alter von 51 Jahren 32%. Dies ist eine signifikante Reduktion der Zustimmung.

Überwiegend wurde angenommen, dass die Gründe für die Wechseljahre im biologischen, insbesondere im hormonellen Bereich lägen, gelegentlich wurden familiäre und arbeitsbezogene Gründe angeführt. Jedoch gaben nur 7% der Befragten im Alter von 51 Jahren an, selbst Schwierigkeiten mit den Wechseljahren zu haben. Mit „ich weiß nicht" antworteten 10%, wenn sie mittels Fragebogen befragt wurden und 18%, wenn sie interviewt worden waren. Signifikant häufiger wurde im Alter von 51 Jahren zugestimmt, Schwierigkeiten mit den Wechseljahren zu haben, wenn im Alter von 40 Jahren die Existenz von Wechseljahren bejaht wurde. Bei denjenigen, die angaben, Schwierigkeiten mit den Wechseljahren zu haben, überwog die Beschreibung nicht körperbezogener Symptome im Sinne psychischen Stresses, höherer Irritierbarkeit oder schlechter Stimmung. Verringertes sexuelles Verlangen, Impotenz und Hitzewallungen wurden dagegen nur vereinzelt angegeben. Über Hitzewallungen allein berichteten jedoch 20% der Befragten. Dies korrelierte mit der Angabe sich „klimakterisch" zu fühlen, nicht jedoch mit den hormonellen Parametern. Fragen, die sich mit Mythen über das männliche Klimakterium oder der Midlife- Crisis befassten, zeigten keine Zusammenhänge zum Erleben, Schwierigkeiten mit den Wechseljahren zu haben. Auffallend ist ein Zusammenhang, dass diejenigen, deren Partnerinnen in den Wechseljahren waren, ähnliche Beschreibungen von Symptomatiken der Wechseljahre der Partnerin und eigener Symptome angaben, nämlich psychische Verstimmungssymptome und Hitzewallungen. Dies wird von den Autoren als ein möglicher Identifikationsprozess mit der Partnerin angesehen.

Obwohl von einigen Probanden Wünsche entsprechend den Mythen der Midlife-Crisis geäußert wurden, wie z.b. Scheidung und Neuverheiratung mit einer jüngeren Partnerin, ließ sich diese Thematik nicht als universelles Thema dieser Altersgruppe ausmachen. Eher wahrscheinlich sei eine Vielfalt individuell- persönlicher Lebensumstände anzunehmen. Abschließend schätzen die Autoren ein, dass das Gefühl in den Wechseljahren zu sein, davon abhänge, ob man an dieses Konzept glaube und es als Erklärungsmuster für gewöhnliche Beschwerden aufgrund psychischer oder sozialer Problem heranziehe.

Die Erfassung von Annahmen über die Wechseljahre des Mannes, wie sie von Solstad & Garde (1992) erfolgte, ist unter zwei theoretischen Gesichtspunkten zu würdigen. So ist die Frage, „Glauben Sie, dass es so etwas wie die Wechseljahre des Mannes gibt?" als Erfassung einer s.g. *subjektiven Krankheitstheorie* (Filipp & Aymanns, 1997) anzusehen. Diese beinhalten krankheitsbezogenes (Vor-) Wissen, Ursachen- und Sinnzuschreibungen. Subjektive Krankheitstheorien werden häufig als kognitives Schema (z.B. Leventhal & Nerenz, 1983) beschrieben. Diese steuern die Wahrnehmung und Interpretation von Informationen und körperlichen Sensationen im Sinne einer schemakongruenten Informationssuche. Körperliche Beschwerden werden dann auf dem Hintergrund einer subjektiven Krankheitstheorie „eingeordnet".

Weitere Items der Befragung von Solstad und Garde (1992) dienen der Elaborierung dieser subjektiven Krankheitstheorie. Die Frage nach den vermuteten Gründen deckt auf, ob ein eher medizisch-biologisches oder ein soziales Konzept besteht; die Wechseljahre der Partnerin sind als möglicher Auslöser zu begreifen, sich selbst mit körperlichen Veränderungen zu beschäftigen. Dem gegenüber finden sich auch Items, die eher dem *Mythos der Midlife-Crisis*, also einer sozialen Konstruktion einer Krise nachgehen.

Die Midlife-Crisis ist ein trotz empirischer Widerlegung (siehe z.B. Faltermaier et. al., 1992 der zusammenfassend schlussfolgert, das keine universelle Krise der Lebensmitte des Mannes angenommen werden darf) immer noch ein sehr populäres Konzept, welches häufig in Massenmedien (Filmen, Romanen) als Thema auftaucht. Typischerweise sollen dann unerwartete Ausbrüche aus dem bisherigen Lebenskontext stattfinden: Abbrüche langjähriger Beziehungen, Aufgabe beruflicher Ziele und eines beruflichen Status oder risikoreiches Freizeitverhalten ausgeführt werden. Ursächlich für die Midlife-Crisis seien ein Bewusstsein der eigenen Endlichkeit, ein Gefühl der nachlassenden Vitalität, sowie eine Veränderung des Identitätsgefühls (vgl. Laemmel, 1991). Die Veränderungen hormoneller Parameter, wie sie sich in der Abnahme der Geschlechtshormonproduktion zeige, ist nach Brim (1976) ein weiteres Konfliktthema des Midlife-Crisis-Konzepts.

Die Frage, mit welcher Altersgruppe von Menschen man eher vertraut ist, könnte möglicherweise zeigen, dass die Befragten sich eher an Jüngeren orientieren und so versuchen, die Alterungsprozesse nicht wahrzuhaben. Dies würde zum Klischee der Suche nach einer wesentlich jüngeren Partnerin passen. Ebenso zielen die Fragen nach Veränderungen im Lebensstil und gewünschten zukünftigen Veränderungen darauf ab, ob Themen einer Midlife-Crisis thematisiert werden.

Die Fragen, die Solstad und Garde (1992) in ihrer Längsschnittstudie in Befragung und Interview verwandten, lagen in einer englischen Version vor und wurden von der Autorin ins Deutsche übertragen.

In der vorliegenden Studie geht es darum, mit einem Querschnittsdesign zu prüfen, ob Männer in Deutschland in ähnlicher Weise wie in der oben beschriebenen Studie annehmen, dass es Wechseljahre des Mannes gibt, bzw. ob sie selbst Schwierigkeiten aufgrund der Wechseljahren beklagen, welche Begründungen genannt werden und sich Zusammenhänge mit dem Erleben, dass die Partnerin in den Wechseljahren ist oder war, aufzeigen lassen. Es soll weiterhin geprüft werden, ob sich diese Ansichten zu Beginn und am Ende des Mittleren Erwachsenenalters ändern und ob die Konzepte „es gibt Wechseljahre", „man sei selbst in den Wechseljahren" Zusammenhänge zum Beschwerdeerleben aufweisen.

Diesem wurde mit dem Fragebogen zur Erfassung von Konzepten bezüglich der Wechseljahre des Mannes nach Solstad & Garde (1992) in der Übersetzung von Fügemann (2003) nachgegangen. Dieser Fragebogen wurde als zusätzlicher Bogen im Teilprojekt „Beschwerdeerleben und Gesundheitsverhalten bei Männern im mittleren Erwachsenalter" vorgegeben.

Im Zeitraum Dezember 2002 bis November 2003 wurden an interessierte Männer 100 Fragebögen verteilt. Der Rücklauf lag bei 71 %. Der Rücklauf in diesem Teilprojekt der Gesamtstudie erwies sich als der unproblematischste.

38 Männer im Alter von 40-45 und 33 Männer im Alter von 55-60jährigen konnten befragt werden.

Hinsichtlich soziodemografischer Merkmale sind folgende Besonderheiten zu beachten.

Im Familienstand, der Haushaltsform, der Verteilung der Berufsgruppen sowie der chronischen Krankheiten bestehen keine Unterschiede zwischen den Gruppen. Bei den jüngeren Probanden sind häufiger Personen mit höheren Bildungsabschlüssen vertreten, unter den älteren Männern gibt es deutlich mehr Probanden mit Haupt- und Realschulabschluss.

In der Gruppe der jüngeren Männer sind ca. ¼ der Befragten kinderlos. Bei den Älteren haben dagegen praktisch alle (97%) Kinder.

Während bei den jüngeren Probanden alle außer einem Proband berufstätig sind, sind es bei den Älteren nur noch 78.8 %. Ein kleiner Teil der Befragten ist bereits pensioniert/ berentet, ein weiterer Teil arbeitslos.

Zur Frage: „*Sind Sie der Ansicht, dass es so etwas wie die „Wechseljahre des Mannes"* gibt, antworten 42.1% der Befragten mit „nein", 50% mit „ja" und 7.9 % verweigern die Aussage.

Bei der Antwortalternative „ja" wurde eine verbale Beschreibung dessen erbeten, was die „Wechseljahre des Mannes" nach Meinung der Befragten beinhalten. Die Beschreibungen wurden vier Kategorien zugeordnet. Bezogen auf die Zahl der Befragten werden in 16.9 % körperliche Beschwerden (z.B. Schwitzen im Schlaf), in 11.3 psychische Beschwerden (z. B. depressive Verstimmung), ebenfalls in 11.3% positive Neuorientierung (z.B. Prioritätenverschiebung) und in 8.5 % Krisenerleben (z.B. ist das Erreichte schon alles?) angegeben.

Die Zustimmung zur Frage, ob es „Wechseljahre des Mannes" gäbe, fällt mit ca. 50% recht hoch aus. So scheint dieses Konzept bei immerhin der Hälfte der Befragten verbreitet. Dies ist möglicherweise dadurch bedingt, dass dieses Thema in den letzten Jahren eine gestiegene Medienpräsenz vor allem in Zeitschriften erfuhr. Insbesondere vor dem Hintergrund möglicher Testosteronersatztherapien mit neuen Applikationsformen, z.B. Hormonpflastern und -gelen wurden zahlreiche Artikel in Illustrierten und der Laienpresse veröffentlicht. Im Gegensatz zur dänischen Studie von Solstad und Garde (1992) zeigt sich jedoch keine Änderung der Zustimmung mit dem Alter. Während in der dänischen Stichprobe die Zustimmung im 11-Jahres-Zeitraum signifikant sank, ist sie in beiden Teilstichproben der vorliegenden Studie gleich hoch. Andererseits sind beide Studien unter methodischen Gesichtspunkten nicht vergleichbar, da Solstad und Garde ein Längsschnittdesign wählten und in der vorliegenden Studie auf ein Querschnittsdesign zurückgegriffen wurde. Ob eine Veränderung der Zustimmung mit dem Lebensalter stattfindet, kann mittels der vorliegenden Daten nicht entschieden werden.

Inhaltlich lassen sich mehr Nennungen dem biologisch-medizinischen Konzept der Wechseljahre im Sinne einer nachlassenden Hormonproduktion, die dann Beschwerden im körperlichen und psychischen Bereich bedingt, zuordnen. Überwiegend nennen die Befragten nennen hormonellen Gründe als ursächlich für die Wechseljahre des Mannes. Eher ein sozialer Bezug im Sinne einer Midlife-Crisis wird von 8.5 % der Befragten thematisiert. Interessant ist die relativ häufige Nennung von Prioritätenverschiebungen und Konzentration auf wesentliche Lebensinhalte, die bei einigen Probanden im Sinne einer Bewältigung einer Midlife-Crisis thematisiert wird. Einzelne Nennungen, z.B. „Gegenwart ist wichtiger als Zukunft, Gesundheit hat höheren Stellenwert" können jedoch auch im Sinne Staudingers (1996), die eine Veränderung des Lebensinvestments beschreibt, verstanden werden, ohne dass ein Krisenkonzept zu Grunde liegt.

Auf die Frage „*Haben Sie oder hatten Sie selbst Schwierigkeiten, die durch die Wechseljahre bedingt sind*", wurde in 54.9 % mit „nein", in 23.9% mit „weiß nicht", in 14.1% mit „ja" und in 7.0% ohne Angabe beantwortet.

Eindrucksvoll ergibt sich, dass mehr als die Hälfte der Befragten angibt, keine Schwierigkeiten im Zusammenhang mit „Wechseljahren" zu haben. Rechnet man diejenigen, die die Antwortalternative „weiß nicht" wählen, die also auch eventuelle Beschwerden nicht einem Konzept „Wechseljahre" zuordnen, zu den „Nein-Antworten", so geben mehr als ¾ der Befragten keine derartigen Schwierigkeiten an.

Obwohl rund 50% der Befragten angeben, es gäbe Wechseljahre, bejahen nur 14.1%, sie hätten selbst Schwierigkeiten aufgrund der Wechseljahre. Dieses Konzept wird also als überwiegend nicht zutreffend erlebt. Dies ist darauf zurückzuführen, dass nur ein geringer Teil der Männer und nur in Kombination mit besonderen Risikofaktoren ein klinisch-relevantes Testosterondefizit erlebt. Zusätzlich zeigen auch die Untersuchungen zum Midlife- Konzept, dass dies nur für wenige Männer ein relevantes Lebensthema ist.

Die Frage: *„Was ist das Charakteristische an den Wechseljahren des Mannes"* stellte neben dem offenen Antwortformat, in dem Stichworte zur Beschreibung eingetragen werden konnten, zwei weitere Antwortalternativen, „es gibt keine Wechseljahre" und „ich weiß nicht" zur Verfügung.

Hierbei machen 12.7 % wiederum keine Angabe, je 22,5% sagen „ja, es gibt Charakteristika" bzw. „es gibt keine Wechseljahre" und 42.3% antworten mit „weiß nicht".

Auffallend ist hier, dass offensichtlich viele Männer, wohl zu Recht, keine Charakteristika von „Wechseljahren" benennen können. Nur ca. $^1/_5$ benennen überhaupt Charakteristika.

Die genannten Stichworte wurden wiederum den schon oben verwendeten Kategorien zugeordnet. Auffallend erscheint die besonders häufige Nennung der Kategorie 4 „Prioritätenverschiebung/ Neuorientierung/ Wendepunkt" im Leben, die acht Mal vergeben wurde. Bezogen auf alle 71 Probanden, geben somit 11.3 % der Befragten eine Prioritätenverschiebung/ Neuorientierung an. Körperliche Symptome werden von 5.6 % Männern genannt, und je 4.2% der Probanden benennen psychische Symptome bzw. negatives Krisenerleben als charakteristisch für die Wechseljahre des Mannes.

Mit dieser Frage sollte noch etwas spezifischer erfragt werden, was denn charakteristisch an den Wechseljahren sei. Offensichtlich ist ein großer Teil der Befragten unschlüssig, was das Spezifische an diesem Konzept sei. Obwohl 50% der Befragten zustimmen, es gäbe Wechseljahre, geben nur 22.5%, also etwa die Hälfte, an, dass es Charakteristika gäbe. So lässt sich schlussfolgern, dass bei sehr vielen Befragten kein oder nur ein sehr unklares subjektives Konzept über die Wechseljahre des Mannes besteht. Offensichtlich gibt es hierbei auch keine Altersunterschiede bei Männern innerhalb des mittleren Erwachsenenalters. Als relativ häufiges Charakteristikum wurde die Prioritätenverschiebung/ Neuorientierung genannt, die sich am wenigsten in die subjektiven Krankheitstheorien „Wechseljahre" bzw. „Midlife-Konzept" einordnen lassen.

Insgesamt ist das Antwortverhalten zu dieser Frage schlüssig unter der Annahme, dass die Wechseljahre des Mannes im eigentlichen Sinne nicht universell existieren.

Zu den *vermuteten Gründe der Wechseljahre* wurde ein Mehrfachantwortformat mit fünf Items (keine, biologische, hormonelle, arbeitsbedingte und familienbedingte Gründe) vorgegeben.

9 Personen (12.6%) beantworten diese Frage gar nicht. Betrachtet man im Weiteren die Antworten derer, die mindesten eine Auswahl getroffen haben, so wurden von 62 Personen insgesamt 111 Nennungen abgegeben. Dabei werden biologische Gründe in 31.5 %, hormonelle Gründe: in 27.7 %, familienbedingte Gründe in 15.3 %, arbeitsbedingte Gründe in 9.9% und keine Gründe in 15.3% der Nennungen angeben.

Die Frage nach den vermuteten Gründen für die Wechseljahre zeigt nur tendenzielle Unterschiede zwischen den Altersgruppen. Während bei den Jüngeren deutlich mehr familienbedingte Gründe im Gegensatz zu den älteren Probanden angenommen werden, verhält es sich bei der Angabe „hormonelle Gründe" umgekehrt. Hierzu könnte man diskutieren, dass die Jüngeren möglicherweise stärker in familiäre Strukturen eingebunden sind, durch ihre Zugehörigkeit zu einer anderen Generation mit anderen familiären Rollenmodellen konfrontiert sind und daher mehr Teilhabe am familiären Geschehen haben, womit sie familiäre Bedingungen stärker als Auslöser von Schwierigkeiten ansehen und dies dann als Wechseljahresbeschwerden „etikettieren". Die Älteren dagegen sind durch das Heranwachsen ihrer Kinder schon mehrheitlich in der nachelterlichen Phase, erleben dadurch und durch ihre möglicherweise traditionelleren Rollenmodelle weniger Stressoren durch die Familie. Gleichzeitig erfuhren sie mehrheitlich schon die Wechseljahre ihrer Partnerinnen und übernehmen dann stärker ein medizisch-biologisches Krankheitsmodell mit Angabe hormoneller Gründe. Insgesamt gesehen überwiegen die biologischen bzw. hormonellen Gründe in der Angabe gegenüber den sozialen Gründen. Dies wird ebenso bei Solstad & Garde (1992) beschrieben.

Weiterhin wurde erfragt, *mit welcher Altersgruppe die Befragten am meisten vertraut sind:* mit Menschen ihres Alters, mit etwas jüngeren Menschen, mit jungen Menschen bzw. mit alten Menschen.

Bezogen auf die Altersgruppen zeigt sich in der Tendenz, dass die 40-45jährigen sich überwiegend an Menschen ihres Alters orientieren (61,4%), gefolgt von der Orientierung an jungen Menschen (18.2%), die 55-60jährigen dagegen am häufigsten angeben, sie wären mit etwas jüngeren Personen vertraut (43.9%), und erst an zweiter Stelle angeben, vertraut mit Personen des eigenen Alters zu sein (36.6%). Diese Unterschiede sind jedoch nicht statistisch bedeutsam.

Dass die jüngeren Männer überwiegend angeben, sie seien mit altersgleichen am besten vertraut, erscheint im Sinne des gemeinsamen Durchlaufens verschiedener Phasen der Biographie mit Personen derselben Generation, der Wahl der Partnerin und des Freundeskreises verständlich. Dass die Älteren jedoch verstärkt angeben, sie seien mit etwas jüngeren Menschen am besten vertraut, könnte darauf hinweisen, dass sie sich bislang noch weniger den Anforderungen des „Älter-Werdens" stellen wollen und Gewohnheiten und Lebensstile etwas jüngerer Menschen beibehalten werden. Dies würde übereinstimmen mit einem sich wandelndem gesellschaftlichen Bild älterer Menschen, die weiterhin aktiv, interessiert und das lebensbejahend sind.

Wird gefragt, ob die Probanden ihren *Lebensstil* in auffälliger Art und Weise während der vergangenen fünf Jahre veränderten, so geben 54.9% der Männer an, ihren Lebensstil nicht verändert zu haben, bei 21.1% hat sich die Lebenssituation, nicht jedoch der Lebensstil verändert, und 23.9% eine Änderung des Lebensstils an. Da die Befragten zum Teil mehrere Veränderungen benannten, finden sich bei 17 Personen 26 Nennungen von relevanten Änderungen des Lebensstils.

Die genannten Veränderungen sind sehr heterogen. Sie lassen sich inhaltlich folgenden Bereichen zuordnen, wobei jeweils die Zahl absolute Nennung in den beiden Altersgruppen in Klammern angegeben wird (40-45/55-50Jahre).

- neue Herausforderung im Beruf (4/1)
- Beendigung der Berufstätigkeit (0/2)
- Familienaufbau/Gründung: Heirat, Kinder (4/1)
- gesündere Lebensführung (1/2)
- mehr Freizeit/ bessere Freizeitnutzung (2/1)
- weniger Freizeit (2/0)
- Hausbau/-kauf (2/1)
- Sonstiges (3/0)

Die Betrachtung der Änderung des Lebensstils zeigt mehrheitlich ein stabiles Bestehen-Bleiben des gewohnten Lebensstils in beiden Altersgruppen. Unter den beschriebenen Änderungen des Lebensstils sind die meisten dem Aufbau wichtiger Lebensbereiche gewidmet: neue berufliche Aufgaben, Heirat, Kind, gesündere Lebensführung, Erwerb eines Hauses. Sie stehen nicht im Einklang mit den Mythen des Midlife-Konzeptes. In der Beschreibung der Lebensstiländerungen werden mehr als doppelt so oft Veränderungen von den Jüngeren benannt. Dies zeigt, dass die Jüngeren in relevanten Lebensbereichen stärker investieren (mussten). Die genannten Aufgaben passen inhaltlich zur Phase des jüngeren Erwachsenenalters, die zeitlich vor dem des mittleren Erwachsenenalters liegt. Da die Befragung auf zurückliegende Zeiten fokussierte und sich die Grenzen zwischen den Lebensaltersstufen nicht statisch beschreiben lassen, ist die Feststellung, dass Jüngere mehr „Aufbauveränderungen" angeben, stimmig.

Zu den Änderungen der Lebenssituation wurden keine verbalen Beschreibungen befragt. Möglicherweise sind hier Lebensereignisse eingetreten, die eher vor dem Hintergrund des Konzepts „Midlife-Crisis" zu werten gewesen wären. Die Konnotation der Begriffe Lebensstil und Lebenssituation wertet in gewisser Hinsicht die Kontrollierbarkeit der Veränderungen. Während Änderungen im Lebensstil als aktive, selbst initiierte Prozesse angesehen werden können, so erscheint eine Änderung der Situation als „von außen verursacht". Da jedoch nicht erfragt wurde, in welcher Hinsicht sich Situationen änderten, kann nicht automatisch geschlossen werden, ob diese Bedeutungsnuancen von den befragten Männern ebenso wahrgenommen wurden. Solstad & Garde (1992) betonen ebenfalls in ihrer Arbeit, dass nur selten Veränderungen, die als Ausdruck einer Midlife-Crisis zu interpretieren seien, von den Befragten benannt werden.

Wird gefragt, ob sie *wichtige Veränderungen in ihrem Leben vornehmen wollen*, so bejahen 23.9% der Befragten dies. 76.1% Männer geben an, keine wichtigen Veränderungen vornehmen zu wollen.

Von den 17 Befragten, die angeben, Veränderungen vornehmen zu wollen, werden folgende Themen angesprochen, hier werden ebenfalls wieder die Angaben in den Altersgruppen in Klammern angegeben.

- Neue Herausforderung im Beruf (2/0)
- Beendigung der Berufstätigkeit (0/1)
- Neue Partnerschaft/ Familienaufbau (3/1)
- Verbesserung der Partnerschaft (2/0)
- gesündere Lebensführung (3/1)
- Mehr/ bessere Freizeit (2/1)
- Sonstiges (spirituell, psychisch) (1/2)

Auch für die Zukunft der Befragten gibt es wenige bis keine Veränderungswünsche hinsichtlich des Lebensstils. Dies ist ein deutlicher Beleg für Stabilität im mittleren Erwachsenenalter. Obwohl sich bezüglich der Zustimmung und Ablehnung zu dieser Frage statistisch keine Unterschiede nachweisen lassen, werden jedoch bedingt durch die Möglichkeiten zur Mehrfachnennung von den Jüngeren mehr Veränderungswünsche aufgezählt als von den Älteren. Jedoch sind diese Veränderungen wiederum nicht dem Klischee der Midlife-Crisis zuzuordnen.

Die abschließende Frage bezog sich darauf, ob die *Partnerin der Probanden in den Wechseljahren ist* und ob dies eventuell *Auswirkungen auf das persönliche Wohlbefinden der Männer hat(te)*. In die Auswertung gingen 66 Männer ein, die angaben eine Partnerin zu haben. Bei den jüngeren Probanden ist die Partnerinnen überwiegend (noch) nicht in den Wechseljahren (79.4%) sind, bei den älteren Probanden ist die Partnerin eher gerade (46.9%) in den Wechseljahren bzw. hat diese schon hinter sich (34.4%). Dies sind erwartungsgemäße Unterschiede. Die Partnerinnen der Befragten sind üblicherweise ähnlich alt oder geringfügig jünger als die Befragten selbst. Da die Wechseljahre bei Frauen im Durchschnitt um das 51. Lebensjahr einsetzen, sind oder waren insgesamt 82% der Partnerinnen der Befragten schon in den Wechseljahren.

Von den 28 Männern, die angaben, dass ihre Partnerin in den Wechseljahren ist oder war, gaben 2 Männer (7.1%) an, dass die Wechseljahre der Partnerin ihr eigenes Wohlbefinden beeinträchtigt habe, 14 (50%) meinten, ihr Wohlbefinden habe sich nicht beeinträchtigt, aber sie seien besorgt gewesen. 12 Probanden (42.9%) verneinen einen Einfluss auf das persönliche Wohlbefinden.

Einen direkten Einfluss der Wechseljahre der Partnerin auf das eigene Wohlbefinden wird vielfach abgelehnt, jedoch hätte sich die Mehrzahl der Befragten Sorgen deswegen gemacht. Da die weiblichen Wechseljahre bei den Betroffenen nicht universell zu Problemen führen (vgl. von Sydow & Reimer, 1995), scheint es plausibel, dass die Auswirkungen auf die Partner gering bleiben.

Steht die Selbsteinschätzung „Schwierigkeiten mit den Wechseljahren zu haben", in Beziehung zu Wissensbeständen oder Überzeugungen? Dies wurde zunächst für die Aussge „es gibt Wechseljahre" mittels Kontingenzkoeffizient geprüft.

Dieser beträgt .31 und ist mit $p = .03$ signifikant. Das heißt, wird zugestimmt, dass es Wechseljahre gibt, so erfolgt mit höherer Wahrscheinlichkeit eine Angabe, selbst Schwierigkeiten aufgrund der Wechseljahre zu haben. Gleichzeitig besteht eine besonders prägnante Kombination der Angaben „es gibt keine Wechseljahre" mit „nein, ich habe keine Schwierigkeiten mit den Wechseljahren".

Obwohl dies zunächst schon fast trivial erscheint – es gibt eine hohe Übereinstimmung der jeweils ablehnenden Statements gibt, ca. ¾ der Befragten, die sagen es gibt die Wechseljahre nicht, geben auch an, keine Schwierigkeiten mit den Wechseljahren zu haben- wird jedoch nicht automatisch, wenn angegeben wird, es gäbe die Wechseljahre, dies als für sich selbst zutreffend erlebt. Einerseits ist es nur bei Kenntnis eines entsprechenden subjektiven Krankheitskonzeptes möglich, anzugeben, man leide darunter, andererseits ist dieses Konzept ja so vage in seiner Symptomatik und Prävalenz, dass trotz der möglichen Kenntnis der Existenz von männlichen Wechseljahren diese bei den Befragten nicht vorliegen müssen. Dies ist zum Beispiel dann verstärkt anzunehmen, wenn die Befragten noch in der jüngeren Altersgruppe sind, wenige Risikofaktoren für ein Testosterondefizit haben, oder wenn aufgrund eines männlichen Stereotyps Symptome eher heruntergespielt und verdrängt werden (vgl. Kaplan & Marks, 1995).

Die Angabe, innerhalb der letzten fünf Jahre (keine) Veränderungen im Lebensstil vorgenommen zu haben, steht mit .40 und einer Wahrscheinlichkeit von $p = .01$ im Zusammenhang mit der Angabe (keine) Schwierigkeiten aufgrund der Wechseljahre zu haben (Kontingenzkoeffizient). Besonders häufig fallen die

Angabe: „nein, ich habe keine Änderungen vorgenommen" und: „nein, ich habe keine Schwierigkeiten aufgrund von Wechseljahren" zusammen.

Hierbei kann angenommen werden, dass die Probanden sich selbst, ihre Lebensgewohnheiten und -stile als stabil erleben. Es scheinen dann keine kritischen Lebensereignisse oder krisenhafte Auseinandersetzungen vorgelegen zu haben, deren Auswirkungen auf die körperliche und oder seelische Gesundheit einer Anpassung bedurften.

Veränderungen des Lebensstils vornehmen zu wollen, steht dagegen nicht im Zusammenhang mit erlebten Schwierigkeiten aufgrund von Wechseljahren.

Weiterhin finden sich Zusammenhänge für die Angabe „meine Partnerin ist in den Wechseljahren" und der Angabe „selbst unter Wechseljahresbeschwerden zu leiden". Diese Angaben stehen mit .44 und einem p von .02 im Zusammenhang (Kontingenzkoeffizient). Besonders deutlich ist auch hier wiederum das Zusammenfallen der ablehnenden Statements „nein, sie ist nicht in den Wechseljahren" und „nein, ich habe keine Schwierigkeiten aufgrund von Wechseljahren".

Die Kenntnis und das Erleben der Wechseljahre der Partnerin geben in gewissem Ausmaß Anstoß, selbst ein subjektives Krankheitskonzept „hormoneller Umstellungen" auszubilden. Die Wahrscheinlichkeit der Angabe, selbst Schwierigkeiten aufgrund der Wechseljahre zu haben, ist erhöht, wenn die Partnerin bereits in den Wechseljahren ist oder war. Solstad & Garde (1992) fanden dagegen, dass der Einfluss auf das Wohlbefinden, der von den Wechseljahren der Partnerin ausging, in Zusammenhang mit der Angabe, sich „klimakterisch" zu fühlen, steht. Insbesondere diejenigen, die nicht besorgt waren bzw. die sich besser fühlten durch die Wechseljahre der Partnerin, gaben signifikant häufiger an, keine Schwierigkeiten aufgrund von Wechseljahren zu haben. Dieser Zusammenhang konnte in der vorliegenden Studie nicht bestätigt werden.

Mit der vorliegenden Studie sollten Überzeugungen zum Konzept „Wechseljahre des Mannes" und „Midlife-Crisis" erfasst und mit dem Beschwerdeerleben in Beziehung gesetzt werden. Hierzu sind einige methodische Überlegungen anzumerken. Zunächst ist zu fragen, ob die Wahl der Stichprobe geeignet ist, um Annahmen über die Wechseljahre des Mannes zu erfassen. Hier ist zu überlegen, ob die gewählten Altersgruppen sinnvoll sind. In der Untersuchung fehlt der Bereich der 46-54jährigen. Möglicherweise wären Männer dieser Altersgruppe ebenfalls von der Thematik „Wechseljahre/ Midlife-Crisis/ Partielles Androgendefizit" betroffen und hätten diesbezüglich Annahmen und Konzepte ausgebildet. Andererseits könnte man dagegen argumentieren, dass die 40-45jährigen eher der Phase der Midlife-Crisis zuzuordnen wären, während die 55-60jährigen stärker die hormonell-biologischen Veränderungen spüren würden. Die Ergebnisse der Studie weisen jedoch in keiner Weise darauf hin, dass Themen der Midlife-Crisis bei den Befragten eine größere Rolle spielen, und nur 14 % der Befragten schätzen sich selbst ein, sie seien in den Wechseljahren. Zusätzlich gibt es bei keinem Item bezüglich der Annahmen über Wechseljahre Altersgruppenunterschiede, so dass ein Einbezug der 46-54jährigen vermutlich keine weiteren Unterschiede im Vergleich mit den jüngeren bzw. älteren Probanden erbracht hätte.

Ein weiterer Kritikpunkt bezüglich der Stichprobe besteht darin, dass unter den Jüngeren diejenigen mit hohen Bildungsabschlüssen dominieren, während unter den Älteren die niedrigen bis mittleren Bildungsabschlüsse stärker vertreten sind. In gewisser Weise wird dieser Unterschied in den soziodemografischen Merkmalen durch die Verteilungsgleichheit in den Berufsgruppen relativiert und lässt sich durch die gesellschaftlich gestiegene Tendenz zu höheren Bildungsabschlüssen erklären. Möglicherweise könnten sich die Befunde der Studie verändern, wenn auch der Bildungsstand homogener in den Altersgruppen wäre. Hierbei ist zu überlegen, dass sich die Thematik der Midlife-Crisis stets an den mittleren bis höheren Sozialschichten orientierte und auch die durch die Medien transportierten Inhalte eher den „ausgestiegenen Manager" oder andere Akademiker darstellen.

Weiterhin sind die Qualität und die Angemessenheit der verwendeten Instrumente zu beurteilen. Der Fragebogen von Solstad & Garde (1992) ist eher als exploratives Instrument anzusehen. Gerade das zuweilen offene Antwortformat verlangt eine eher beschreibende, qualitative Auswertung. Auch eignen sich die Mehrfachantwortformate häufig nicht, um weitergehende Analysen vorzunehmen. Dies ist einerseits als Mangel anzusehen, andererseits erscheint es dieser Fragestellung auch angemessen, relativ offen abzufragen, inwieweit überhaupt Wissen über das Konzept „Wechseljahre des Mannes" unter Männern am Beginn und am Ende des mittleren Erwachsenenalters verbreitet ist und welchen Einfluss bestimmte Annahmen oder Tatsachen auf die Selbsteinschätzung „selbst Schwierigkeiten mit dem Klimakterium zu haben" ausüben.

Im Gegensatz zur ursprünglichen Untersuchung von Solstad & Garde (1992) wurde auch nicht betrachtet, wie sich die Überzeugungen und Annahmen gruppenstatistisch betrachtet verändern, sondern es wurde ein Querschnittsdesign angewandt. Somit kann eher Auskunft über eine breitere Kohorte gegeben werden, und es konnte ein Vergleich zur dänischen Stichprobe gezogen werden.

Weiterhin sollte in Betracht gezogen werden, dass das Thema Midlife-Crisis und Testosterondefizit/ Wechseljahre des Mannes sehr vom Zeitgeist abhängig ist. So fanden sich in den letzten Jahren bis vor kurzem zahlreiche Artikel in der Presse, die eine öffentliche Diskussion der Homonsubstitution auch für Männer thematisierten und neue Anwendungsmöglichkeiten vorstellten. Hierbei sollte den Pharmafirmen ein neuer Markt entsprechend der Östrogentherapie für Frauen eröffnet werden. Inzwischen sind diese Beiträge wieder völlig verschwunden. So ist auch die Kenntnis und die Informiertheit der Befragten in gewissem Maße abhängig, welche Informationen „in sind" und zur Verfügung stehen.

Damit ist auch verbunden, dass die hier erhobenen Befunde auch nicht automatisch auf andere Kohorten generalisierbar sind.

Insgesamt ist jedoch einzuschätzen, dass die aufgezeigten Kritikpunkte nicht so schwerwiegend sind, dass dadurch die gesamte Arbeit in Frage gestellt werden müsste.

Die vorliegende Untersuchung zeigt insgesamt, dass sich das mittlere Erwachsenenalter des Mannes eher als stabile Lebensphase auffassen lässt, in der keine Hinweise darauf deuten, dass die klischeehaft beschriebenen Themen und Verhaltensweisen der Midlife-Crisis in der untersuchten Stichprobe auftreten. Weiterhin ließ sich zeigen, dass das Konzept der „Wechseljahre des Mannes" eher nur vage und unklar oder vielfach auch gar nicht beschrieben wird. Es ist davon auszugehen, dass es eine geringe Relevanz im Leben der Männer des mittleren Erwachsenenalters hat.

Insgesamt erweist sich das Konzept der „Wechseljahre des Mannes", wenn es von Laien beschrieben werden soll, als ein sehr vages und unklares Konzept, welches nur von knapp 15% der Männer als zutreffend erlebt wird.

Somit liefert diese Studie einen Beitrag um die Diskussion des Pro- und Contra der Wechseljahre des Mannes, deren Existenz angezweifelt werden sollte.

Literatur

Brim, O.G. (1976). Theories of the male mid-life crisis. The Counseling Psychologist, 6, 2-8.

Faltermaier, T., Mayring, Ph., Saup, W. & Strehmel, P. (1992). Entwicklungspsychologie des Erwachsenenalters. Stuttgart: Kohlhammer.

Filipp, S.H. & Aymanns, P. (1997). Subjektive Krankheitstheorien. In R. Schwarzer (Hrsg.), Gesundheitspsychologie: Ein Lehrbuch (2. erw. Aufl., S. 3-21). Göttingen: Hogrefe.

Kaplan, M.S. & Marks, G. (1995). Appraisal of health risks: the roles of masculinity, femininity, and sex. Sociology of Health and Illness, 17, 206-218.

Laemmel, K. (1991). Midlife-Crisis: Krise in der Lebensmitte. Schweiz. Rundschau Med. (PRAXIS), 80, 1446- 1451.

Leventhal, H. & Nerenz, D.R. (1983). A model for stress research with some implications for the control of stress disorders. In D. Meichenbaum & M.E. Jaremko (Eds.), Stress inocolation and prevention (pp 5-38). New York: Guilford.

Solstad, K. & Garde, K. (1992). Middle-aged Danish men's ideas of a male climacteric- and of the female climacteric. Maturitas, 15, 7-16.

von Sydow, K. & Reimer, Ch. (1995). Psychosomatik der Menopause: Literaturüberblick 1988-1992. Psychother. Psychosom. med. Psychol, 45, 225-236.

6. Partnerschaft und Sexualität bei Männern im mittleren Erwachsenenalter

Die männliche Sexualität unterliegt im mittleren Erwachsenenalter Veränderungen, die im Wesentlichen mit einer Verlangsamung und Abschwächung der Sexualfunktionen, z.B. einer verlängerten Refraktärzeit oder einem verringertem Erektionswinkel, aber auch durch Zunahme von sexuellen Dysfunktionen im Zusammenhang mit altersbedingten Krankheiten beschrieben werden können (vgl. Zeier, 1999). Die Veränderungen der Sexualität werden teilweise von den betroffenen Männern als bedrohlich und unangenehm erlebt. Daraus resultierende Sorgen und dysfunktionale Leistungserwartungen können Erektionsstörungen begünstigen, wenn nicht gar auslösen. Nicht wenige Männer tendieren nach sexuell verunsichernden Erfahrungen zu Flucht: Flucht zu einer anderen Frau, Flucht in die Obhut somatisch orientierter Mediziner oder zu potenzfördernden Präparaten.

Die physiologischen Veränderungen im sexuellen Bereich, die vorwiegend als Einbußen erlebt werden, bedürfen einer Adaptation. Dies kann dann besonders problematisch werden, wenn sich alternde Männer am männlichen Rollenideal, welches von Jugendlichkeit, Stärke, körperlicher Fitness und Ausdauer geprägt ist (Alfermann, 1996), orientieren oder wenn die physiologischen Veränderungen mit Unzufriedenheiten im familiären oder beruflichen Bereich zusammenfallen.

Sexualität ist ein Teilbereich der Partnerbeziehung, Diese wiederum, insbesondere die auf Dauer angelegten, stellen für die meisten Menschen einen bedeutsamen Teil ihrer Identität dar. Eine befriedigende Partnerschaft sollte einen Zuwachs an Zufriedenheit und Glück darstellen. (Brauckhaus, Saßmann & Hahlweg, 2000). Grundlegende menschliche Bedürfnisse nach Bindung, Zuneigung, Verständnis und Kooperation werden in Beziehungen erfüllt. Von daher ist es nicht verwunderlich, dass die Qualität der Partnerschaft Auswirkungen auf das psychische Befinden hat (z.B. Peters & Liefbroer) hat. Jedoch rückte erst spät das Interesse an s.g. Beziehungsfaktoren, welche darüber entscheiden, ob eine Partnerschaft gelingt, in den Mittelpunkt des Alltags- und Forschungsinteresses. Neben den Partnerwahltheorien, die entweder Homogamie/ Endogamie und Heterogamie als Voraussetzung für Beziehungszufriedenheit ansehen, sind es vor allem austauschtheoretische Modelle und verhaltensbezogene Faktoren, die Erklärungsmodelle erfolgreicher Partnerschaften liefern. Die Art der partnerbezogenen Wahrnehmung, Kooperation und Gleichwertigkeit in Beziehungen sowie günstige Kommunikations- und Problemlösefähigkeiten stellen wichtige Einflüsse auf die Beziehungszufriedenheit dar. Zu den kommunikativen Fähigkeiten gehören bspw. gegenseitige Achtung und Respekt, Offenheit in der Kommunikation, Verwendung von Ich-Botschaften, Ausdruck von Verhaltens-

wünschen statt globalem Kritisieren und Anklagen oder der angemessene Ausdruck von Gefühlen und Bedürfnissen.

Neben den individuellen Faktoren, die dazu beitragen, ob eine Partnerschaft
ge- oder misslingt, kommen die gesellschaftlichen und normativen Rahmenbedingungen. In den letzten Jahrzehnten hat ein gesellschaftlicher Wertewandel
derart stattgefunden, dass Frauen stärker an der Erwerbsarbeit partizipieren, eine
Zunahme an kinderlosen Beziehungen zu verzeichnen ist und Scheidungen und
alternative Lebensentwürfe zunehmend gesellschaftlich akzeptiert werden. Für
die in der vorliegenden Untersuchung befragten Männer am Beginn und am Ende des mittleren Erwachsenenalters kann analog der Studie von Schmidt &
Stritzky angenommen werden, dass die zum Untersuchungszeitpunkt 55-
60jährigen noch der vorliberalen Generation angehören, die in der Mehrzahl
verheiratet sind und aus dieser Beziehung heraus auch Kinder haben. Die jüngeren 40-45jährigen werden entsprechend der oben zitierten Studie als Generation
der sexuellen Revolution bezeichnet. D.h. unter ihnen finden sich wahrscheinlich mehr Geschiedene, die (eine) weitere Partnerschaft(en) oder Ehe(n) einge-
hen.

Ziel der vorliegenden Untersuchung ist es, die partnerschaftliche Situation
und sexuelle Zufriedenheit vor dem Hintergrund der physiologischen Veränderungen bei Männern im mittleren Erwachsenenalter aufzuzeigen und gleichzeitig
Zusammenhänge von Beziehungsfaktoren, sexueller Zufriedenheit und (klimakterischen) Beschwerden zu beschreiben.

Dazu wurden im Zeitraum 3/2003 bis 4/2004 114 Fragebögen[1] durch studen-
tische Mediatoren, Ärzte und Psychotherapeuten indirekt an Männer am Beginn
und am Ende des mitleren Erwachsenalters sowie direkt an interessierte Männer,
verteilt. Die Ausgabe der Fragebögen erfolgte so lange, bis ein Rücklauf von je
mindestens 30 Männer im Alter von 40-45 bzw. von 55-60 Jahren erreicht war.
Insgesamt liegt die Rücklaufquote bei 54.3% und entspricht damit anderen empirischen Studien, die mittels anonymisierter Fragebögen Daten zu Partnerschaft
und Sexualität erhoben haben.

19.4% der befragten Männer waren zum Untersuchungszeitpunkt ledig, 19.4
% geschieden bzw. getrennt lebend, 59.7% verheiratet (11.3 % in zweiter Ehe),

---

[1] Klimakterium virile Inventar (KLV, Degenhardt, 1993);
Zufriedenheitsskalen „Ehe und Partnerschaft", „Sexualität", Eigene Person" und „Beziehung
zu den eigenen Kindern" aus dem Fragebogen zur Lebenszufriedenheit (FLZ, Fahrenberg et
al. , 2001);
Teile des Anamnesebogens (ASP): Beziehungszufriedenheit, Streithäufigkeit, Konfliktberei-
che, z.T. mit offenem Antwortformat und Tübinger Skalen zur Sexualtherapie (TSST). Diese
umfassen das *Störungsausmaß* sexueller Probleme, *Einflussverteilung* innerhalb der Partnerschaft, Häufigkeit, Intensität und Zufriedenheit mit *Selbstbefriedigung, Körperwahrnehmung,
Achtung und Respekt* sowie *kommunikative Ängste* aus: Fragebogen zu Sexualität und Partnerschaft (ASP, TSST, NSP) Zimmer 1985);
soziodemographische Daten

1 Proband (1.6%) verwitwet. In einer Partnerschaft leben 85.5% der Befragten. Neben den Verheirateten gaben 6 der Ledigen (50%) und 10 der Geschiedenen (83.3%) an, eine Partnerschaft zu führen. In einem gemeinsamen Haushalt mit der Partnerin leben 68.9 % der Befragten, wobei die Ledigen (zu 81.8%) und Geschiedenen (zu 66.7%) nicht mit der Partnerin zusammenleben.

Die beiden befragten Altersgruppen gleichen sich bezüglich der erhobenen soziodemografischen Parameter. Die Stichprobe gehört fast ausschließlich der Mittelschicht an.

Von beiden Altersgruppen werden nur in geringem Ausmaß *Beschwerden* angegeben. Betrachtet man, welche Beschwerden, unabhängig vom Intensitätsgrad, von den Befragten am häufigsten angegeben werden, so lässt sich folgende Rangreihe aufstellen:

- übermäßiges Schlafbedürfnis (82.3%)
- innere Unruhe und Nervosität (77.5%)
- Müdigkeit (72.6%)
- Kreuzschmerzen (72.5%)
- gesteigerte Reizbarkeit (71%).

Das *Zufriedenheitserleben* in den Bereichen Sexualität, eigene Person, Kinder und Partnerschaft wird im Mittel von allen Befragten im Bereich einer Ausprägung von „zufrieden" bis „eher zufrieden" angegeben. Am geringsten ist die Zufriedenheit mit Sexualität ausgeprägt, am höchsten die Zufriedenheit mit der eigenen Person. In den Zufriedenheitsskalen konnten Unterschiede, die allein durch das Lebensalter der Befragten bestimmt werden, nicht nachgewiesen werden. Sieht man die Zufriedenheit als Indikator für die erfolgreiche Bewältigung der Anforderungen in den jeweiligen Lebensbereichen an, stellen sich die Befragten insgesamt zufrieden in den befragten Bereichen dar.

Die Zufriedenheit mit der eigenen Person wird deutlich vom Beschwerdeerleben beeinflusst. Dies lässt sich durch korrelative Zusammenhänge nachweisen. So stehen der psychische Energieverlustfaktor des KLVs mit -.70 (p= .00) und der Faktor klimakterisches Syndrom mit -.62 (p = .00) im Zusammenhang mit dem Zufriedenheitserleben mit der eigenen Person.

Für die *Variablen der Qualität der Partnerbeziehung* „Einflussverteilung", „Achtung und Respekt" sowie „kommunikative Ängste" werden von den Probanden überwiegend günstige[2] Ausprägungen angegeben. 77.8% der Befragten

---

[2] Zimmer (1985) gibt für die sechs Skalen des TSST jeweils Mittelwerte und Standardabweichungen für Gruppen, die ein unauffälliges bzw. gestörtes Ausmaß des jeweiligen Merkmales aufweisen, an. Da die Gruppen „gestört" und „unauffällig" sich jedoch stark überlappen, wird in der vorliegenden Untersuchung das Kriterium zur Trennung von gestörter und unauffälliger Merkmalsausprägung wie folgt bestimmt: zu dem von Zimmer angegebenen Mittelwert „un-

schätzen ein, dass in ihrer Beziehung gegenseitige Achtung und Respekt vorherrscht, 71.7% geben an, die Einflussverteilung sei ausgeglichen und bei 69.1% kann die Kommunikation als ungestört betrachtet werden. Nichts desto Trotz findet sich für jedes Merkmal eine nicht unerhebliche Minderheit von 22 bis zu 31%, bei welcher sich die Werte der untersuchten Beziehungsfaktoren im gestörten Bereich befinden. Auch hierbei finden sich keine Unterschiede zwischen den beiden untersuchten Gruppen

Um den Beitrag der *Beziehungmerkmale an der partnerschaftsbezogenen Zufriedenheit* zu bestimmen, wurde eine schrittweise multiple Regressionsanalyse durchgeführt, in die die drei beschriebenen Beziehungsmerkmale als Prädikatorvariablen eingingen. Dabei liegt der Anteil der aufgeklärten Varianz bei .43 (adj. R^2). Signifikante Betagewichte konnten für Achtung und Respekt (-.56, p = .00) und kommunikative Ängste (-.31, p = .01) ermittelt werden. Dagegen liefert die Einflussverteilung keinen signifikanten Beitrag zur Varianzaufklärung.

Weiterhin wurde mittels t-Test bzw. Varianzanalysen überprüft ob, Partnerschaftsdauer, das Vorhandensein von Kindern, das Alter der Kinder oder die Streithäufigkeit Einfluss auf die Zufriedenheit mit der Partnerschaft haben. Dabei konnte nur tendenziell ein u-förmiger Zufriedenheitsverlauf bezüglich der Beziehungsdauer festgestellt werden (Tiefpunkt der Partnerschaftszufriedenheit in der Gruppe der 10-20 Jahre verheirateten), jedoch ergibt sich für keine der Variablen ein signifikant unterschiedliches Zufriedenheitserleben.

Die Beziehungszufriedenheit korreliert mit .56 (p = .00) mit der sexuellen Zufriedenheit. Die Ehedauer, das Vorhandensein von Kindern bzw. die Zugehörigkeit der Kinder zu verschiedenen Altersgruppen hat keinen Einfluss auf die sexuelle Zufriedenheit der Männer im Alter von 40-45 bzw. 55-60 Jahren.

Hier liegt jedoch bei der Betrachtung der partnerschaftlichen und sexuellen Zufriedenheit eine querschnittliche Sichtweise zugrunde, welche keine Aussagen zum Verlauf der Zufriedenheit erlaubt. Auch wenn tendenziell der in der Literatur zur Ehezufriedenheit beschriebene u-förmige Verlauf der Partnerschaftszufriedenheit sichtbar wird, kann daraus nicht automatisch geschlossen werden, dass die Zufriedenheit quasi automatisch im Verlauf der Zeit absinkt.

Insgesamt belegen die Befunde die stärkere Bedeutung der verhaltensbezogenen Variablen gegenüber den lebensalterbezogenen Variablen. Diese verhaltensbezogenen Variablen entscheiden letztendlich darüber, ob auch über eine längere Dauer und bei der Bewältigung der familienbezogenen Entwicklungsaufgaben, eine zufriedenstellende Partnerschaft aufrecht erhalten werden kann.

Für die Variablen, die bezüglich der Sexualität erhoben wurden, konnte folgendes nachgewiesen werden:

---

auffällig" wird die halbe Standardabweichung der Gruppe „unauffällig" addiert. Dies ist das cut-off- Kriterium zur Einteilung von gestörter und unauffälliger Merkmalsausprägung.

Das *sexuelle Verlangen*, welches auf einer sechs- stufigen Skala eingeschätzt werden sollte, ist bei den Älteren tendenziell geringer ausgeprägt. Die Skala *Körperwahrnehmung*, die den Ekel vor Körpersekreten und die eigene Körperlichkeit sowie die der Partnerin erfasst, zeigt tendenziell eine ungünstigere Körperwahrnehmung der Älteren, jedoch noch überwiegend im ungestörten Bereich.

Sexuelle Aktivität

Tab. 2 zeigt auffallende Unterschiede in der Häufigkeitsangabe der praktizierten Selbstbefriedigung. Bei den Älteren ist Selbstbefriedigung zu ca. $^1/_3$ tabuisiert ist und zusätzlich geben ca. $^1/_5$ an, nie Selbstbefriedigung durchzuführen. Dagegen geben die 40-45jährigen am häufigsten an, Selbstbefriedigung 2x pro Woche oder häufiger zu praktizieren, nur ein Proband macht keine Angaben zur Häufigkeit von Selbstbefriedigung. Dieser Unterschied ist statistisch signifikant. Dabei spielt es keine Rolle, ob die Befragten innerhalb einer Partnerbeziehung leben nicht.

Tab. 2 Häufigkeit von Selbstbefriedigung

		Altersgruppe			
		40-45 Jahre		55-60 Jahre	
Selbst-befriedi-gung		Anzahl	%	Anzahl	%
	fehlende Angabe	1	3.2	10	32.3
	nie	4	12.9	7	22.6
	weniger als 1x / Monat	2	6.5	3	9.7
	ca. 1x / Monat	4	12.9	1	3.2
	ca. 2x/ Monat	4	12.9	3	9.7
	ca. 1x/ Woche	4	12.9	4	12.9
	2x / Woche oder häufiger	12	38.7	3	9.7
Gesamt		31	100	31	100

Dass Selbstbefriedigung von den Älteren in geringerem Maße angegeben wird, scheint daher zu rühren, dass diese der vorliberalen Generation angehören, in der Selbstbefriedigung noch stark tabuisiert wurde.

Die Hypothese, dass die Partnerschaftssituation im Zusammenhang damit steht, ob Selbstbefriedigung durchgeführt wird, entsprechend des Stereotyps „Sexualität gehört zur Partnerschaft und die sexuelle Befriedigung wird allein aus dem sexuellen Zusammensein mit der Partnerin erzielt" konnte nicht bestätigt werden. Es ergeben sich für die Aufsplittung unter dem Aspekt „Partnerschaft vorhanden oder nicht" keine Unterschiede in den Häufigkeitsangaben für Selbstbefriedigung. Einerseits werden hier sicher Fälle erfasst, bei denen zusätzlich zur befriedigenden Partnersexualität Selbstbefriedigung praktiziert wird, d.h. das sexuelle Verlangen ist insgesamt hoch und Selbstbefriedigung ist nicht tabuisiert oder andererseits kann Selbstbefriedigung auch in Phasen mangelnder sexueller Harmonie (Krankheit/ fehlendes oder im Vergleich zu Mann geringeres sexuelles Verlangen bei der Partnerin) eine wichtige Funktion zur Befriedigung des sexuellen Verlangens für die Befragten erfüllen.

Weiterhin wurde nach der Häufigkeit des sexuellen Zusammenseins mit der Partnerin gefragt. Hierbei wurde der Begriff bewusst weit gewählt, um nicht nur Geschlechtsverkehr sondern auch andere sexuelle Aktivitäten (z.B. Petting) darunter zu erfassen. Am häufigsten (je 10 Befragte / 32.3%) wird von den Befragten beider Altersgruppen angegeben, dass sie ca. 1x pro Woche sexuell mit Partnerin aktiv seien, bei den 40-45jährigen wird weiterhin von 8 (25.8%) angegeben 2 x pro Woche oder öfter Sex mit der Partnerin zu haben, während bei den 55-60jährigen je 5 (16.1%) angeben, ca. 2 x im Monat bzw. 2 x pro Woche oder häufiger sexuell mit der Partnerin aktiv zu sein. Jeweils 5 Befragte pro Altersgruppe (16.3%) verneinen sexuelle Aktivität mit einer Partnerin, wobei hierunter sowohl diejenigen erfasst wurden, die die Häufigkeit mit „nie" angeben und diejenigen, die keine Angabe dazu machen, weil sie, wie aus den soziodemografischen Daten ersichtlich, keine Partnerin haben.

Während die sexuellen Schwierigkeiten, beispielsweise das Nachlassen der sexuellen Appetenz, von den Älteren verstärkt beklagt wird, nimmt wie eben gezeigt, die Häufigkeit sexueller Kontakte mit Partnerin nicht ab. Dies erscheint widersprüchlich. Werden hier unverändert sexuelle Gewohnheiten unabhängig von verringerter Lust oder gestörten Sexualfunktionen beibehalten, weil die Befragten durch stereotype Vorstellungen über sexuelle Aktivitäten geleitet werden? Oder ändern sich die sexuellen Verhaltensweisen unter Berücksichtigung der altersbezogenen Veränderungen? Dies kann aus dem im Fragebogen erhobenen Material nicht differenziert beantwortet werden.

Da wie weiter oben bereits erwähnt, die sexuelle Zufriedenheit unter den erfragten Zufriedenheitsdimensionen am geringsten ausfällt, sollte noch einmal detailliert geprüft werden, bei welchen spezifischen Items, das Zufriedenheitserleben beeinträchtigt erscheint. Dazu wurden die Häufigkeiten der Ausprägungen von „sehr unzufrieden" bis „eher unzufrieden" aufsummiert, um so zu ermitteln, welche Bereiche besonders beklagt werden. Dabei werden am häufigsten die eigene körperliche Attraktivität (24.2 %), die Häufigkeit meiner sexuellen Kontakte (24.2 %), die Häufigkeit mir der sich meine Partnerin mir zuwendet (18.4%), sowie die eigene sexuelle Leistungsfähigkeit (17.7%) beklagt. Jedoch zeigen sich hier wiederum keine Altersunterschiede

Betrachtet man isoliert die Beschwerden Potenzstörungen und nachlassendes Interesse an Sexualität, die mittels KLV erhoben wurden, zeigen sich jedoch deutliche Unterschiede zwischen den beiden Untersuchungsgruppen. Unter den 40-45jährigen geben nur 35.5% der Befragten an, unter Potenzstörungen zu leiden. Die maximale Beschwerdestärke wird mit „kaum" angegeben. Bei den älteren geben nur noch 41.9% an, nicht unter Potenzstörungen zu leiden, je 25.8% schätzen die Stärke/ Häufigkeit ihrer Potenzstörungen als „kaum" bzw. „mäßig" ein und 6.5% der Männer geben an, stark unter Potenzstörungen zu leiden.

Für nachlassendes Interesse an Sexualität finden sich ähnliche Verteilungen. 58.1% der Jüngeren beklagen kein nachlassendes Interesse an Sexualität, 35.5 % „kaum" und 6.5% ein „mäßiges" Nachlassen des Interesses an Sexualität. Bei den Älteren geben 41.9 % „gar nicht", 22.6%, „kaum", 29.0% „mäßig" bzw. 6.5% „stark" an, unter nachlassendem sexuellen Interesse zu leiden. Beide sexuellen Beschwerden korrelieren mit .63 (p = .00) miteinander.

Sexuelle Schwierigkeiten, die mittels des TSST erhoben wurden, erfassen weitere sexuelle Probleme und Schwierigkeiten. Sie werden insgesamt von den Befragten in eher geringem Ausmaß angegeben. Dabei wird die „Belastung, wenn es mit dem eigenen sexuellen Erleben nicht klappt" als häufigste Belastung benannt. Als zweit bedeutendste Schwierigkeit wird angegeben „die sexuelle Erregung zu behalten", „Unzufriedenheit nach sexuellem Zusammensein mit der Partnerin" und „Schwierigkeiten eine Erektion zu bekommen". Mittelwertsunterschiede zwischen den Altersgruppen zeigen sich für die Bereiche, „Schwierigkeiten, sexuelle Wünsche bei sich zu entdecken", „Schwierigkeiten einen Orgasmus zu bekommen", welches jeweils für die Älteren eine größere Schwierigkeit darstellt.

Insgesamt kann jedoch für 64.2% aller befragten Männer anhand der Vergleichswerte des TSST eingeschätzt werden, dass ihre Sexualität „ungestört" abläuft, dagegen liegen bei 35.8% sexuelle Schwierigkeiten vor.

Auffallend ist hierbei, dass Potenzstörungen bei den Älteren im KLV verstärkt angegeben werden, im TSST diesbezüglich jedoch keine Unterschiede zwischen den Altersgruppen nachweisbar sind. Die Befunde stehen insgesamt jedoch im Einklang damit, dass erstens die Sexualfunktionen mit zunehmendem Lebensalter eine Abschwächung erfahren (vgl. Zeier, 1999) und zweitens mit steigendem Alter diejenigen Krankheiten, wie beispielsweise Diabetes oder Herz-Kreislauferkrankungen, häufiger auftreten, die einen negativen Einfluss auf die Erektionsfähigkeit haben.

Betrachtet man die Zusammenhänge der beklagten sexuellen Beschwerden bzw. der erfragten Angaben zur sexuellen Aktivität so zeigt sich, dass sexuelle Zufriedenheit negativ mit „Potenzstörungen", „nachlassendes Interesse an Sexualität" und „ungünstiger Körperwahrnehmung" korreliert. Dagegen stehen sexuellen Verlangen und die Häufigkeit des sexuellen Zusammenseins mit der Partnerin in positiver Korrelation zur Angabe sexueller Zufriedenheit.

Um den Beitrag der *Beziehungsmerkmale an der sexuellen Zufriedenheit* zu bestimmen, wurde wiederum eine schrittweise multiple Regressionsanalyse durchgeführt, in die die drei Beziehungsmerkmale kommunikative Ängste, Achtung und Respekt und Einflussverteilung als Prädikatorvariablen eingingen. Dabei liegt der Anteil der aufgeklärten Varianz bei .29 (adj. R^2). Signifikante Betagewichte konnten für Achtung und Respekt (-.40, p = .00) und kommunikative Ängste (-.34, p = .01) ermittelt werden. Dies unterstreicht das große Gewicht dieser verhaltensbezogenen Merkmale. Dagegen liefert wiederum die Einflussverteilung keinen signifikanten Beitrag zur Varianzaufklärung.

Für die sexuelle Zufriedenheit lässt sich neben den verhaltensbezogenen Variablen ein starker Einfluss der Häufigkeit der sexuellen Kontakte ablesen. Dies ist zum einen durch die relativ hohen Unzufriedenheitswerte der Unterskalen der Zufriedenheitsskala Sexualität belegt, andererseits durch die hohe Korrelation der Variable Häufigkeit sexueller Kontakte und der sexuellen Zufriedenheit. Wenn Sexualität möglichst häufig stattfindet, wird dies von den Befragten befriedigend erlebt. Problematisch wird es sicher dann, wenn alters- oder krankheitsbedingte Einschränkungen der Sexualfunktionen nicht mehr ermöglichen, die gewohnte Häufigkeit der sexuellen Kontakte zu praktizieren. Prozesse der Neubewertung und eine Veränderung der partnerschaftlichen Sexualität unter Berücksichtigung der Einschränkungen müssten dann von den Betroffenen angewandt werden, um die sexuelle Zufriedenheit aufrechtzuerhalten.

Über ein Mehrfach-Antwort-Format wurde erfragt, welche *Strategien* von den Männern schon einmal benutzt wurden, um sexuelle Schwierigkeiten zu minimieren. Die fünf am häufigsten genannten Strategien sind:

- mit der Partnerin gesprochen (29 %)
- Informationen in Medien/ Zeitschriften gesucht (16.1%)
- eine andere Sexualpartnerin gesucht (11%)
- Informationen im Internet gesucht (11.3%)
- Arzt konsultiert (11.3%).

Bezüglich der genannten Strategien zum Umgang mit sexuellen Schwierigkeiten ist auffallend, dass insgesamt relativ wenige Strategien angegeben werden. Die Suche nach einer anderen Sexualpartnerin kommt der oben beschriebenen „Flucht" gleich. Medikamentöse oder andere Hilfsmittel werden von den Befragten kaum benannt und scheinen daher eine eher geringere Rolle zu spielen. Gespräche mit der Partnerin, einem Arzt oder Informationssuche erscheinen grundsätzlich geeignet, sexuelle Schwierigkeiten zu vermindern oder zu beseitigen, obwohl im vorliegenden Fall nicht erhoben wurde, ob die jeweilige Strategie tatsächlich hilfreich war.

Kritisch zu betrachten an der Untersuchung ist vor allem, dass es sich durch die Stichprobenauswahl um eine stark selektierte Gruppe handelt. Es ist anzunehmen, dass sich eher die offeneren und möglicherweise auch unbelasteteren Männer angesprochen fühlten, an der Studie teilzunehmen. Zusätzlich zeigt sich wie in vielen Untersuchungen eine Konzentration auf die Mittelschicht. Somit sind die Ergebnisse nicht generalisierbar. Gerade die Veränderungen der männlichen Sexualität, die sich im mittleren Erwachsenenalter vollziehen, stellen eine mögliche Quelle von (sexueller) Unzufriedenheit dar, die dann auch die Partnerbeziehung oder die Gesamtzufriedenheit beeinflusst. Da sich hier insbesondere die Häufigkeit sexueller Kontakte als starker Einflussfaktor abzeichnet, und dies als ein Hinweis anzusehen ist, dass eher eine unveränderte Aktivität gewünscht wird, zeigt sich insbesondere die Notwendigkeit, dass Männer über normale sexuelle Veränderungen informiert werden sollten und dadurch die Chance erhalten, mit den Veränderungen in angemessener Weise umzugehen, um sich sexuelle Zufriedenheit trotz Veränderung der körperlichen Reaktionen zu erhalten.

Literatur

Alfermann, D. (1996). Geschlechterrollen und geschlechtstypisches Verhalten. Stuttgart: Kohlhammer.

Brauckhaus, Ch., Saßmann, H. & Hahlweg,K.. (2000) Erfolgsbedingungen von Partnerschaften. In Kaiser, P. (Hrsg.), Partnerschaft und Paartherapie, (S. 173-190). Göttingen: Hogrefe.

Degenhardt, A. (1993). Klimakterium virile oder Midlife Crisis? In J. Reis, S. Wolf (Hrsg.), Individualität und soziale Verantwortung. Festschrift zum 60. Geburtstag von Ingrid M. Deusinger (S. 84-101). Frankfurt am Main: Universität Frankfurt: Institut für Psychologie.

Fahrenberg,J., Myrtek, M., Schumacher, J. & Brähler, E. (2000). Fragebogen zur Lebenszufriedenheit. Handanweisung. Göttingen: Hogrefe.

Faltermaier, T., Mayring, Ph., Saup, W. & Strehmel, P. (1992). Entwicklungspsychologie des Erwachsenenalters. Stuttgart: Kohlhammer.

Farrell, M. & Rosenberg, S.D. (1981). Men at Midlife. Boston: Anburn House.

Gerok, W. & Brandstätter, J. (1994). Normales, krankhaftes und optimales altern: Variations- und modifkationsspielräume. In Baltes, P.B., Mittelstraß, J. & Staudinger, U.M. (Hrsg.), Alter und Altern: ein interdisziplinärer Studientext zur Gerontologie, (S. 356-385). Berlin: de Gruyter.

Jockenhövel, F. (1999). Männlicher Hypogonadismus- Aktuelle Aspekte der Androgensubstitution. Bremen: Uni-Med.

Lehr, U. (1978). Psychologie des Alterns (7.Aufl.) Heidelberg: Quelle & Meyer Verlag.

Peters, A. & Liefbroer, A. C. (1997). Beyond marital status: Partner history and well-being in old age. Journal of Marriage and the family, 59, 687-699.

Steinhagen-Thiessen, E., Gerok, W. & Borchelt, M. (1994). Innere Medizin und Geriatrie. In Baltes, P.B. Mittelstaß, J., Staudinger,U. (Hrsg.). Alter und Altern: ein interdisziplinärer Studientext zur Gerontologie, (S. 124-150). Berlin: de Gruyter.

Thiele, A., Degenhardt, A. & Jaursch-Hancke, C. (2001). Bewältigung körperlicher Altersveränderungen bei gesunden Männern. In Brähler, E. & Kupfer, J. (Hrsg.), Mann und Medizin, (S.55-71). Göttingen: Hogrefe.

Zeier, H. (1999). Männer über fünfzig. Körperliche Veränderungen - Chancen für die zweite Lebenshälfte. Bern: Hans Huber.

Zimmer, D. (1985). Fragebogen zu Sexualität und Partnerschaft (ASP, TSST, NSP). Tübingen: dgvt.

7. Männliches Gesundheitsverhalten in der Lebensmitte

7.1 Definition und theoretische Modelle des Gesundheitsverhaltens

Bevor beantwortet werden kann, was Gesundheitsverhalten ist, soll der Begriff Gesundheit definiert werden. Hier gibt es zahlreiche Definitionsversuche. Am bedeutsamsten und erstaunlich modern ist immer noch die Definition aus der Verfassung der Weltgesundheitsorganisation von 1946:

Gesundheit ist ein Zustand vollkommenen körperlichen, geistigen und sozialen Wohlbefindens und nicht allein das Fehlen von Krankheit und Gebrechen (zitiert nach, Waller, 2002, S. 7).

Als das grundlegendste wissenschaftliche Gesundheitskonzept ist wohl das Modell der Salutogenese des Medizinsoziologen Antonovsky (1979) zu nennen. Er leitete einen Paradigmenwechsel ein, in dem er den Focus weg von der bis dahin üblichen pathogenetischen Perspektive mit der Frage nach Krankheitsursachen hin zu der Fragestellung: was macht Menschen gesund? lenkte. Der positive Gesundheitsbegriff war „geboren". Antonovsky geht von einem Gesundheits-Krankheitskontinuum aus, wobei die aktuelle Position eines Menschen auf diesem Kontinuum Ergebnis eines interaktiven Prozesses ist, bei dem Stressoren (d.h. belastende Faktoren) und Widerstandsressourcen (d.h. schützende Faktoren) im Kontext der Lebenserfahrung mit einander in Wechselwirkung treten. Zentrales Bestimmungsstück der Widerstandsressourcen ist der Kohärenzsinn (sence of coherence = SOC), der sich durch die drei Komponenten Verstehbarkeit, Handhabbarkeit und Sinnhaftigkeit von Anforderungssituationen konstituiert. Antonovsky nimmt an, dass diese Grundorientierung des Menschen sich im Lauf von Kindheit und Jugendalter bildet und im Erwachsenenalter in einen weitestgehend gefestigten Kohärenzsinn mündet.

Neben den wissenschaftlichen Gesundheitskonzepten sind aber gerade für gesundheitliches Handeln Laienkonzepte von Gesundheit, d.h. persönliche Auffassungen von Gesundheit bedeutsam. Becker (1992) betont die Wichtigkeit, sich mit Laienkonzepten auseinanderzusetzen und nennt dafür drei Gründe:

1. Diese bestimmen die globalen Vorstellungen, die eine Person über Gesundheit oder Krankheit hat, ob sie von ihrer Mitverantwortung überzeugt ist und bestimmen indirekt darüber auch, in wie weit sie gesundheitsfördernde Interventionen überhaupt für sinnvoll erachtet;

2. Die subjektiven Konzepte über die eigene Vulnerabilität und Erfolgsprognosen von Prävention bestimmen die Aufgeschlossenheit gegenüber derartigen Maßnahmen;

3. Unterstellt man, dass Laienkonzepte Erfahrung widerspiegeln, so sind sie wichtige Quelle zur wissenschaftlichen Hypothesenbildung.

Wendet man sich dem Gesundheitsverhalten zu, so fällt auf, dass Schwarzer (1996) in seiner Monographie zur „Psychologie des Gesundheitsverhaltens" den Begriff nicht explizit definiert, sondern schlicht diejenigen Verhaltensbereiche, also z.b. Rauchen, oder Ernährung, behandelt, die nach gegenwärtigem Kenntnisstand einen Einfluss auf unsere Gesundheit nehmen.

Dlugosch (1994a) skizziert kurz die Entwicklung des Begriffs „Gesundheitsverhalten" und unterzieht die verschiedenen Ansätze einer kritischen Würdigung. Sie schlägt zur Systematisierung folgende Arbeitsdefinitonen vor, der sich die vorliegende Arbeit anschließt:

„Gesundheitsverhalten (oder gesundheitsförderliches Verhalten):
Verhaltensweisen, die – nach neusten wissenschaftlichen Erkenntnissen – die körperlichen, seelischen, sozialen, ökologischen sowie gesellschaftlichen Dimensionen der Gesundheit einer Person fördern bzw. aufrechterhalten und Krankheiten vorbeugen – unabhängig von der Motivation der Person sowie davon, ob diese bewußt, unbewußt oder automatisiert ablaufen. Dazu zählt auch der Abbau von gesundsheitsbeeinträchtigenden Verhaltensweisen (s.u.). Eine nicht symptomfreie Person kann dann Gesundheitsverhalten ausüben, wenn dieses sich nicht auf Symptomverbesserung, sondern auf den allgemeinen Gesundheitszustand bzw. die Prophylaxe anderer Krankheiten bezieht.

Wohlfühlverhalten:
Jegliche Verhaltensweisen, die dazu führen, dass das subjektive Wohlbefinden einer Person gesteigert, aufrechterhalten oder wiederhergestellte wird. Das Wohlfühlverhalten kann mit gesundheitsförderlichem Verhalten vereinbar oder unvereinbar sein.

Risikoverhalten (oder gesundheitsbeeinträchtigendes Verhalten):
Verhaltensweisen, die kurz-, mittel- oder langfristig die Gesundheit einer Person gefährden oder beeinträchtigen bzw. das Entstehen von Krankheiten fördern (intendiert oder nicht intendiert, bewußt oder unbewußt). Hierzu zählt auch das Unterlassen gesundheitsförderlichen Verhaltens.

Früherkennung und –behandlung:
Verhaltensweisen, die dazu dienen, Krankheiten in einem frühen Stadium zu erkennen, zu diagnostizieren und zu behandeln.

Gesundungsverhalten (oder Genesungsverhalten):
Verhaltensweisen, die bei einer erkrankten Person zur Linderung oder Heilung
der Krankheit oder Störung führen. "(zitiert nach: Dlugosch, 1994a, S.12)

Die vorherrschende Prämisse in den Modellen des Gesundheitsverhaltens ist
das Menschenbild eines rationalen Menschen, der als aktives, sich selbst und
seine Umwelt beeinflussendes Wesen verstanden wird, und der seine Entscheidungen bewusst fällt. Dementsprechend nehmen Kognitionen in den Modellen
meist einen zentralen Stellenwert ein. Es gibt diverse Konzepte zum Gesundheitsverhalten, die ausführlich bei Schwarzer (1996) und Dlugosch (1994b) behandelt werden. Das sozial-kognitive Prozessmodell gesundheitlichen Handelns
von Schwarzer (1996) stellt einen Integrationsversuch der wichtigsten Elemente
der bisherigen Theorien dar und liegt der vorliegenden Arbeit zugrunde.

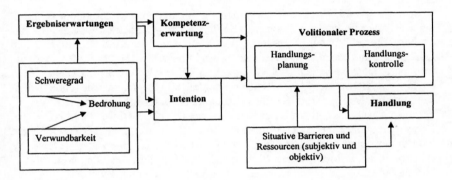

**Abb. 1 Das sozial-kognitive Prozessmodell gesundheitlichen Handelns nach Schwarzer
(1996, S. 93)**

Das Modell versucht eine Vielzahl von Bedingungen zu integrieren, die für ge-
sundheitsbezogenes Handeln relevant sind. Es werden zunächst zwei Phasen des
Prozesses unterschieden: Die Intentionsbildung und die Volutionsbildung. Be-
ginnend mit der Phase der Intentionsbildung, die der Motivationsbildung für gesundheitliches Handeln dient, fließt zunächst die Bewertung des Schweregrads
beispielsweise einer Erkrankung (Ergebnis-Folge-Erwartung) und die Bewertung der eigenen Anfälligkeit für diese Erkrankung (Situations-Ergebnis-
Erwartung) in das Bedrohungserleben ein. Die Ergebniserwartungen beinhalten
Konsequenzerwartungen bezüglich der Handlungswirksamkeit bzw. die Überzeugung, dass das gesundheitliche Risiko durch eigenes Handeln kontrollierbar
ist. Handlungswirksamkeitserwartungen und Kompetenzerwartungen, d.h.
Selbstwirksamkeitserwartungen zusammen entscheiden, ob die Intention zu ent-
sprechendem Handeln gebildet wird. Nach diesem motivationalen Prozess

schließt sich die Realisierung des gesundheitsbezogenen Verhaltens an, was von der reinen Absichtbildung getrennt konzeptualisiert wird. Diese volitionale Phase, die im Wesentlichen die konkrete Handlungsplanung und Handlungskontrolle umfasst, mündet unter Einfluss von objektiven und subjektiven Barrieren oder Ressourcen in die konkrete Handlung. Die vorliegende Untersuchung ist bemüht, im Altersvergleich der Männer die zentralen Bestimmungsstücke gesundheitlicher Verhaltensbereiche, wie sie Schwarzer in diesem Modell formuliert, zu erheben. Es werden getrennt nach Gesundheitsverhaltensbereichen, die konkreten Verhaltensweisen, die Motive und Funktionen dieser gesundheitsbeeinträchtigenden Verhaltensweisen, sowie Implikationen für mögliche Interventionen (z.B. Änderungsmotivationen, Kognitive Bewertungen des relevanten Verhaltens und der Änderungsmöglichkeiten) erhoben. Die zu erhebenden Dimensionen werden zusammengefasst als „Elemente" des Gesundheitsverhaltens bezeichnet.

In der Literatur wird in den wenigen Publikationen, die überhaupt Gesundheitsverhalten unter der Lebensspannen-Perspektive betrachten, wenig über das mittlere Erwachsenenalter gesagt. Oft scheint man von Kindheit, Jugend und Übergang zum jungen Erwachsenenalter direkt ins Alter, d.h. über 60 Jahre bzw. in hohe Alter zu springen (vgl. Seiffge-Krenke, 1997; Dreher & Dreher, 1999; Knäuper & Schwarzer, 1999, Seiffge-Krenke, 2002). Die vorliegende Arbeit stellt einen Versuch dar, diese Lücke zu mindestens für Männer etwas zu verringern. Im Anschluss soll ein Überblick über vorliegende Befunde gegeben werde. Es werden entsprechend der Vorstellung, dass das Gesundheitsverhalten als ein multidimensionales, fragmentiertes Konstrukt anzusehen ist (Steele & McBroom, 1972; Manz, Kirch & Weinkauf, 1999), und allenfalls geringe Interkorrelationen zwischen verschiedenen Gesundheitsverhaltensweisen (Dlugosch, 1994a) bestehen, unterschiedliche Bereiche des Gesundheitsverhalten mehr oder weniger unabhängig von einander betrachtet.

7.2 Gesundheitsbereich Ernährung

Der Indikator für eine Überernährung und damit erhöhtes Morbiditätsrisiko ist der Body-Mass-Index (BMI).

Hoffmeister und Bellach (1995) resümieren, dass Personen mit einem BMI von höher als 30 mit einer Verdopplung der allgemeinen Mortalität und einer Vervielfachung spezieller Erkrankungen, wie Diabetes, Schlaganfall, Herz-Kreislauferkrankungen und spezielle Krebsarten, rechnen müssen. In Westdeutschland hatten laut Bergmann & Meusink (1999) 18,3 % der Männer einen BMI von > 30.

Pudel & Westenhöfer (2003) konstatieren bei ihrer Beobachtung der im Vier-Jahres-Rhythmus erscheinenden Ernährungsberichte der „Deutschen Gesellschaft für Ernährung" eine Trendwende in der Lebensmittelwahl von den 50iger Jahren bis in die Gegenwart. Ausschlaggebend für die veränderten Präferenzen sind die veränderten subjektiven Wertschätzungen der Lebensmittel in Abhängigkeit von ihrer Verfügbarkeit. Der Verzehr von Fett und Eiweiß hat seit den Fünfzigern zugenommen, während der Verzehr von stärkehaltigen Kohlenhydraten eher sinkt. Allerdings lässt sich kein signifikanter Beleg für eine Trendwende in der Relation der Nährstoffgruppen feststellen. Die Gesamtmenge der Energiezufuhr ist seit den 50ern von durchschnittlich ca. 2800 kcal auf ca. 3800 kcal pro Tag und Person angestiegen, was im Zuge eines geringeren Energiebedarfs aufgrund der Abnahme körperlicher Aktivitäten im Hinblick auf den Risikofaktor Übergewicht bedenklich ist. Da die heute 55-60jährigen Männer unter anderen Lebensbedingungen ihr Ernährungsverhalten und ihre Lebensmittelpräferenzen bzw. das Image bestimmter Lebensmittel erworben haben als die 35-40jährigen Männer, ist es die Frage, ob früh gelernte Bewertungen heute noch ausschlaggebend für die Lebensmittelauswahl sind, oder aber aktuelle Bewertungen, etwa eine Fitness-Orientierung o.a., für beide Altersgruppen gleichermaßen relevant sind.

In einer repräsentativen Studie von Westenhöfer & Pudel (1990) wurden Beweggründe für die Lebensmittelauswahl erhoben und anschließend einer Clusteranalyse unterzogen. Es wurden vier Typen bei der Lebensmittelentscheidung gefunden: der „preisbewusste Esspraktiker", der „Natur-Fan", der „moderne Gourmet" und der „Diatbewußte". Männer waren überproportional beim Typ „Praktiker" und Typ „Gourmet" vertreten. Ersterer Typ bezeichnet diejenigen, die wenig differenzierte Angaben über ihre Beweggründe bei der Lebensmittelauswahl angeben können. Wenn überhaupt, so hebt er Preis, Geschmack, Haltbarkeit, Aussehen hervor. Fettgehalt oder Kalorien sind für ihn ohne Belang. Der Typ „Gourmet" repräsentiert diejenigen, für die in erster Linie Geschmack und Aussehen und als zweites Vitamin- und Fettgehalt bedeutsam ist. Zubereitungsaufwand, Verpackung und Haltbarkeit sind für den Gourmet unwichtig. Anzumerken ist, dass wohl ein Großteil der Männer nicht in Hauptverantwortung für den Einkauf und die Lebensmittelauswahl verantwortlich ist, so dass i.S. des „mere exposure effekt" (Diehl, 1991) davon auszugehen ist, dass das auch eher präferiert wird, was aufgrund externer Faktoren vorgefunden wird.

Untersuchungen über Geschlechtsunterschiede im Essverhalten, die allerdings meist an Collegestudenten oder Schülern durchgeführt wurden, weisen in die Richtung, dass Männer eher höherkalorische Lebensmittel wählen und das unabhängig von ihrem selbst wahrgenommenen Gewicht (Blackman, Singer & Mertz, 1983; Simmons, 1987; Greenfield et al. , 1987; Kristeller & Rodin, 1989). Darüber hinaus findet man eine geschlechtspezifische Betrachtungsweise

in erster Linie im Zusammenhang mit Essstörungen, unter denen mehr Frauen als Männer zu leiden scheinen.
Untersuchungen über Geschlechts- oder Altersunterschiede in den Motiven bzw. Funktionen, die Ernährung bzw. das Essverhalten für Menschen in deren Alltag erfüllen, sind selten. Derartige Zusammenhänge sind aber für eine zielgruppen-orientierte Konzeption eines männerspezifischen Gesundheitspräventi-onsprogrammes wichtiger Bestandteil, da man ohne Berücksichtigung etwaiger funktionaler Zusammenhänge des spezifischen Risikoverhaltens mit einer Ver-haltensmodifikation scheitern wird. Dlugosch (1994a) betrachtet das Gesund-heitsverhalten im Rahmen einer Evaluation von Kureffekten und untersucht in diesem Rahmen auch Alters- und Geschlechtseffekte im Bereich Ernährung. Sie konnte auf der Verhaltensebene für die gemischtgeschlechtliche Kurstichprobe zeigen, dass sich Frauen gesünder als Männer ernähren und dass die Ernährung mit zunehmendem Alter gesünder, die Ernähungsgewohnheiten regelmäßiger und kontrollierter wurden. Hinsichtlich der funktionalen Verknüpfung nahm mit zunehmendem Alter die Tendenz ab, zur Regulation von negativen Befindlich-keiten zu essen.

7.3 Gesundheitsbereich Bewegung

Die Auswirkung von sportlicher Aktivität auf die körperliche Gesundheit wird unter Medizinern differenziert und z.T. kontrovers diskutiert. So schließt man zwar von der organismischen Adaptation nach regelmäßigem aerob-dynamischen Ausdauertraining auf die koronarprotektive Wirkung dieses Trai-nings (Rost, 1994). Andererseits werden aber auch gesundheitliche Risiken durch Sport in die Waagschale gelegt, die sich auf ein erhöhtes Risiko eines kardialen Zwischenfalls bei der Sportausübung, eine erhöhtes Verletzungsrisikos und langfristigen Schäden an Knochen und Bändern beziehen (Mader & Ullmer, 1995 ; Siscovick u.a., 1984, Ulmer, 1991). Schlicht & Schwenkmetzger (1995) resümieren den Diskussionsstand so, dass man davon ausgehen könne, Bewe-gungsmangel schade der körperlichen Gesundheit und moderate körperliche Be-tätigung, die nicht zwangsläufig Sport sein muss, schütze tendenziell die korona-re Gesundheit.

Fitnessorientiertem Sport wird ferner der Effekt zugeschieben, das psychische Wohlbefinden zu steigern (Abele & Brehm, 1993; Alfermann et al. 1995).

Im Lebenslauf scheint grob vereinfacht das Ausmaß körperlicher Freizeitbetä-tigungen in allen nationalen Studien abzusinken, wenn man die Kindheit mit dem Erwachsenenalter vergleicht. In den USA, Canada und in Finnland ist aber ein Anstieg der sportlichen Aktivitäten ab dem 55. Lebensjahr in Untersuchun-gen der frühen 80er zu beobachten, was ggf. Effekte einer besonderen Fitness-orientierung in diesen Kulturen für die jeweiligen Kohorten sind (Stephens & Caspersen, 1994).

Geschlechtsunterschiede in der Bewegungshäufigkeit sind wirklich ausgeprägt nur bezüglich intensiver Sportausübung anzutreffen, wobei der Männeranteil deutlich höher ist. Je nach Definition der Aktivität, nach Nationalität und Zeitraum der Untersuchungen schwanken die Unterschiede, wobei aber eine allgemeine Tendenz etwas aktiverer Männer als Frauen erhalten bleibt (Stephens & Caspersen, 1994).

Dem Wiener Männergesundheitsbericht (Stadt Wien, 1999) zu Folge sinkt der Anteil der Männer, die angeben einmal pro Woche Sport zu treiben mit zunehmendem Alter ab. Während noch 72% der 14-19 Jährigen die Frage bejahen, geben dies nur noch 45% der 40-49jährigen Männer und nur 33% der 50-59Jährigen an. Mit 60 Jahren und älter sinkt der Anteil der Aktiven dann auf 28 %.

Frogner (1991) analysiert Veränderungen des Sportverhaltens über den Lebenslauf aus handlungstheoretischer Perspektive. Dabei revidiert sie die verbreitete Ansicht, dass lebenslange Sportausübung in erster Linie durch eine positive Grundhaltung aus Kinder- und Jugendalter bedingt ist. Stattdessen kommt sie bei ihren Analysen empirischer Studien zu dem Schluss, dass Stabilität und Veränderung des sportlichen Freizeitverhaltens während des Lebenslaufs auf lebenslaufbedingte Veränderungen in der Entscheidungsstruktur zurückzuführen sind. Daher ist der Prozess der „Sportverankerung" in keiner bestimmten Lebensphase abgeschlossen und prinzipiell auch im Erwachsenenalter noch möglich, was auch mit dem SOK-Modell kompatibel wäre. Zur Erklärung unterschiedlicher Teilhabe an lebenslangem Sport zieht sie unterschiedliche sportspezifische Standardkognitionen z.B. über den instrumentellen Wert von Sport für den Erhalt von Schönheit, Gesundheit, Fitness oder Jugendlichkeit oder mangelnde Stabilität von Konditionalkognitionen heran, was wiederum auch aus der erwähnten sozial-kognitiven Theorie gesundheitlichen Handelns (Schwarzer, 1996) ableitbar wäre. Frogner (ebda.) hebt hervor, dass mit zunehmendem Alter die „Gesundheit" eine wichtige Einschränkung für die Sportteilhabe darstellt. Die subjektive Wahrnehmung des Hindernisses „Zeit" bzw. „Gelegenheit" bei berufstätigen Erwachsenen ist in ihrer Analyse von Biographien empirisch aber nicht hauptsächlich objektiv begründet, sondern resultiert aus der Verknüpfung der tatsächlichen Gelegenheit mit einer positiven „Sportverankerung" im Selbstkonzept.

Schulze & Welters (1991) konnte bezüglich der Frage, für wie beeinflussbar die Gesundheit durch eigenes Verhalten gehalten wird, zeigen, dass zwischen jungen (20-29 Jahre) und alten Männern (60-69 Jahre) keine signifikanten Unterschiede bestehen, beide Gruppen halten sportliche Betätigung für am meisten geeignet, um auf den gesundheitlichen Status Einfluss zu nehmen. Dass bei älteren Erwachsenen derartige Kognitionen mit gesundheitsförderlichem Verhalten und tatsächlichem gesundheitlichen Status in Beziehung stehen, belegt eine Untersuchung von Grembowski et al. (1993). Diejenigen älteren Erwachsenen, die die ausgeprägteren Selbstwirksamkeitserwartungen zeigten, hatten bezüglich körperlicher Ertüchtigung, Gewichtskontrolle, fettreduzierter Diät, Alkohol- und Rauchkonsum das günstigere Gesundheitsverhalten und hatten den besseren psychischen und physischen Gesundheitszustand.

In der Kurevaluationsstudie von Dlugosch (1994a) bestätigten sich ebenfalls die Geschlechtseffekte hinsichtlich aktiverer Männer. Ferner zeigten sich aber Wechselwirkungseffekte zwischen Alter und Schulbildung in der Art, dass Personen mit höherer Schulbildung über die Altersgruppierungen von unter 40 Jahren bis zum 60. Lebensjahr ein relativ konstantes Aktivitätsniveau zeigen. Die Werte fallen aber für die über 60 Jährigen, höher Gebildeten ab und unterschreiten das Niveau der Gleichaltrigen mit niedrigerer Bildung.

7.4 Gesundheitsbereich Alkohol

Männer haben im Vergleich zu Frauen einen deutlich höheren Alkoholkonsum, was besonders deutlich wird bei Betrachtung der Vieltrinker, die mehr als 40g Alkohol täglich zu sich nehmen. So finden sich in dieser Gruppe 34 % Männer gegenüber 5,4% Frauen.

Alkoholkonsum gilt als wichtiges Risikoverhalten, wobei die Übergänge zwischen „Gebrauch", z.B. einem Genussverhalten, zu einer Verhaltensstörung oder „Missbrauch" mit eigenem Krankheitswert, dem Alkoholismus recht fließend sind. Alkohol wird für diverse Schädigungen des Verdauungstrakts, des Herz-Kreislaufsystems, der Leber, der Nerven, der Muskeln, der Haut und des Gehirns verantwortlich gemacht. Auch eine cancerogene Wirkung wird vermutet (Schwarzer, 1996b). Alkohol als Nahrungsmittel kann Übergewicht mit bedingen. Wie bei den meisten gesundheitsrelevanten Verhaltensweisen spielen gerade auch beim Alkoholkonsum Gewohnheitsbildungen und die Instrumentalität des Alkoholkonsums eine zentrale aufrechterhaltende Funktion.

In der Untersuchung von Dlugosch (1994a) ergeben sich neben den Haupteffekten der Variablen Alter und Geschlecht auch Dreifach-Interaktionseffekte zwischen den Variablen Alter, Geschlecht und Bildung. Literaturkonform findet sich ein höherer Alkoholkonsum bei Männern als bei Frauen unabhängig vom Alter und dem Bildungsstatus. Bei männlichen Kurpatienten mit höherer Schulbildung findet mit zunehmendem Alter ein kontinuierliches Absinken des Alkoholkonsums statt. Demgegenüber konsumierten Männer mit geringerer Schulbildung vor ihrem 40. Lebensjahr weniger als die Höhergebildeten, ab dem 40. Lebensjahr erreichten sie das Konsumniveau der Gebildeteren und ab dem 60. Lebensjahr zeigten weniger gebildete Männer ein deutlich stärkeres Alkoholkonsumverhalten als ihre besser gebildeten Altersgenossen. Bezüglich der Funktionalität des Alkoholkonsums beschreibt Dlugosch für die Kurstichprobe Geschlechts- und Alterseffekte. Männer geben signifikant häufiger an, Alkohol zu Steigerung des Wohlbefindens und in sozialen Situationen zu trinken als Frauen. Mit zunehmendem Alter reduziert sich dieses Motiv des Konsumverhaltens aber für beide Geschlechter. Bezüglich des laienätiologischen Wissens zeigte die Studie ein verringertes Wissen der älteren Kurpatienten über krankheitsbezogene Effekte des Alkohols im Vergleich zum Wissen der Jüngeren.

7.5 Gesundheitsbereich Rauchen

Ähnlich wie dem Alkohol wird auch dem Rauchen eine besonders gesundheitsschädliche Rolle zugeschrieben. Das Herzkreislaufsystem wird in Mitleidenschaft gezogen und besonders die krebsfördernde Wirkung wird betont (Schwarzer, 1996b). Männer scheinen von diesem Risikoverhalten stärker als Frauen betroffen zu sein. Innerhalb der Raucher konsumieren Männer mehr Zigaretten als Frauen. Und der Anteil der „Noch-nie-Raucher" ist mit 26% Männern gegenüber 57% Frauen nahezu halb so gering. Frauen sind hier aber auf dem Vormarsch. Rauchen ist nach dem Bundes- Gesundheitssurvey von 1998 in unteren sozialen Schichten stärker verbreitet. Und über die Lebensspanne hinweg reduziert sich bei beiden Geschlechtern der Tabakkonsum. Gründe hiefür mögen ein bewussteres Gesundheitsverhalten bzw. die stärkere Konfrontation mit gesundheitlichen Einbußen im mittleren und höheren Erwachsenenalter sein.

Die Entwicklung der Prävalenz des Tabakkonsums in Deutschland insgesamt spiegelt den Trend, der in den USA seit 1974 zu verzeichnen ist, wieder (Nelson et al. 1995). In Deutschland fiel bei den 25- bis 69jährigen der Anteil der Raucher im Zeitraum 1984 bis 1992 um 8% (Hoffmeister, Mensink & Stolzenberg, 1994). Offen ist zur Zeit noch, in wie weit aktuelle gesundheitspolitische Maßnahmen greifen, wie großflächige Warnetiketten auf Zigarettenschachteln, Ausdehnung von Rauchverboten und Erhöhung der Tabaksteuer.

Zu den Motiven des Rauchens, die besonders für den Einstieg in das Rauchverhalten bedeutsam sind, gehört sicherlich für männliche Jugendliche die Assoziation des Rauchens mit einem betont männlichen, erwachsenen Lebensstils. Für die Aufrechterhaltung des Rauchverhaltens im Erwachsenenalter sind wiederum individuelle Gewohnheitsbildungen und funktionale Zusammenhänge bedeutsam.

In der bereits mehrfach erwähnten Kurevaluation von Dlugosch ergaben sich neben den in der Literatur bekannten Geschlechtseffekten auch interaktive Effekte. Während die Männer der Studie unter dem 45. Lebensjahr unabhängig von ihrer Schulbildung gleich viel rauchten, sinken die Raucherwerte für die

gebildeteren Männer über 45 Jahren deutlich unter das Niveau weniger gebilde-
ter Männer und unter das Niveau gleichaltriger Frauen aller Bildungsstufen.
Ähnlich wie schon beim Alkohol reduzieren sich für den Tabakkonsum die
funktionalen Verknüpfungen mit dem Alter. Ebenso wie beim Alkohol verfügen
die älteren Kurpatienten über ein geringeres laienätiologisches Wissen zur Wirkung von Tabak als jüngere Patienten.

7.6 Gesundheitsbereich Medikamente

Konsum von Medikamenten kann bei Vorliegen einer Indikation und vor-
schriftsmäßiger Einnahme durchaus als gesundheitsförderlich gelten. Gleichzeitig können Medikamente aber ähnlich wie Alkohol missbräuchlich angewendet
werden und gesundheitschädigenden Einfluss nehmen. Bestimmte Einnahme-
gewohnheiten und funktionale Zusammenhänge etwa zur Regulation negativer
Emotionen im Kontext körperlicher und psychischer Belastungen, sowie der
Wunsch, ein bestimmtes Funktionsniveau und eine Leistung aufrecht zu erhalten, beeinflussen diese gesundheitsrelevante Verhaltensklasse. Befunde über geschlechtsspezifische und alterskorrelierte Unterschiede der Motive liegen kaum
vor. Die Daten des Gesundheitsberichts für Deutschland 1998 belegen, dass mit
zunehmendem Lebensalter der Konsum insgesamt steigt und dass Männer über
alle Altersgruppen des Erwachsenenalters den niedrigeren Medikamenten-
verbrauch haben als Frauen, was in Einklang steht mit einem niedrigeren männlichen Inanspruchnahmeverhalten ärztlicher Leistungen. Ein Grund hierfür liegt
wohl in den unterschiedlichen Geschlechtsrollenstereotypen, die Männlichkeit
und Krankenrolle eher unvereinbar erscheinen lassen, so dass für Männer Beschwerden, Schmerzen und Kranksein entweder mit Verlust von Männlichkeit
oder aber auch mit Altsein verbunden sind (Blättner, 2004). Dlugosch (1994a)
muss wegen methodischer Mängel auf eine Interpretation der Werte im Bereich
Medikamente weitestgehend absehen. Sie findet aber auch eine gesteigerte Medikamenteneinnahme bei Frauen im Vergleich zu Männern und bei älteren Männern im Vergleich zu jüngeren Männern.

Die Gesundheitsreform mit der Einführung der Praxisgebühr und geänderter
Selbstbehalte für Medikamente sind neue Faktoren, die in jüngster Zeit gesund-
heitspolitischen Einfluss auf den Medikamentenkonsum haben dürften.

7.7 Gesundheitsbereich Schlaf

Der Schlaf wird selten im Zusammenhang mit einem positiven Gesundheitsverständnis thematisiert, sondern findet meistens in Form von Schlafstörungen Beachtung. Epidemiologische Studien zeigen immer wieder, dass Insomnien ein relevantes gesundheitliches Problem darstellen. Weyerer und Dilling (1991) kommen bei ihrer Metaanalyse repräsentativer Studien zu dem Ergebnis, dass 15- 35% der erwachsenen Deutschen an Insomnie leiden. Die Mannheimer Hausarzt-Studie (Hohagen et al., 1993) und die Freiburger und Göttinger Allgemeinarzt- Studie (Backhaus, et. al. 1996) ergaben, dass ca. 20% aller Patienten unter Schlafstörungen leiden, die den ICD-10-Kriterien entsprechen, dass es eine Zunahme des Auftretens mit dem Alter gibt und Frauen insgesamt stärker als Männer davon betroffen sind. Es besteht eine hohe Komorbidität mit diversen körperlichen und psychischen Erkrankungen. Das übliche ärztliche Behandlungsschema scheint in der Pharmakotherapie zu bestehen. Interessant ist aber, dass nur in 40% der Fälle dem behandelnden Arzt überhaupt das Vorliegen der Schlafstörung bekannt war. Offensichtlich werden Schlafschwierigkeiten nur wenig von den Patienten kommuniziert.

Unklar ist allerdings, ob die Schlafschwierigkeiten eine primäre Insomnie darstellen, oder sekundär in Folge von psychischen, organischen oder Medikamentenge- bzw. missbrauch entstehen. Der Schlaf ist aber nicht nur abhängige Variable.

Ein gesunder oder gestörter Schlaf ist einerseits maßgeblich durch Verhaltensgewohnheiten bedingt aber auch im Sinne einer unabhängigen Variabel als Teil eines mehr oder weniger gesundheitsförderlichen Lebensstils zu betrachten. Der Schlaf bzw. schlafbezogene Verhaltensweisen müssen hier wiederum im Hinblick auf ihren funktionalen Zusammenhang im jeweiligen Lebenskontext der Person betrachte werden. Den engen Zusammenhang zwischen einem insgesamt gesundheitlichen Lebensstil (Ernähungsgewohnheiten, Bewegung, Teilnahme an sozialen Aktivitäten, Schlafgewohnheiten) und gutem Schlafen im Alter (60 bis 93 Jahre) verdeutlichen japanische Studien (Uezu et al. 2000; Taira et al. 2002; Arakawa et al. 2002).

Geschlechtspezifisch relevante schlafbezogenen Befunde für das mittlere Erwachsenenalter ließen sich in der Literatur kaum finden. Die mehrfach erwähnte Untersuchung von Dlugosch (1994a) zeigt, dass Frauen, ältere Männer und besser Gebildete mehr schlafen und regelmäßiger zu Bett gehen. Frauen und ältere Männer äußern mehr Schafprobleme, wobei die Männer dieser Kurstichprobe in den Altersgruppen bis 60 Jahren gleich bleibend ausgeprägte Schlafprobleme angeben, während Männer über 60 Jahren einen leichten Anstieg in der Häufigkeit von Schlafschwierigkeiten zeigen.

7.8 Gesundheitsbereich Zufriedenheit, Wohlbefinden und psychosoziale Belastungen

Lebensqualität und Wohlbefinden sind neben den bisher betrachten gesundheitsrelevanten Verhaltensweisen weitere wichtige Faktoren, die einerseits Gesundheit bedingen bzw. als Kriterium für Gesundheit gelten können (Bullinger, 1997). Andererseits beeinflusst der gesundheitliche Zustand das subjektive Wohlbefinden und die gesundheitsbezogene

Das Wohlbefinden hängt von objektiven psychosozialen Belastungen, individuellen Erfahrungen, Bewertungen und emotionalen Reaktionen ab und stellt daher ein schwer vorhersehbares Phänomen dar. Dies zeigt sich auch eindrucksvoll beim so genannten Zufriedenheits- oder Wohlbefindensparadox, welches das empirische Phänomen beschreibt, dass sich objektive Beeinträchtigungen oder gar Erkrankungen nicht im subjektiven Wohlbefinden widerspiegeln. Ein Phänomen, was aber nach dem o.g. SOK – Modell verstehbar wird, im Sinne einer flexiblen Zielanpassung bzw. modifizierten Vergleichsprozessen.

Auch bei Dlugosch (1994a) schildern die Älteren ein höheres Maß an Zufriedenheit und Wohlbefinden als jüngere Kurpatienten, und es tragen auch mehr Lebensbereiche zum Wohlbefinden bei. Ferner geben Frauen und Personen mit geringerer Bildung in der Studie mehr körperliche Beschwerden an.

Der zunehmende Wandel des Erkrankungsspektrums in den westlichen Industrienationen von akuten zu degenerativen und chronischen Erkrankungen schlägt sich auch in der Rangfolge der Todesursachen nieder. Dabei haben Männer bei den Herzkreislauferkrankungen, Diabetes mellitus und Krebserkrankungen gegenüber den Frauen ein deutlich erhöhtes Erkrankungsrisiko. Als relevante Risikofaktoren sind relativ unumstritten das Rauchen, die Hypertonie, die Hypercholesterinämie und Adipositas identifiziert. Körperliche Inaktivität sowie Belastungen am Arbeitsplatz sind weitere wichtige Risikofaktoren. Diesen Risikofaktoren ist gemeinsam, dass sie stark abhängig vom Lebensstil sind. Rieder (2001) fordert eine „Lebensstilmedizin", die zielgruppenspezifisch angelegt sein sollte. Das beinhaltet eine alters- und geschlechtsspezifisch differenzierte präventive und kurative Interventionsplanung. Die Steigerung der Lebenserwartung sollte von einer Steigerung der Gesundheitserwartung begleitet sein. Rieder (ebd.) weist darauf hin, dass gerade bei Männern ein noch nicht ausgeschöpftes Gesundheitspotential auf seine Entwicklung warte. Das Gesundheits- und Risikoverhalten von Männern als Teil deren Lebensstils basiert auf dem männlichen Geschlechtsrollenverhalten, dem männlichen Stressbewältigungsverhalten und dem männlichen Krankheits- bzw. Gesundheitsumgang vor dem Hintergrund altersabhängiger biopsychosozialer Veränderungen.

7.9 Ergebnisse der Studie

Die vorliegende Untersuchung will einen Beitrag leisten, Informationen darüber zu gewinnen, wie das Gesundheitsverhalten von Männern am Beginn und am Ende des mittleren Erwachsenenalters zu beschreiben ist. Kenntnisse über die Motive und funktionalen Zusammenhänge von Risikoverhalten können wichtige Informationen über den möglicherweise unterschiedlichen Bedarf und die Bedürfnisse der spezifischen Zielgruppen geben.

Im Zeitraum Dezember 2002 bis Januar 2004 wurden daher Männer im Alter zwischen 40 und 45 Jahren und zwischen 55 und 60 Jahren für eine freiwillige, unentlohnte Teilnahme an einer anonymen Fragebogenuntersuchung gewonnen. Die Zielgruppe der Männer sollten dabei über den beruflichen Kontext angesprochen werden. Dabei gelang die Rekrutierung hauptsächlich durch persönliches Engagement von Multiplikatoren, die durch ihren persönlichen Kontakt zur Teilnahme an der Untersuchung motivieren konnten. Insgesamt wurden 100 Fragebogensätze[3] ausgegeben und 71 Teilnehmer konnten für die Untersuchung gewonnen werde, was als sehr guter Rücklauf bewertet werden kann.

38 Männer der Stichprobe waren zwischen 40 – 45 Jahre und 33 Männer zwischen 55 und 60 Jahre alt. Hinsichtlich Familienstand, Haushaltsform, Berufsgruppenzugehörigkeit sind die Teilstichproben vergleichbar. Es finden sich unter den Ältern vermehrt Personen mit Kindern, einige Personen, die schon aus dem Berufsleben ausgeschieden sind und häufiger Personen mit geringerer Schulbildung.

Der Anteil der Raucher sehr gering ausgeprägt. Lediglich 7 Personen rauchen. In wie weit es sich hier um Antworttendenzen im Sinne von sozialer Erwünschtheit und/oder den Ausdruck einer hoch selektiven, gesundheitsbewussten Stichprobe handelt, kann nicht entschieden werden.

Betrachtet man das Körpergewicht in der Stichprobe, so zeigen die Teilstichproben statistisch signifikante und epidemiologisch zu erwartende Gewichtsunterschiede. Der durchschittliche BMI in der Gruppe der älteren Männer liegt geringfügig, aber statistisch bedeutsam über dem der Jüngeren, was als erwartungsgemäßer Ausdruck der Gewichtsentwicklung über den Lebenslauf betrachtet werden kann.

Gesundheitselemente sind entsprechend des Fragebogens von Dlugosch:

- gesundheitsrelevanten Verhaltensweisen,
- Funktionalität des Verhaltens zur Regulation von negativen Befindlichkeiten,
- funktionale Verknüpfung des Verhaltens mit sozialen Situationen,

---

[3] Soziodemografischer Fragebogen
FEG Fragebogen zur Erfassung des Gesundheitsverhaltens, Dlugosch & Krieger, 1995

- die subjektiven Bewertung der Verhaltensweisen
- die Laienätiologien.

Diese werden für jeden *Bereich des Gesundheitsverhaltens* (Ernährung, Bewegung, Alkoholkonsum, Medikamenteneinnahme, Schlaf und Wohlbefinden) erhoben. Beide Altersgruppen zeigen in allen Skalen Werte, die im Normbereich des FEG liegen, also als unauffällig zu bewerten sind.

Die älteren und die jüngeren Männer unterschieden sich nur in *wenigen Aspekten* der Gesundheitselemente im Mittel signifikant von einander. Dies kann im Zusammenhang mit den normgerechten Profilen des Gesundheitsverhaltens beider Altersgruppen als Ausdruck einer weitestgehenden Stabilität dieser gesundheitlichen Verhaltensklassen im mittleren Erwachsenenalter gewertet werden. Offensichtlich unterliegen die untersuchten Kohorten keinerlei unterschiedlichen gesellschaftlichen Einflüssen bzw. etwaige Unterschiede in einer Fitness- und Gesundheitsorientierung zeigen bezogen auf das individuelle Verhalten keine Effekte.

Übergreifend über alle Gesundheitsbereiche zeigt sich, dass stets das laienätiologische Wissen hinsichtlich der einzelnen Bereiche zwischen den beiden untersuchten Gruppen vergleichbar ist. Denkbar wären Unterschiede in beide Richtungen gewesen. Einerseits wäre ein Wissensvorsprung der Jüngeren durch eine umfassendere Gesundheitserziehung, die diese Kohorte eventuell im schulischen Kontext genossen hat und gegenwärtig im Rahmen beruflicher Gesundheitsförderung erhält möglich, andererseits wäre auch im Sinne der gefundenen Zielverschiebungen im Lebensinvestment in Richtung Gesundheit (Staudinger, 1996) ein Vorsprung der Älteren beim gesundheitlichen Wissen plausibel gewesen. Möglicherweise beruhen die nicht gefundenen Unterschiede auf einer inzwischen gesellschaftlich so weit verbreiteten Fitness- und Gesundheitsorientierung mit einer alltäglichen medialen Präsenz von gesundheitsbezogenen Themen und Informationen, die mögliche Sozialisationsunterschiede der Kohorten nivelliert und quasi alle Altersgruppen auf den gleichen Informationsstand bringt.

Die weitere Darstellung der gefundenen Unterschiede in den Gesundheitselementen wird jeweils im Zusammenhang mit dem jeweiligen Gesundheitsbereich geleistet:

Im Gesundheitsbereich „Ernährung" zeigen ältere Männer das gesundheitsförderlichere Ernährungsverhalten und konsumieren mehr Diätprodukte als ihre jüngeren Geschlechtsgenossen. Bedeutsame Effekte fanden sich bezüglich der „Gesundheitsförderlichkeit des Ernährungsverhaltens" (Verzehr von ballaststoffreicher Kost, Obst, frischem Gemüse, Salat; geringerer Verzehr von Fast food, Fertiggerichten, Eier, Fleisch, Wurst etc.). Die Gruppe der 40-45jährigen Männer erzielt im Durchschnitt hinsichtlich dieser Summenskala zum Essverhalten deutlich niedrigere Werte als 55-60jährige Männer. Tendenziell zeigt sich zudem, dass die älteren Männer ein kontrollierteres Essverhalten bei sich wahrnehmen.

Diese Verhaltensunterschiede können als Anpassungsverhalten an die alterskorrelierte Reduzierung der benötigten Energiemenge interpretiert werden, da sowohl der Konsum von Diätprodukten als auch vermehrte Stimuluskontrolle beim Essen Methoden der Gewichtskontrolle sein können. Unabhängig von einer bewussten Einflussnahme auf das eigene Gewicht können die gefundenen Verhaltensunterschiede aber auch als Ausdruck des von Staudinger (1996) beschriebenen stärkeren Engagements der Älteren für ihre Gesundheit gewertet werden. Da man vermuten kann, dass die Ernährung wohl für die meisten Menschen als Alltagshandlung (Faltermaier, 1994) einen direkten Bezug zur Gesundheit besitzt, sei es im Sinne eines präventiven, gesundheitsförderlichen Essverhaltens, eines Wohlfühlverhaltens oder eines Gesundungsverhaltens bei einer bestehenden Beeinträchtigung, erscheint es folgerichtig, dass sich die beschriebene Zielverschiebung in Richtung Gesundheit auf der Verhaltensebene bei der Ernährung manifestiert.

Zusätzlich ist eventuell der Faktor Zeit für die geringere Ausprägung der Gesundheitsförderlichkeit des Essens bei den Jüngeren verantwortlich, die in der Untersuchungsgruppe bis auf einen Teilnehmer in Erwerbstätigkeit stehen. Demgegenüber ist ein höherer Anteil in der Gruppe der Älteren schon in Rente oder arbeitslos. Die größere berufliche Eingebundenheit steht der tatsächlichen Umsetzung einer Gesundheitsorientierung eventuell bei den jüngeren Männern stärker im Weg.

Diese Unterschiede auf der Verhaltensebene schlagen sich in der kognitiven „Bewertung des eigenen Gesundheitsverhaltens" nieder. Analog zum gezeigten Verhalten bewerten die älteren Männer ihr eigenes Ernährungsverhalten günstiger als die Jüngeren.

Weiterhin schätzen Älteren die Erreichbarkeit von Ernährungsveränderungen optimistischer ein, wenn auch in nicht signifikanter Weise. Tendenziell scheinen Ältere Veränderungen des Ernährungsverhaltens für machbarer zu halten als jüngere Männer.

Im Gesundheitsbereich „Bewegung" finden sich bezüglich der Elemente des Gesundheitsverhaltens keinerlei Alterseffekte. Diese Befunde stehen allerdings im Widerspruch zu bisherigen empirischen Befunden. Sowohl im Wiener Männergesundheitsbericht (Stadt Wien, 1999) als auch bei Dlugosch (1994a) sinkt das Ausmaß körperlicher Betätigung zwischen dem 40. und dem 60. Lebensjahr bei Männern ab. Der vorliegende widersprüchliche Befund ist möglicherweise durch die Selektivität der Stichprobe bedingt, so dass eventuell bei der älteren Altersgruppe besonders gesundheitsbewusste und aktive Männer zur Teilnahme an der Untersuchung motiviert waren. Vielleicht bildet der Befund fehlender Alterseffekte aber auch einen „echten" Trend ab, und ältere Männer haben in ihren körperlichen Aktivitäten aufgeholt und sich den jüngeren Geschlechtsgenossen angeglichen.

Die Gesundheitsbereiche „Rauchen" und „Medikamente" mussten wegen zu geringer Fallzahlen aus der altersvergleichenden Betrachtung heraus genommen wurden. Hier können keine Befunde mitgeteilt werden.

Der Gesundheitsbereich „Umgang mit Alkohol" zeigt bezüglich des Gesundheitselements „Änderungsmotivation" tendentiell interpretierbare Unterschiede. Ältere Männer hegen stärker als jüngere Männer dies tun, den Wunsch, ihren Alkoholkonsum auf besondere Anlässe zu beschränken. Gleichzeitig geben sie aber an, Alkohol weniger in funktionaler Verknüpfung zu sozialen Situationen und zur Steigerung des Wohlbefindens zu konsumieren.

Dies Ergebnis könnte ein Hinweis dafür sein, dass die älteren Männer ihrem alltäglichen Alkoholkonsum gegenüber ein „schlechtes Gewissen" hegen, und einerseits Veränderungsmöglichkeiten sehen und bestrebt sind sie umzusetzen, andererseits aber auch im Sinne einer sozialen Erwünschtheit oder im Sinne einer Selbstberuhigung des eigenen Gewissens antworten.

Weiterhin bestehen in diesem Verhaltensbereich signifikante Unterschiede hinsichtlich der Einschätzung der Schwierigkeiten Veränderungen des Alkoholkonsums vorzunehmen. Hier findet sich die optimistischere Erwartungshaltung der Älteren, die weniger Schwierigkeiten bei der Veränderung des Alkoholkonsums sehen als jüngere Männer.

Im Gesundheitsbereich „Schlaf" werden die Ergebnisse von Veränderungsbemühungen von den beiden Altersgruppen unterschiedlich eingeschätzt.. Ältere Männer halten Veränderungen im Schlafverhalten für erreichbarer als Jüngere. Dazu kompatibel ist, dass ältere Männer tendentiell weniger Schwierigkeiten sehen, Schlafveränderungen vorzunehmen.

Dieser Befund ist in Zusammenhang mit den häufigen Klagen über Müdigkeit, Mattigkeit und Schlafstörungen als Beschwerden von Männern beider Altersgruppen besonders relevant. Die optimistischeren Kognitionen der Älteren könnten für die Inanspruchnahme möglicher schlafbezogener Interventionsangeboten förderlicher sein. Andererseits müsste im Vorfeld von Interventionen für eine jüngere Zielgruppe stärkeres Gewicht auf den Motivationsaufbau im Sinne einer Stärkung der Überzeugung von Veränderbarkeit und prinzipieller Beeinflussbarkeit einer Schlafstörung gelegt werden.

Der Gesundheitsbereich „Wohlbefinden" zeigt wie der Bereich „Bewegung" keine Unterschiede in den Gesundheitselementen.

Der Fragebogen schließt mit Fragen zum Umgang mit Gesundheit und Krankheit ab. Hier zeigen ältere Männer in stärkerer Weise ein traditionelles Gesundheitsverhalten (Inanspruchnahme von Vorsorgeuntersuchungen, Arztbesuche, Medikamenteneinnahme). Dies lässt sich ebenfalls im Sinne der Priorisierung des Ziels Gesundheit interpretieren. Wenn die Bedeutung der Gesundheit im Alter wichtiger wird, eine stärkere Verwundbarkeit erlebt wird, dann er-

75

höht dies nach dem sozial-kognitiven Modell des gesundheitlichen Handelns nach Schwarzer (1996) die Wahrscheinlichkeit von Verhaltensweisen, die diese Skala misst: Inanspruchnahme von Vorsorgeuntersuchungen, Arztbesuche, präventive und kurative Medikamenteneinnahme etc..

Zusammenfassend lässt sich als wesentlicher Befund festhalten, dass die älteren Männer ein gesundheitsförderlicheres Ernährungsverhalten zeigen und dass sie die optimistischere Erwartungshaltung besitzen hinsichtlich der Erreichbarkeit von Veränderungen ihres Schlafverhaltens und hinsichtlich der Schwierigkeiten, die sie bei Veränderungen ihres Alkoholkonsums antizipieren.

Insgesamt deuten die Ergebnisse auf die Notwendigkeit hin, besonders für die Altersgruppe der 40 - 45 jährigen Männer Gewicht auf den Aufbau günstiger Ergebniserwartungen bzgl. potentieller gesundheitsbezogener Verhaltensweisen zu legen. So müssten einerseits durch entsprechende psychoedukative Maßnahmen die Informationen über die jeweiligen Gesundheitsbereiche bereitgestellt werden, die zu einer Ergebniserwartung führen, dass dieser Gesundheitsbereich prinzipiell durch eigenes Verhalten manipulierbar ist. Zudem müssten die individuellen Selbstwirksamkeitserwartungen aufgebaut werden, die zu einer günstigen Einschätzung der eigenen Handlungskompetenzen führt. Beide Erwartungen sind nach dem sozial-kognitiven Prozess-Modell maßgeblich an einer Intentionsbildung für Gesundheitsverhalten beteiligt. Zusätzlich gilt es dabei zu berücksichtigen, dass neben dem Alter (als Indikator für gesundheitliche Anfälligkeit) auch das Vorliegen einer chronischen Erkrankung, die Einschätzung der subjektiven Bedrohung im dem Gesundheitsbereich und damit indirekt auch die Ergebnis- und Kompetenzerwartungen beeinflusst.

Literatur

Abele, A. & Brehm, W. (1993): Mood effekts of exercise versus sports games: Findings and implications for well-being and health. In: International Review of Health Psychology, 2, 53-80.

Alfermann, D., Stoll, O., Wagner, S. Wagner-Stoll, P.: (1995): Auswirkungen des Sporttreibens auf Selbstkonzept und Wohlbefinden: Ergebnisse eines kontrollierten Feldexperiments. In: W. Schlicht & P. Schwenkmezger: Gesundheitsverhalten und Bewegung. Schorndorf: Verlag Karl Hofmann, S. 95-112.

Antonovsky, A. (1979): Health, stress and coping: New perspectives on mental and physical well-being. San Francisco: Jossey-Bass Publishers.

Arakawa, M., Tanaka, H., Toguchi, H., Shirakawa,S. & Taira, K. (2002): Comparative study on sleep health and lifestiyle of the elderly in the urban areas and suburbs of Okinawa. Psychiatriy and Clinical Neurosciences, 56, 245-246.

Backhaus, J., Müller-Popkes, K., Hajak, G., Voderholzer, U., Venegas, M., Riemann, D., Hohagen, F. (1996). Neue Ergebnisse zur Prävalenz von Insomnien und ihrer Behandlung in der Hausarztpraxis. Psycho, 22, 631-637.

Becker, P. (1992): Die Bedeutung integrativer Modelle von Gesundheit und Krankheit für die Prävention und Gesundheitsförderung. In: P. Paulus (Hrsg.): Prävention und Gesundheitsförderung, S. 91-108.

Bergmann, K.E. & Meusink, G.B.M. (1999). Körpermaße und Übergewicht. Das Gesundheitswesen. Sonderheft. S. 115-120.

Blackman, S.L., Singer, R.D. & Mertz, T. (1983): The effects of social setting, perceived weight category and gender on eating behavior. Journal of Psychology, 114 ,1, 115-122.

Blättner, B. (2004): Wenn Männer leiden. In: Th. Altgeld (Hrsg.): Männergesundheit (S. 183-206). Weinheim: Juventa.

Bullinger, M. (1997): Gesundheitsbezogene Lebensqualität und subjektive Gesundheit. Überblick über den Stand der Forschung zu einem neuen Evaluationskriterium in der Medizin. Psychotherapie, Psychosomatik, Medizinische Psychologie, 47, 76-91.

Diehl, J.M. (1991): Ernährungspsychologie. In: th. Kutsch (Hrsg.) Ernährungsforschung. Darmstadt: Wissenschaftliche Buchgesellschaft.

Dlugosch, G.E. (1994a): Veränderungen des Gesundheitsverhaltens während einer Kur. Längsschnittstudie zur Reliabilitäts- und Validitätsprüfung des Fragebogens zur Erfassung des Gesundheitsverhaltens (FEG). Landau: Empirische Pädagogik.

Dlugosch, G.E. (1994b): Modelle in der Gesundheitspsychologie. In: P. Schwenkmezger & L.R. Schmidt: Lehrbuch der Gesundheitspsychologie. Stuttgart: Enke.

Dlugosch, G.E. & Krieger, W. (1995). Der Fragebogen zur Erfassung des Gesundheitsverhaltens (FEG). Frankfurt: Swets Test Gesellschaft.

Dreher, E. & Dreher, M. (1999): Konzepte von Krankheit und Gesundheit in Kindheit, Jugend und Alter. In: R. Oerter, C. v.Hagen, G. Röper, J. Noam (Hrsg.): Klinische Entwicklungspsychologie (S. 623-653). Weinheim: Psychologie Verlags Union.

Faltermaier, T. (1994): Gesundheitsbewusstsein und Gesundheitshandeln. Weinheim: Psychologische Verlags Union.

Frogner, E. (1991): Sport im Lebenslauf. Stuttgart: Enke.

Greenfield, D.; Quinlan, D.M., Harding, P., Glass, E. (1987): Eating behavior in an adolescent population. International Journal of Eating Disorders. 6, 1, 99-111.

Grembowski, D., Patrick, D., Diehr, P., Durham, M, Beresford, S.; Kay, E., Hecht, J. (1993): Self-Efficacy and Health Behavior Among Older Adults. Journal of Health and Social Behavior, 1993, 34, 89-104.

Hoffmeister, H., Mensink, G.B., Stolzenberg, H. (1993). National trends in risk factors for cardiovascular disease in Germany. Preventive medicine, 23, (2), 197-205.

Hoffmeister H. & Bellach, B. (Hrsg.) (1995). Die Gesundheit der Deutschen. Berlin: Robert-Koch- Institut.

Hohagen,-F.,Rink,-K., Kaeppler,-C., Schramm,-E., Riemann,-D., Weyerer,-S., Berger,-M. (1993). Prävalenz und Behandlung der Schlaflosigkeit in der Allgemeinpraxis. Eine Longitudinalstudie. European-Archives-of-Psychiatry-and-Clinical-Neuroscience. 242(6), 329-336

Knäuper, B. & Schwarzer, R. (1999): Gesundheit über die Lebensspanne. In: R. Oerter, C. v.Hagen, G. Röper, J. Noam (Hrsg.): Klinische Entwicklungspsychologie (S. 711-727).

Kristeller, J.L. & Rodin,J. (1989): Identifying eating patterns in male and female undergraduates using cluster analysis. Addictive-Behaviors, 14, 6, 631-642.

Mader, A. & Ullmer, S. (1995): Biologische Grundlagen der Trainingsanpassung und der Bezug zu den Begriffen Gesunehit, Fitness und Alter. In: W. Schlicht & P. Schwenkmezger: Gesundheitsverhalten und Bewegung. Schorndorf: Verlag Karl Hofmann, S. 33-48.

Manz, R., Kirch, W. &Weinkauf, B. (1999). Determinanten subjektiver Beeinträchtigung und Lebenszufriedenheit: Konsequenzen für die Prävention und Gesundheitsförderung. Zeitschrift für Gesundheitswissenschaften, 7, 179-19.

Nelson, D.E., Giovino, G.A., Shopland, D.R., Mowery, P.D., Mills, S.L.& Eriksen, M.P. (1995). Trends in cigarette smoking among US adolescents, 1974 through 1991. American journal of public health, 85 (1), 34-40.

Pudel, V. & Westenhöfer, J.: (2003): Ernährungspsychologie. 3. Auflage, Göttingen: Hogrefe.

Rieder, A. (2001): Sozialmedizinische Aspekte beim älteren Mann. Wiener Medizinische Wochenschrift, 151, 412-421.

Rost, R. (1994): Sport und Gesundheit. Berlin.

Robert-Koch-Institut: Bundesgesundheitssurvey 1998, URL am 13.04.2004: http://www.gbebund.de.

Schlicht, W. & Schwenkmezger, P. (1995): Sport in der Primärprävention: Eine Einführung aus verhaltens- und sozialwissenschaftlicher Sicht. In: W. Schlicht & P. Schwenkmezger: Gesundheitsverhalten und Bewegung. Schorndorf: Verlag Karl Hofmann, S. 1-20.

Schulze, C. & Welters, L. (1991): Geschlechts- und altersspezifisches Gesundheitsverständnis. In: U. Flick (Hrsg.): Alltagswissen über Gesundheit und Krankheit: Subjektive Theorien und soziale Repräsentationen. Heidelberg: Asanger (S. 70- 86).

Schwarzer, R. (1996): Gesundheitspsychologie. Göttingen: Hogrefe.

Seiffge-Krenke, (1997): Gesundheitspsychologie der verschiedenen Lebensalter. In: R. Weitkunat, J. Haisch & M. Kessler: Public Health und Gesundheitspsychologie (S. 215-224). Bern: Huber.

Seiffge-Krenke, (2002): Gesundheit als aktiver Gestaltungsprozess im menschlichen Lebenslauf. In: R. Oerter & L. Montada (Hrsg.): Entwicklungspsychologie (S. 833-846). Weineheim: Beltz.

Simmons, D.D. (1987): Self-reportes of eating behaviors, goals, imagery and health status: Principal components and sex differences. Jounal of Psychology, 121, 1, 57-60.

Siscovick, D. , Weiss, N, Fletscher, P., Lasky, T. (1984): The incidence of primary cardiac arrest during rigorous exercise. New England Journal of Medicine, 311, 874.

Stadt Wien, MA-L/ Gesundheitsplanung (Hrsg.) (1999): Wiener Männergesundheitsbericht. Wien.

Steele, J.L. & McBroom, W.H. (1972): Conceptual and empirical dimensions of Health behavior. Journal of Health and Social Behavior, 13, 382-392.

Stephens, Th. & Caspersen, C.J. (1994): The Demogrphy of Physical Activity. In: C. Bouchard, R.J. Shephard, Th. Stephens: Physical Activity, Fitness and Health. International Proceedings and Consensus Statement. Champaign: Human Kinetics Publishers. (204-213).

Taira, K., Tanaka, H., Arakawa, M., Nagahama, N., Uza, M. & Shirakawa, A. (2002): Sleep health and lifestyle of elderly people in Ogimi, a village of longevity. Psychiatry and Clinical Neurosciences, 56, 243-244.

Uezu, E., Taira, K., Tanaka, H., Arakawa, M., Urasakii, C., Tguchi, H. & Shirakawa, S. (2000): Survey of sleep-health and lifestyle of elderly in Okinawa. Psychiatry and Clinical Neurosciences, 54, 311-313.

Ulmer, H.-V. (1991): Sport und Präventivmedizin. Mens sans in corpore sano? In: D. Küpper & L. Kottmann (Hrsg.): Sport und Gesundheit. Schorndorf: Verlag Karl Hoffmann, S. 77-90.

Waller, H. (2002): Gesundheitswissenschaft. Stuttgart: Kohlhammer.

Westenhöfer, J. & Pudel, V. (1990): Einstellungen der deutschen Bevölkerung zum Essen. Ernährungs-Umschau, 37, 311-316.

Weyerer S. & Dilling H. (1991). Prevalence and treatment of insomnia in the community: Results from the upper bavarian field study. Sleep, 14: 392-398, 1991.

8. Aspekte des Geschlechtsrollenselbstbildes bei Männern im Mittleren Erwachsenenalter

Die vorliegende Studie beschäftigt sich mit Aspekten der Geschlechtsrollenidentität: dem Geschlechtsrollenselbstbild und der verhaltensnahen Beschreibung der Geschlechtsrollenidentität

Die Geschlechtsrolle als soziale Rolle beinhaltet normative Erwartungen an geschlechtstypische Eigenschaften und geschlechtstypische Verhaltensweisen einschließlich Interessen, Aktivitäten und Einstellungen. Nach Alfermann (1996) üben die Geschlechterrollen universellen Einfluss aus, sind immer zeitlich vorhanden und wirken mit großer Reichweite in nahezu alle spezifischen Rollen, z.B. die des Berufslebens. Je nach Kontext treten sie mehr oder weniger stark in Erscheinung. Obwohl eine strikte Rollentrennung innerhalb unserer Gesellschaft nicht mehr vorherrscht, sind im Kern Männer überwiegend in der beruflichen Welt tätig und Frauen für die Innenbeziehungen der Familie zuständig. Insbesondere die Zunahme der Erwerbstätigkeit der Frauen hat eine Veränderung der weiblichen Geschlechtsrolle bewirkt, während die Geschlechtsrolle der Männer weniger starken Veränderungen unterworfen ist.

Für den Begriff der **Geschlechtsrolle** lassen sich nach Athensstaedt (1999) folgende Teilbereiche ausmachen:

- die in der Gesellschaft existierenden Geschlechtsstereotype, d.h. Verhaltenserwartung, die mittels positiv und negativ bewerteter femininer und maskuliner Eigenschaften erklärt werden,
- individuell, kognitiv repräsentierte Geschlechtsrollenschemata und
- die Geschlechtsrollenidentität, d.h. das individuelle Selbstkonzept von sich als Frau oder Mann.

Geschlechtsstereotype werden von Alfermann (1996) nach Ashmore & DelBoca (1979) als „strukturierte Sätze von Annahmen über die personalen Eigenschaften von Frauen und Männern" definiert. Das männliche Stereotyp unserer Gesellschaft umfasst eine deutliche Gewichtung der Aspekte „Stärke und Aktivität" und führt häufig zu einer Höherbewertung des männlichen Stereotyps gegenüber dem weiblichen Stereotyp.

Während Athenstaedt (1999) Geschlechtsrollenidentität als einen Teilbereich der Geschlechtsrolle ansieht und zur Beschreibung der Geschlechtsrollenidentität die Bereiche Geschlechtsrolleneinstellungen, geschlechtstypische Eigenschaften und geschlechtstypische Verhaltenstendenzen heranzieht, wird in ihrem Konzept Geschlechtsrollenidentität als individuelle Ausfüllung der gesellschaftlichen Rollenerwartungen angesehen.

Dagegen trennt Alfermann (1996) nicht in dem Maße die soziale und die individuelle Seite von Geschlechtsrollen und definiert Geschlechtsrollenidentität als über den Entwicklungsschritt der Geschlechtsidentität hinausgehende „…kognitive Erkenntnisse, Einstellungen, Präferenzen und Handlungsweisen, die üblicherweise mit einem bestimmten Geschlecht verbunden werden: also die Geschlechterrolle und die damit verbundenen Geschlechtsrollenerwartungen…" (Zitat nach Alfermann, 1996, S.58).

Sie beschreibt bereits 1989 die Geschlechtsrollenentwicklung in Anlehnung an Huston (1983) durch eine Unterteilung in Inhalte und Konstrukte (Bierhoff-Alfermann, 1989).

Zentrale Inhalte der Geschlechtsrollenentwicklung sind danach das biologische Geschlecht, Aktivitäten und Interessen, Personal-soziale Attribute, soziale Beziehungen auf Basis des Geschlechts und stilistische und symbolische Inhalte.

Zu den Konstrukten der Geschlechtsrollenentwicklung zählen Konzepte und Annahmen, Identität und Selbstwahrnehmung, Präferenzen/ Einstellungen und Werte sowie Verhalten. Dabei wird jeder Inhalt der Geschlechtsrollenentwicklung unter dem Aspekt der Konstrukte spezifiziert, so dass sich eine 4 x 5 Matrix der Geschlechtsrollenentwicklung ergibt.

Für Konzepte und Annahmen können beispielsweise die fünf Inhalte als Wissensbestände angesehen werden, die im Sinne der o.g. Geschlechtsstereotype definiert sind.

Identität und Selbstwahrnehmung umfassen als zentralen Kern der Geschlechtsrollenentwicklung die Geschlechtsidentität, das Geschlechtsrollenselbstbild, die Kenntnis der eigenen Interessen, Kenntnis der eigenen Fähigkeiten, der bevorzugten Beziehungspartner und der nonverbalen Verhaltensstile.

So werden von ihr Geschlechtsrollenentwicklung mit Geschlechtsidentitätsentwicklung faktisch gleichgesetzt, jedoch die intraindividuellen Bestimmungsstücke stärker gewichtet. Alfermann beschreibt jedoch auch die gesellschaftlich verankerten Teilaspekte der Geschlechtsrolle und legt das Augenmerk auf Geschlechterstereotype, Geschlechtsrolleneinstellungen (Bewertungen der Angemessenheit der Geschlechtsrollenerwartungen) und tatsächliche Geschlechtsunterschiede (Alfermann, 1996).

Es ist jedoch in dieser Diskussion anzumerken, dass es begrifflich sinnvoll wäre, das Konstrukt Identität und Selbstwahrnehmung innerhalb des Begriffs Geschlechtsrollenentwicklung/ Geschlechtsrollenidentität als Geschlechtsrollenselbstbild zu bezeichnen, da damit klarer zwischen individueller und sozialer Seite von Geschlechtsrolle unterschieden werden könnte.

8.1 Androgyniekonzept

Die Geschlechtsrollenentwicklung wurde bis in die 70iger Jahre des 20. Jahrhunderts in der Regel geschlechtstypisiert betrachtet. Es wurde postuliert, dass eine gesunde psychische Entwicklung nur durch die Übernahme der „richtigen", d.h. zum biologischen Geschlecht passenden Geschlechtsrolle möglich sei. Dabei wurde davon ausgegangen, dass Maskulinität und Feminität zwei Pole eines Kontinuums darstellen und Männlichkeit als „Nicht-Weiblichkeit" zu verstehen sei und umgekehrt. Dagegen betrachtet man heute, begründet durch die Ansätze von Sandra Bem (1974, 1976) und Janet Spence (Helmreich, Spence & Holohan, 1979), Maskulinität und Feminität als zwei von einander unabhängige, also orthogonale Dimensionen. Ein Individuum belegt somit, je nach Ausprägung individueller Verhaltens- oder Selbstkonzeptmerkmale, je einen Wert auf der Maskulinitäts- und der Feminitätsskala.

Demzufolge erhält man nicht mehr nur zwei sondern vier Typen der Geschlechtsrollenidentität. Folgende Abbildung verdeutlicht die möglichen Typisierungen:

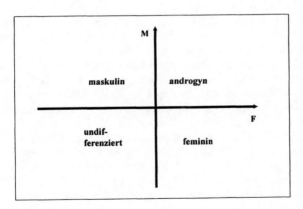

M .... Maskulinität

F .... Feminität

Abb. 2 Typen der Geschlechtsrollenidentität im Androgyniekonzept

Maskulin typisierte Personen erzielen hohe Werte auf der Maskulinitäts- und niedrige auf der Feminitätsdimension. Feminin typisierte Personen haben dagegen auf der Feminitätsdimension hohe und auf der Maskulinitätsdimension niedrige Werte. Androgyne Personen erreichen hohe Werte sowohl auf der Maskulinitäts- als auch auf der Feminitätsdimension, Undifferenzierte erreichen auf beiden Dimensionen niedrige Werte.

Androgynie wird dabei als gleichzeitiges Vorliegen femininer und maskuliner Geschlechtsrollenidentität, sowie meist als Kombination der jeweils positiven geschlechtstypischen Eigenschaften angesehen. In der Regel wird dann Geschlechtsrollenidentität über Aspekte des Geschlechtsrollenselbstbildes mittels Eigenschaftszuschreibungen erfasst (nach Bierhoff-Alfermann, 1989).

Inwieweit das Androgyniekonzept Vorhersagewert für die gesamte Geschlechtsrollenidentität hat, wird kontrovers diskutiert. Während Spence & Helmreich (1979) annehmen, dass keine zwangsläufige Entsprechung im Verhalten vorliegen muss, sondern nur in Wechselwirkung mit situativen Anregungen die Möglichkeit der Verhaltensdetermination besteht, postuliert der Ansatz Bems (1974, 1976) eine größere Verhaltensflexibilität der Androgynen. Diese würden im Gegensatz zu den geschlechtstypisierten Personen weniger den Wahrnehmung und Verhalten steuernden kulturellen Erwartungen unterliegen, weniger bemüht sein, ihr Verhalten in Übereinstimmung mit den Rollenanforderungen zu bringen und daher einen größeren Spielraum im Verhaltensrepertoire besitzen. Schon auf der Ebene der Wahrnehmung würden sich Unterschiede zwischen geschlechtstypisierten Personen und androgynen Personen zeigen. Geschlechtstypisierte Personen neigten eher dazu, die Umwelt und sich selbst unter Aspekten des Geschlechts einzuschätzen. Ihre Wahrnehmungsschwelle für Geschlechterkategorien läge niedriger als bei den Androgynen.

Somit erschien es plausibel, Androgynität als erstrebenswertes Ziel der Geschlechtsrollenentwicklung zu fordern. Dies begründet die große Popularität und Verbreitung des Androgyniekonzeptes (nach Bierhoff- Alfermann, 1989).

Gerade zur Überprüfung, ob das Geschlechtsrollenselbstbild einen so weitreichenden Einfluss auf alle Inhalte und Konstrukte der Geschlechtsrollenidentität besitzt, erscheint es unzulässig, Geschlechtsrollenidentität nur über das Geschlechtsrollenselbstbild zu erfassen. So existieren bereits Ansätze, die geschlechtsspezifisches Verhalten bzw. Verhaltenstendenzen zu untersuchen, einzubeziehen, um Aussagen über Geschlechtsidentität zu treffen. So werden auch in der vorliegenden Studie Geschlechtsrollenselbstbild und Selbsteinschätzung von typischen Verhaltensweisen einbezogen, um Aussagen über die Geschlechtsrollenidentität von Männern im mittleren Lebensalter zu treffen.

8.2 Geschlechtsrollenorientierung bei Männern im mittleren Erwachsenenalter

Die Frage der Stabilität bzw. der Veränderung der Geschlechtsrollenorientierung ist auch unter dem Aspekt des Life-span-Development- Ansatzes zu betrachten. Hierzu wurden für das mittlere Erwachsenenalter zuerst von C. G. Jung (1950) die Chancen beschrieben, die in einer Ausbalancierung der Persönlichkeit nach dem Ende der erzieherischen Verpflichtung liegen. Erfolgreiche Anpassung an das mittlere Erwachsenenalter geschähe über die Entwicklung bislang vernachlässigter Eigenschaften. Diese Überlegungen weiterführend, konzipierte Gutmann seine „parental imperativ theory" (Neugarten & Gutmann, 1968), in der er postuliert, dass Männer und Frauen nach Beendigung der aktiven Elternrolle offener für Eigenschaften würden, die der gegensätzlichen Geschlechtsrolle zuzuordnen seien. Die Elternrolle habe in früheren Ehejahren von Frauen eine Unterdrückung aggressiver Strebungen zugunsten Fürsorglichkeit und expressiver Orientierung und bei Männern eine Unterdrückung expressiver und fürsorglicher Orientierung zugunsten einer instrumentellen Ausrichtung gefordert. Männer und Frauen würden somit nach der Aufgabe der (aktiven) Elternrolle eine stärkere Androgynität entwickeln. Die Formulierung dieser Theorie beruhte zunächst auf einer Studie von Neugarten & Gutmann (1968), in der 40-70Jährigen der Thematische Apperzeptions Test (TAT) vorgelegt wurde.

1985 konnte Gutmann seine Theorie weiter belegen und in einer Längsschnittstudie zeigen, dass die Entwicklungen von Männern und Frauen in dieser Lebensphase gegensätzlich verlaufen. Männer scheinen nach Gutmann stärker die Bedeutung interpersonaler Ressourcen zu gewichten und intrapersonale Bewältigungskompetenzen zu verringern, wogegen Frauen ein selbstbewussteres Verhalten innerhalb der Familie bzw. verstärkte außerfamiliale Orientierung entwickeln würden.

Verfolgt man Gutmanns These unter dem Androgyniekonzept, so sind zwei Annahmen überlegenswert. Gutmann postuliert, dass Männer zusätzlich zur maskulinen Seite der Geschlechtsrollenorientierung feminine Anteile in ihr Selbstkonzept integrieren. Danach würde der Anteil der androgyn klassifizierten Männer im mittleren Erwachsenenalter ansteigen. Weiterhin könnte man jedoch auch in Betracht ziehen, dass sich maskuline Anteile verringern und dadurch weibliche Zuschreibungen stärker zu Tage treten. Hierbei müssten in Abhängigkeit von der Höhe der femininen Zuschreibungen die Typisierungen undifferenziert oder feminin im Alter häufiger werden.

Übersichtsarbeiten, die Gutmanns These verfolgen und empirisch zu belegen versuchen, liefern verschiedene Autoren. In der Regel versuchen diese Studien einen Rückgang männlicher oder eine Zunahme weiblicher Eigenschaften, Ziele, Interessen oder Verhaltensweisen zu belegen. Sie orientieren sich nie explizit am Androgyniekonzept. So betonen Bengston, Reedy & Gordon (1985) im

„Handbook of the Psychology of Aging" unter Berücksichtigung mehrerer Studien aus den 70iger Jahren, dass sich jüngere Männer maskuliner und aggressiver als Ältere beschreiben, dass ältere Männer höhere Werte für Kooperation und Fürsorge erzielen, dass sich die Differenzen zwischen den Geschlechtern bezüglich geschlechtsbezogenener Selbstkonzeptionen im Alter verringern und verweisen auf die Abhängigkeit der Geschlechtsrollenorientierung von der Phase des Familienzyklusses.

So betont auch Bierhoff-Alfermann (1989) unter Rückgriff auf die Arbeiten von Feldman (z.B. Feldman & Aschenbrenner, 1983), dass die Geschlechtsrollenorientierung im Erwachsenenalter eng an die Lebenssituation und damit verbundene Rollenübernahmen geknüpft sei.

Eine weitere Übersichtsarbeit liefern Carlson & Videka-Sherman (1990), die versuchen Belege für Gutmanns „parental- imperativ- theory" zusammenzutragen. Für Männer schätzen Carlson & Videka-Scherman (1990) zusammenfassend ein, dass sich vereinzelt Hinweise für verminderte Maskulinität bzw. erhöhte Feminität in Studien finden, sich jedoch mit größerer Deutlichkeit Belege aufzeigen lassen, dass instrumentelle Belange im mittleren Erwachsenalter des Mannes ihre Wichtigkeit behalten bzw. überlegen gegenüber expressiven Belangen seien.

Als Belege für eingeschränkte Maskulinität wird die Studie von Feldman, Biringen & Nash (1981) angeführt, die fand, dass Männer im mittleren Erwachsenenalter weniger wettkampforientiert und weniger ambitioniert als jüngere Männer seien. Ebenso fand Tamir (1982a), dass die berufliche Befriedigung als Hauptquelle der Gesamtlebenszufriedenheit im mittleren Lebensalter nachlasse.

Erhöhte Feminität fand sich z.B. in der Studie von Farrell & Rosenberg (1981), bei der sich Männer im mittleren Erwachsenenalter sanftmütiger, emotionaler und stärker an Beziehungen interessiert beschrieben als jüngere Männer.

Dagegen zeigen Spence & Helmreich (1979), dass Männer im mittleren Lebensalter sich maskuliner beschreiben als jüngere Männer, und Bray & Howard konnten 1983 eine größere Zielerreichungs-Motivation, sowie stärkere Autonomiebestrebungen für Männer im mittleren Erwachsenalter nachweisen.

Carlson und Videka-Sherman (1990) haben den 1978- National Survey „Qualitiy of American Life" unter dem Aspekt der Veränderungen der Geschlechtsrolle im mittleren Erwachsenenalter reanalysiert. Dabei konnten Sie nicht belegen, dass Männer im mittleren Erwachsenenalter eine höhere Befriedigung in der familiären Rolle oder nachlassende Befriedigung im Beruf thematisieren.

Insgesamt ist die empirische Befundlage zur These der Ausbalancierung der Persönlichkeit im mittleren Erwachsenenalter als uneinheitlich einzuschätzen.

Neuere Lehrbücher zur Entwicklungs- und Familienpsychologie thematisieren die Ausbalancierung der Persönlichkeit bzw. die Änderung der Geschlechtsrolle im mittleren Erwachsenenalter praktisch gar nicht mehr, weisen jedoch darauf hin, dass sich bei Auszug der Kinder Rollenzuweisungen innerhalb der

Partnerschaft entspannen und ein Entlastungserleben thematisiert wird (vgl. Papastefanou und Buhl, 2002).

8.3 Ergebnisse der Studie

Die Wahrnehmung und Beschreibung der eigenen Geschlechts-Identität ist ein zentraler Teil der Persönlichkeit. Insbesondere in Publikationen der 70iger und 80iger Jahre wurde für das mittlere Erwachsenenalter ein Ausbalancieren der Persönlichkeit und eine Veränderung der Geschlechtsrollenorientierung postuliert. Daher wird folgenden Fragen nachgegangen: Unterscheiden sich Männer am Beginn und am Ende des mittleren Erwachsenenalters in ihrem Geschlechtsrollenselbstbild und in ihrer verhaltensnahen Beschreibung der Geschlechtsrollenidentität? Wie stehen Geschlechtsrollenselbstbild und verhaltensnahe Beschreibung der Geschlechtsrollenidentität im Zusammenhang?

Im Zeitraum von November 2002 bis Januar 2004 wurden gemeinsam mit der Teilstudie „berufliches Belastungserleben" ca. 170 Fragebögen[4] verteilt, bis die geplante Stichprobengröße von mindestens 30 Personen in jeder Altersgruppe erreicht war.

Insgesamt konnten 79 Probanden gewonnen werden. Die Rücklaufquote entspricht damit etwa 46%. 42 Personen der Untersuchung sind 40-45 Jahre alt (AG 1) und 37 Personen 55-60 Jahre alt (AG 2).

Die untersuchten Stichproben gleichen sich hinsichtlich der soziodemografischen Merkmale Haushaltsform und Berufstätigkeit statistisch, sie unterscheiden sich jedoch hinsichtlich der Merkmale Schulbildung (mehr höhere Abschlüsse unter den jüngeren Probanden), Familienstand (Ältere: deutlich ausgeprägteres traditionelles Familienmodell, Verteilung auf die Berufsgruppen (jünger Männer: mehr freie Berufe, Selbstständige und leitende Angestellte, ältere Männer

---

4 EPAQ (Extended Personal Attributes Questionnaire; Runge et. al., 1981; Erweiterung des PAQ von Spence & Helmreich, 1978) 40 Items in Form bipolarer Adjektive mit fünfstufiger Antwortvorgabe erfassen das Geschlechtsrollenselbstbild. Die Typisierung erfolgt mittels median-split Methode.

FVEG (Fragebogen zur verhaltensnahen Erfassung der Geschlechtsrollenorientierung; Aschermann, unveröff.) je 20 maskuline und feminine Verhaltensweisen aus den Lebensbereichen Kinder, Partnerschaft, zwischenmenschlicher Bereich, Haushalt und Reparatur, Freizeit, sowie soziale Aspekte des Berufslebens sollen auf einer siebenstufigen Skala unter dem Aspekt „wie sehr passt es zu Ihnen........" geratet werden sollen.

mehr nichtleitende Angestellte und Beamte) und chronische Krankheiten (mehr chronische Krankheiten bei den Älteren) unterscheiden.

Die Typisierung der Gruppen der Geschlechtsrollenorientierung im EPAQ erfolgt, wie in der Literatur üblich, mittels Median-Split-Methode. Daraus resultiert eine Verteilung bei den Jüngeren derart, dass 20% als androgyn klassifiziert werden, 22,5% undifferenziert, 15% feminin und 42,5% maskulin. In der älteren Gruppe sind 29,7% androgyn, 37,8% undifferenziert, 27% feminin und nur 5,4 maskulin typisiert.

Diese beiden Verteilungen unterscheiden sich statistisch signifikant von einander. Insbesondere wird deutlich, dass unter den Älteren deutlich weniger maskulin typisierte sind.

Mittelwertsunterschiede zwischen den Skalen finden sich jedoch nur tendenziell für die Maskulinitätsskala.

Die größten Zuwächse erzielen die undifferenzierten und die androgynen Typisierungen. Zieht man Gutmanns „parental imperativ theory" (Neugarten & Gutmann, 1968) heran, so erscheint die Beobachtung richtig, dass sich deutlich mehr Personen mit ausbalanciertem Geschlechtsrollenbild unter den Älteren finden lassen. Das Erklärungsmodell, welches Gutmann jedoch anführt, dass eine Zunahme gegengeschlechtlicher Eigenschaften stattfinde, kann nicht als gültig für diese Stichprobe angesehen werden. Die beobachteten Veränderungen lassen sich eher über die Abnahme maskuliner Eigenschaften beschreiben.

Die Auswertung des verhaltensnahen Geschlechtsrollenorientierung (FVEG) erfolgte ebenfalls mittels Median-Split-Methode. Somit sind unter den jüngeren je 28,2% androgyn und undifferenziert, 20,5 % feminin und 23,1% maskulin typisiert. Bei den Älteren wurden 26,5% androgyn, 35,3% undifferenziert, 20,6% feminin und 17,6% maskulin klassifiziert. D.h. in beiden Altersgruppen stellen die undifferenzierten Typen des Geschlechtsrollenverhaltens den bedeutendsten Anteil dar, wobei diese Kategorie bei den jüngeren genauso häufig wie „androgyn" vergeben wurde.

Maskulines Verhalten wird von den Älteren etwas weniger gezeigt als von den jüngeren. Statistisch bedeutsam sind diese Unterschiede in den Typisierungen jedoch nicht. Es finden sich auch keine Mittelwertsunterschiede zwischen den Altersgruppen auf den jeweiligen Skalen.

Die im Geschlechtsrollenselbstbild gefundenen Unterschiede der Häufigkeitsverteilung der Typen der Geschlechtsrollenidentität lassen sich im Geschlechtsrollenverhalten nicht replizieren. Dies lässt sich möglicherweise darauf zurückführen, dass sich für Männer im mittleren Erwachsenenalter wenig Anlässe ergeben, ihre gewohnheitsmäßigen Verhaltensstile und -muster grundlegend zu ändern. Bierhoff- Alfermann (1989) wies ja darauf hin, dass es insbesondere Rollenwechsel seien, die zu einer Änderung der Geschlechtsrollenidentität führen könnten. Praktisch alle Probanden der Stichprobe sind (noch) berufstätig. In diesem für Männer sehr zentralen Lebensbereich steht die Beendigung der Berufstätigkeit auch für die Älteren der Stichprobe noch bevor. Eine Anpassung an dieses Lebensereignis kann allenfalls in dieser Lebensphase kognitiv-antizipatorisch erfolgen und ist sicher eher zunächst auf der Ebene der Einstellungen nachweisbar.

Im Androgyniekonzept und der Konstruktion der beiden eingesetzten Fragebögen wird postuliert, dass die Maskulinitäts- und Feminitätsskala zwei unabhängige Dimensionen darstellen. In der vorliegenden Studie wurde diese Annahme überprüft. Dabei zeigte sich, dass die Korrelation im EPAQ recht gering ausfällt und nur knapp signifikant wird, im FVEG dagegen wird die Unabhängigkeits-annahme deutlich verletzt.

Die Frage, ob das Geschlechtsrollenselbstbild mit Aspekten des Geschlechts-rollenverhaltens in Verbindung steht, ergab, dass die einander entsprechenden Skalen miteinander korrelieren. Insbesondere zeigt sich das für die beiden Maskulinitätsskalen. Die Übereinstimmung der beiden Feminitätsskalen liegt im mittleren Bereich und ist ebenfalls erwartungskonform. Auffallend erscheint je-doch, dass die Feminitätsskala des FVEG mit .41 signifikant mit der Maskulini-tätsskala des EPAQs korreliert.

Weiterhin konnte eine mittlere Übereinstimmung der Typisierungen von EPAQ und FVEG gefunden werden.

Das Geschlechtsrollenselbstbild als Einstellungsvariable kann Verhaltensten-denzen nicht vollständig voraussagen. Dies ist ein häufiger Befund z.B. in der Sozialpsychologie, dass Einstellungen und Verhalten nur geringe Übereinstim-mungen zeigen. Die Werte weisen jedoch darauf hin, dass es gewisse Über-schneidungen der Bereiche des Selbstbildes und des Verhaltens gibt. Insbeson-dere bei der maskulinen Selbstzuschreibung und den maskulinen Verhaltenswei-sen wird dieser Zusammenhang sichtbar. Es sollte nicht außer Acht gelassen werden, dass nur männliche Probanden untersucht wurden. Zieht man dies in Betracht, so kann man das Ergebnis mit dem Befund von Athenstaedt (1999) vergleichen, die ebenfalls größere Übereinstimmung der korrespondierenden Skalen bei dem jeweils korrespondierenden biologischen Geschlecht feststellen konnte. Möglicherweise sind mit dem biologischen Geschlecht konforme Ver-haltensmuster einstellungs- und selbstbildkonformer als Verhaltensweisen, die stereotyp eher dem anderen Geschlecht zugeordnet werden.

Der beobachtete Zusammenhang zwischen der Maskulinitätsskala des EPAQ und der Feminitätsskala des FVEG lässt sich methodisch aus der fehlenden Un-abhängigkeit der Skalen des FVEG erklären. Offensichtlich sind die vorgegeben Verhaltensweisen nicht ausschließlich dem einen oder dem anderen Geschlecht zuzuschreiben. Möglicherweise ist eine viel größere Verhaltensflexibilität mög-lich, als dass stereotyp von „dem" maskulinen oder „dem" femininen Verhalten gesprochen werden kann.

Kritisch ist in dieser Studie wiederum die Stichprobenauswahl anzuführen, da durch die Rekrutierung über Mediatoren ein Selektionseffekt hinsichtlich Mittelschichtsorientierung stattfand. Weiterhin ist methodisch zu überlegen, ob die Auswahl der Teilstichproben, die den Beginn und das Ende des mittleren Erwachsenenalters repräsentieren, überhaupt geeignet ist, Unterschiede zu untersuchen. Möglicherweise tritt viel stärker die Stabilität dieser Lebensspanne zu Tage. Diesem könnte man begegnen, in dem man deutlich jüngere Probanden oder deutlich ältere Probanden als Kontrollgruppe einbezieht.

Auch ist zu überlegen, ob ein längsschnittliches Design vorzuziehen gewesen wäre. Dies würde jedoch für das mittlere Erwachsenenalter einen Zeitraum von 20 Jahren Forschung bedeuten. Dies ist im Rahmen dieser Studie jedoch nicht leistbar.

Zur Frage des Geschlechtsrollenselbstbildes ist zu diskutieren, ob die Median-split-Methode, die in der bisherigen Forschungsliteratur häufig verwendet wird, geeignet ist, eine Typisierung vorzunehmen. Für den Fall einer sehr kleinen oder einseitig maskulin bzw. feminin orientierten Stichprobe führt dieses Verfahren zu einer künstlichen Typisierung, da der Median in extremen Gruppen, deutlich verschoben zur Gesamtpopulation sein kann. Somit erschien es, wenn schon am Median-split-Verfahren festgehalten wird, notwendig, den Gesamtmedian einzubeziehen, um ein valideres Kriterium zur Typisierung zu benutzen. Hierbei wird eine breitere Merkmalsausprägung in der Gesamtstichprobe angenommen. Idealerweise wäre es günstig, wenn für die Typenzuordnung externe, bevölkerungs- oder wenigstens teilgruppenrepräsentative Normwerte existieren würden, die eine Typenzuordnung ermöglichten. Normwerte liegen bislang jedoch weder für EPAQ noch für den BSRI noch den FVEG vor.

Ein weiteres methodisches Problem der Studie besteht darin, dass entgegen den Annahmen des Androgynitätsansatzes die Skalen des FVEG nicht unabhängig von einander sind. Dieses Verfahren wurde mit Hilfe von Datensätzen junger Erwachsener entwickelt und validiert. Diese Stichprobe wurde zu ca. $^2/_3$ von Studenten und zu etwa $^1/_3$ von jungen Erwachsenen in Ausbildung gebildet. Davon unterscheidet sich die Stichprobe, die in dieser Studie untersucht wurde, stark. Eventuell sind die vorgelegten Items für die hier untersuchte Population weniger relevant bzw. nicht trennscharf genug. Zudem ist die vorgegebene Instruktion „Wie sehr passt es zu Ihnen...." in gewisser Weise irreführend, da hier eine Beurteilung hinsichtlich der Konformität von Verhalten und Selbstbild konnotativ mitschwingt. Günstiger erscheinen vielleicht folgende Instruktionen: eine tatsächliche Abfrage der Häufigkeiten der einzelnen Verhaltensweisen („Wie oft kommt es vor, dass Sie....."), oder die Frage „Wie typisch ist es für Sie.....". Die Frage nach den Häufigkeiten wäre dann jedoch damit verknüpft, wie oft objektiv/ situativ die Möglichkeit bestünde, ein bestimmtes Verhalten auszuführen und würde möglicherweise auch wieder zu verzerrten Einschätzungen führen. Hintergrund dieser ganzen Überlegung ist jedoch, dass nur das tatsächlich gezeigte Verhalten ganz im Sinne des Sprichworts „an ihren Taten sollt ihr sie erkennen" erfasst werden sollte. Ob eine veränderte Instruktion zu anderen Ergebnissen führt, müsste jedoch empirisch überprüft werden.

Da zwischen den verschiedenen Aspekten der Geschlechtsrollenidentität nur eine mäßige Übereinstimmung herrscht, sollte weitere Forschung stets multimodal ausgerichtet sein und neben dem Selbstbild und Verhaltensstilen auch weitere Aspekte wie Geschlechterstereotype und Geschlechtsrolleneinstellungen und ihre Wechselwirkungen untereinander einbeziehen.

Zusammenfassend kann eingeschätzt werden, dass sich durch die Studie Verteilungsunterschiede der Typen des Geschlechtsrollenselbstbildes zwischen Jüngeren und Älteren Männer nachweisen lassen, die sich jedoch nicht im Geschlechtsrollenverhalten wiederspiegeln.

Die verschiedenen Aspekte der Geschlechtsrollenidentität- Geschlechlechtsrollenselbstbild und verhaltensnah erfasste Geschlechtsrollenidentität- stehen in schwacher Übereinstimmung, wobei maskulines Selbstbild und maskuline Verhaltenstendenzen den deutlichsten Zusammenhang aufweisen.

Literatur

Alfermann, D. (1996). Geschlechterrollen und geschlechtstypisches Verhalten. Stuttgart: Kohlhammer.

Aschermann (unveroff.). Fragebogen zur verhaltensorientierten Erfassung der Geschlechtsrollenorientierung. Köln: unveröff. Manuskript.

Ashmore, R.D. & DelBoca, F.K (1979). Sex stereotypes and implicit personality theory: Toward a cognitive-social psychological conceptualization. Sex Roles, 5, 219-248.

Athenstaedt, U. (1999). Geschlechtsrollenidentität als mehrfaktorielles Konzept. Ein kritischer Beitrag zur Androgynieforschung. In U. Bock, D. Alfermann (Hrsg.), Querelles. Jahrbuch für Frauenforschung. Stuttgart: Metzler.

Bem, S.L (1976). Probing the promise of androgyny. In A.G. Kaplan & J.P. Bean (Eds.), Beyond sex-role stereotypes. Reading toward a psychology of androgyny (p.47-62). Boston: Little, Brown & Co.

Bem, S.L. (1974). The measurement of psychological androgyny. Journal of Consulting and Clinical Psychology, 42, 155-162.

Bengston, V.L. Reedy, M., N. & Gordon, Ch. (1985). Aging and self-conceptions: Personality processes and social context. In E. Birren & K.W. Schaie (eds.), Handbook of the psychology of aging (pp.544-593). New York: Van Nostrand Reinhold company.

Bierhoff-Alfermann, D. (1989). Androgynie. Möglichkeiten und Grenzen der Geschlechterrollen. Opladen: Westdeutscher Verlag.

Bray, D.W. & Howard, A. (1983). The AT & T longitudinal studies of managers. In K.W. Schaie. (Ed.). Longitudinal studies of adult psychological development (p. 266-312). New York: Guilford Press.

Carlson, B.E. & Videka-Sherman, L. (1990). An empirical test of androgyny in the middle years: Evidence from a national survey. Sex Roles, 23, 305-324.

Farrell, M. & Rosenberg, S.D. (1981). Men at Midlife. Boston: Auburn House.

Feldman, S.S. & Aschenbrenner, B. (1983). Impact of parenthood on various aspects of masculinity and feminity: A short- term longitudinal study. Developmental psychology, 19, 278-289.

Feldman, S.S., Biringen, Z.C. & Nash, S.C. (1981). Fluctuation of sex-related self-attributions as a function of stage of family life cycle. Developmental Psycholoy, 17, 24-35.

Gutmann, D. (1985). The parental imparative revisited. In J. Meacham (Ed.), Family and individual development (pp. 31-60). Basel: Karger.

Helmreich, R.L. Spence, J.T. & Holohan, C.K. (1979). Psychological androgyny and sex role flexibility: A test of two hypotheses. Journal of Personality and Social Psychology, 37, 1631-1644.

Huston, A.C. (1983). Sex-typing. In P.H. Mussen (Ed.), Handbook of Child Psychology (4th ed., vol. IV, pp. 387-467). New York: Wiley.

Jung, C.G. (1950) Die Lebenswende. In C.G. Jung (Hrsg.), Seelenprobleme der Gegenwart (5. vollst. rev. Aufl., S. 220-243). Zürich: Rascher.

Neugarten, B. L. & Gutmann, D.L. (1968). Age-sex roles and personality in middle age: A thematic Apperception study. Psychological Monographs, 72, 33.

Papastefanou, C., Buhl, H.M. (2002). Familien mit Kindern im frühen Erwachsenenalter. In M. Hofer, E.Wild & P. Noack (Hrsg.), Lehrbuch Familienbeziehungen (2. vollst.überarb. Aufl. S.265-289). Göttingen. Hogrefe.

Runge, T.E., Frey, D., Gollwitzer, P., Helmreich, R.L.& Spence, J. T. (1981). Cross- cultural stability of masculine (instrumental) and feminine (expressive) traits. Journal of Cross-Cultural Psychology, 12, 142-162.

Spence, J.T. &Helmreich, R.L. (1979). Comparison of masculine and feminine personality attributes across age groups. Development Psychology, 15, 583-584.

Tamir, L. (1982 a). Men at middle age: Development transitions. Annals of the American Academy of Political and Social Science, 464, 47-56.

9. Kognitive Leistungsfähigkeit und Beschwerdeerleben bei Männern im frühen und mittleren Erwachsenenalter – eine Querschnittsstudie

Catherine Hester, Inés von der Linde, Wolf-Rüdiger Minsel

Der Prozess des Alterns wird in der Gesellschaft häufig mit negativen Vorstellungen, wie der irreversiblen Abnahme der kognitiven Leistungsfähigkeit und der Zunahme von körperlichen Gebrechen und Beschwerden assoziiert. Im Zuge der Lebensspannenpsychologie der letzten Jahrzehnte ist ein Bemühen vorzufinden, dieses eindimensionale negative Konzept des Alterns durch ein mehrdimensionales zu ersetzen (vgl. etwa. Baltes et al., 1994). In diesem Zusammenhang wird die Entwicklung über das gesamte Leben hinweg als dynamische Wechselbeziehung zwischen Gewinnen und Verlusten konzeptualisiert. Es herrscht heute Konsens darüber, dass das Altern als lebenslanger Prozess zu verstehen und die Situation im Alter folglich ein Ergebnis des bis dahin gelebten Lebens ist. So unterscheiden sich Menschen im Alter keineswegs nur gleichermaßen wie in den anderen Lebensabschnitten zuvor voneinander, vielmehr kann von einer Vergrößerung der interindividuellen Differenzen mit zunehmenden Alter gesprochen werden (vgl. Kruse et al., 2001).

Dies gilt auch für kognitive Leistungen, zu denen u. a. Intelligenz-, Gedächtnis- und Konzentrationsleistungen zählen.

Intelligenz wiederum ist ein mehrdimensionales Konzept. Nach Horn & Cattell (vgl. etwa 1966; 1967) gibt es zwei Faktoren der Intelligenz: die *kristalline (Gc)* und die *fluide (Gf)*. Diese unterliegen unterschiedlichen Verläufen im Zuge des Alterns. Ein systematischer Abfall zeigt sich bei der *fluiden* Intelligenz (bspw. induktives Denken und Erkennen von Gesetzmäßigkeiten in bildlichen Darstellungen) mit zunehmenden Alter, während die *kristalline* aufgrund von Akkulturation von Wissen und Erfahrung eher stetig verläuft, wenn nicht sogar zunimmt. Das Intelligenzniveau wird als eines von mehreren Einflussfaktoren angesehen, welches interindividuelle Leistungsdifferenzen bezüglich anderer kognitiven Fähigkeiten, wie der visuellen Wahrnehmung bzw. das räumlichen Vorstellungsvermögens und des Gedächtnisses, erklären kann. So zeigt sich bspw. in den meisten Fällen, dass ein höheres Intelligenzausgangsniveau den Verlauf sämtlicher höher kognitiven Funktionen während des Alterns positiv beeinflusst und zwar in dem diese eine höhere Stabilität über das Erwachsenenalter hinweg aufweisen (vgl. Fillip, 1987).

Bei der visuellen Wahrnehmung, als Teilfähigkeit der Intelligenz, handelt es sich um einen aktiven Informationsverarbeitungsprozess, bei der auch Aufmerksamkeitsprozesse eine zentrale Rolle spielen. Zahlreiche Untersuchungen belegen Alterseinbußen in der visuellen Wahrnehmung bzw. der räumlichen Vorstellungsfähigkeit. Der Hauptgrund (neben biologischen Aspekten wie bspw. der Visusminderung) dieser negativen Entwicklung wird in den Veränderungen der Aufmerksamkeitsprozesse gesehen. So lassen sich ältere Personen eher durch irrelevante Reize ablenken, das Wahrnehmungstempo ist geringer und die Aufmerksamkeit wird weniger planvoll ausgerichtet (vgl. etwa Kausler, 1991; Fleischmann, 1989). Das Konzept der Aufmerksamkeit und deren Kapazität nimmt auch im Kontext des *Arbeitsgedächtnismodells* von Baddeley & Hitch (vgl. etwa Baddeley, 1991), welches kurz- und mittelfristige Leistungen umfasst, einen bedeutenden Stellenwert ein. Simplifizierend ausgedrückt beinhaltet dieses Modell eine *zentrale Kontrollinstanz* und *zwei untergeordnete Sklavensysteme* (verbale und visuelle Wiederholungsschleife), welche alle auf kognitive Kapazitäten angewiesen sind. Altersunterschiede konnten in Studien über alle Komponenten des Arbeitsgedächtnisses (visuelles, verbales und allgemeines) hinweg festgestellt werden. Schlechtere Leistungen erzielten Ältere im Vergleich zu Jüngeren bspw. zum einen bei Aufgaben, die unter Zeitdruck zu bewältigen waren, zum anderen bei solchen, die eine freie Wiedergabe erforderten (d.h. ohne Hinweisreize) und letztlich auch bei alltagsferneren Aufgaben und Aufgaben mit wenig Assoziationsmöglichkeiten (vgl. Kausler, 1991). Somit sind vor allem die *dynamischen Prozesse* des Arbeitsgedächtnisses von Alterseinbußen betroffen (vgl. Zaudig, 1995).

Es gibt unterschiedliche Hypothesen zur Verortung der Schwachstelle bei älteren Menschen bezüglich höherer kognitiven Leistungen. Als gewichtige Einflüsse auf die kognitive Leistungsfähigkeit sind jedoch auch folgende exemplarisch ausgewählte anzusehen: Schulbildung, Bekanntheitsgrad solcher Aufgabenstellungen, d.h. Trainings- und Übungseffekte, allgemeines Intelligenzniveau, objektive und subjektive Gesundheit, Kontextfaktoren und Stimmungsfaktoren (vgl. etwa Parkin 1996, 2000a, 2000b; Zaudig, 1995). Diese verdeutlichen sowohl die Ursachen für die *hohen interindividuellen Unterschiede* mit zunehmendem Alter, als auch die *Multikausalität des Alterns*.
Auch hinsichtlich geschlechtsspezifischer Unterschiede bei kognitiven Fähigkeiten gibt es zahlreiche Befunde in der Literatur.
So sind sowohl geschlechtsspezifische Unterschiede in den kognitiven Fähigkeiten als auch in der cerebralen Organisation nachgewiesen worden, wobei nicht gesagt werden kann, ob diese Unterschiede ausschließlich biologischer Natur sind.

Die bekannteste Dichotomie, dass Frauen angeblich über bessere verbale, Männer hingegen über bessere visuell - räumliche Fähigkeiten verfügen sollen, ist in der Literatur weitverbreitet. Kolb und Whishaw (1996) halten diese Aussage jedoch für stark vereinfacht und listen detaillierte geschlechtspezifische Überlegenheiten auf. So verweisen sie bspw. darauf, dass Frauen den Männern sowohl in der visuellen Wahrnehmungsgeschwindigkeit, als auch in der visuellen Gedächtnisfähigkeit überlegen sind. Männer hingegen erzielten bessere Leistungen beim Erkennen von Figuren vor einem komplexen Hintergrund (bspw. beim Kartenlesen). Insgesamt halten Kolb und Whishaw (1996) Männer bei der Lösung räumlicher Aufgaben für überlegener.

Vielfältige Ansätze versuchen o. g. Geschlechtsunterschiede zu erklären. So werden bspw. Umwelteinflüsse, Erziehung, sowie die unterschiedliche Reifungsgeschwindigkeit des Gehirns genannt. Für die Unterschiede in der Gehirnorganisation werden auch die Geschlechtshormone verantwortlich gemacht, welche sowohl in der Entwicklungsphase des Gehirns, als auch im späteren Lebensverlauf Einfluss ausüben.

Das Gehirn gilt als ein zentrales Zielorgan für die Effekte von Sexualhormonen. Östrogene bspw. verfügen über zahlreiche neurotrophe und neuroprotektive Wirkungen und sind in der Lage, unterschiedliche Neurotransmittersysteme zu modulieren (vgl. Schweiger, 2000, S.385 f.). Neben der erfolgreichen Behandlung der physischen menopausalen Symptome (wie bspw. Müdigkeit, Hitzewallungen etc.) durch Östrogensubstitution konnte, unter bestimmten Umständen auch die kognitive Leistungsfähigkeit, vor allem in den Bereichen der verbalen Fähigkeiten und des Gedächtnisses, gesteigert werden (vgl. ebda).

Weitere interessante Ergebnisse erbrachte eine Studie über Frauen, die nach einer Geschlechtsumwandlung mit Testosteron behandelt und auch bezüglich ihrer kognitiven Leistungen untersucht wurden (vgl. Fahlenkamp & Schmailzl, 2000). So stellte sich nämlich heraus, dass sich neben der physischen Veränderung ebenfalls die kognitiven Leistungen in Richtung der männlichen verschoben. So verbesserte sich einerseits ihre visuell - räumliche Praxis, während andererseits eine Abnahme ihrer verbalen Fähigkeiten zu verzeichnen war.

Der alternde Mann ist im Gegensatz zu der alternden Frau ein vernachlässigtes Thema in der Alternsforschung. So liegen bspw. kaum Beiträge vor, die sich mit dem körperlichen, psychischen und sozialen Besonderheiten des alternden Mannes beschäftigen. Eine positive Ausnahme stellen die Untersuchungen von Degenhardt und Mitarbeitern dar, die sich mit den körperlichen und psychischen Beschwerden des Mannes im mittleren Alter befassen. So konnten bei gesunden Männern Beschwerden erfasst werden, die vergleichbar mit denen der Frau in der Menopause sind (vgl. etwa Degenhardt, 1993 und Degenhardt & Thiele, 1995).

Vereinzelt lassen sich jedoch in der Literatur Daten finden, die den Einfluss des Hormons Testosterons auf kognitive Leistungen nahe legen. Signifikante Leistungssteigerungen in räumlichen Wahrnehmungs- und Konstruktionsaufgaben konnten Janowsky et al. (1994) in einer Doppelblindstudie mit 65 gesunden Männern (Durchschnittsalter: 65 Jahre), die Testosteron über Pflaster verabreicht bekamen, nachweisen. Ihre Daten zeigten überdies, dass nicht nur extrem hohe, sondern auch extrem niedrige Testosteronwerte mit schlechteren kognitiven Leistungen einhergehen.

Insgesamt liegt daher die Vermutung nahe, dass ein optimales Sexualhormonniveau für kognitive Leistungen existiert. Der mit zunehmendem Lebensalter zu beobachtende Abfall des Sexualhormonspiegels, könnte infolgedessen einen Einfluss auf die kognitiven Leistungen haben.

Analog der Beschwerden der Frau in der Menopause konnten Beschwerden beim Mann in der vierten und fünften Dekade festgestellt werden. Zwei Ansätze versuchen dieses Phänomen zu erklären: ein medizinischer, der die Ursache der körperlichen und psychischen erlebten Beschwerden auf endokriner Ebene sieht, nämlich in der Abnahme des Sexualhormons Testosteron und ein zweiter, der psychologische Ansatz, welcher annimmt, das Männer in der Lebensmitte erstmals mit sowohl physischen Altersveränderungen als auch Leistungseinbußen konfrontiert werden, was Effekte auf die Bewertung des Selbst (z.B. der Lebensziele, Selbstwert, Rollenverständnis etc.) haben kann (vgl. Thiele & Degenhardt & Jaursch – Hancke, 2001). Eine Forderung an die zukünftige Forschung wird es sein, diese Ansätze stärker zu verbinden und zunehmend interdisziplinär zu arbeiten. Erste Schritte leisteten diesbezüglich Degenhardt und Mitarbeiter, die sowohl die psychologischen als auch die endokrinen Aspekte des Alterns beachteten (vgl. etwa Degenhardt, 1993, Degenhardt & Schmidt, 1994; Degenhardt & Thiele, 1995; Thiele et al., 2001). So konnten sie nachweisen, dass auch gesunde ältere Männer an klimakterischen Beschwerden litten und das der Beschwerdedruck, wenn auch nicht linear, so doch mit zunehmendem Alter stetig zunahm. Es ließ sich sogar eine Tendenz zu stärkeren und häufigeren Beschwerden in der 4. und 5. Dekade ausmachen. Diese Entwicklung betraf sowohl psychische als auch physische Beschwerden, wobei vor allem zwischen den physischen Beschwerden und dem Alter ein Zusammenhang festgestellt werden konnte.

Im Vordergrund dieser Arbeit steht der Vergleich verschiedenaltriger Männer bezüglich ihrer kognitiven Leistungen und ihres klimakterischen Beschwerdenerlebens. Ziel der vorliegenden Untersuchung ist es, zu erforschen, ob die kognitiven Leistungen im Bereich der visuellen Wahrnehmung, der Problemlösefähigkeit, der fluiden Intelligenz und des kurz- bzw. mittelfristigen Gedächtnisses mit zunehmendem Alter schlechter bzw. geringer ausfallen. Des weiteren soll der Hypothese, dass das Intelligenzniveau (kristalline und fluide) Leistungen im Bereich der Wahrnehmungen und des Gedächtnisses beeinflussen, nachgegangen werden. Und schließlich wird sich mit der Fragestellung befasst, inwieweit und in welchem Ausmaß vermeintliche gesunde Männer (der Gesundheitsstatus bzw. das Vorliegen von Erkrankungen wurde mit Hilfe von Selbstauskünften erfragt[5]) klimakterische Beschwerden empfinden und ob diese (sowohl hinsichtlich der Anzahl als auch der Intensität der erlebten Be-

---

[5] Im eigens entwickelten soziodemographischen Fragebogen wurde u. a. die Körpergröße und das Gewicht erfragt. Des Weiteren war das Vorliegen folgender Erkrankungen anzugeben: Diabetes I und II, Herzkreislauferkrankungen, chronische Erkrankungen und/oder psychische Erkrankungen. Lag eine oder mehrere Erkrankungen vor, so sollten eingenommene Medikamente aufgelistet werden.

schwerden) in einem Zusammenhang mit den objektiv messbaren kognitiven Leistungen stehen.

Hierfür wurde im Rahmen der Studie Instrumente bzw. Untertests standardisierter Testbatterien eingesetzt.[6] Die untersuchte Stichprobe setzte sich aus jeweils 20 Männern der Altersklassen 20 – 40 Jahren (Mittelwert 27,75 J. und Standardabweichung (SD) von 4,2), 41 – 60 Jahren (Mittelwert 51.7 Jahren, SD = 6.18) und 61 – 80 Jahren (Mittelwert 66.65 Jahre, SD= 4.74) zusammen. Die Teilnehmer wurden über den direkten und indirekten Bekanntenkreis, einen Kölner Seniorenturnverein und einen Hattersheimer Seniorenmittagsstammtisch mündlich rekrutiert. Der Zeitraum der Untersuchung erstreckte sich von Juni 2002 bis Oktober 2002.

Soziographische Daten wurden über einen eigens entwickelten Fragebogen erhoben (Items wie bspw. Familienstand, höchster Schulabschluss, Berufstätigkeit, Berufsgruppe und oben bereits erwähnte Erkrankungen).

Auch wenn die drei Altersgruppen sich hinsichtlich des höchsten erworbenen formalen Bildungsabschlusses deutlich unterscheiden[7], so konnte doch über den sprachgebundenen Mehrfachwahl –Wortschatz- Test/ MWT-B (Lehrl & Gallwitz & Blaha, 1992), nachgewiesen werden, dass das allgemeine Intelligenzniveau bzw. der prämorbide IQ, über die Altersgruppen hinweg keinem statisch signifikanten Unterschiede unterlag. Dieser Befund (p =0.268) stimmt mit der Annahme überein, dass keine Altersdefizite in der kritallisierten Intelligenz auftreten (vgl. Horn & Cattell, 1966; 1967).

Bei der vergleichenden Betrachtung der *kognitiven Leistungen* der Altersgruppen konnten bezüglich zahlreicher einzelner Funktionen Altersunterschiede festgestellt werden. Dies entspricht der allgemein in der Literatur vorzufindenden Befundlage, dass mit dem Alter auch Leistungseinbußen einhergehen (vgl. etwa Kausler, 1991; Weinert, 1994). Allerdings muss eingangs, d.h. vor der näheren Erörterung der einzelnen Altersunterschiede, welche zu ungunsten der Älteren ausgefallen sind, festgehalten werden, dass die Altersdefizite nicht univer-

---

[6] Leistungsprüfsystem (LPS) bzw. das Leistungsprüfsystem 50+ (Horn, W. ,1983; Sturm & Willmes & Horn, 1993). Verwendet wurden die Untertests: 3, 7,9,10, 14.

Mehrfachwahl –Wortschatz-Test /MWT-B (Lehrl & Gallwitz & Balaha, 1992)

Lern – Gedächtnis – Test (LGT – 3) (Bäumler, 1974). Verwendet wurden die Untertests Bau und Stadtplan.

Wechsler – Gedächtnis – Test (WMS – R) (Härtling et al., 2000). Verwendet wurde die Untertests: 4, 5,6,7,8, 10

Zur Überprüfung des klimakterischen Beschwerdeerlebens wurde das Selbstbeurteilungsverfahren `Klimakterium - Virile - Beschwerde - Inventar´ (KLV) von Degenhardt et al. benutzt (1993, 1994, 1995).

[7] So liegt der Median der ersten Altersgruppe (20- 40 J.) bei „Abitur", der zweiten bei „Realschulabschluss" und der dritten bei „Hauptschul- bzw. Volksschulabschluss". Dieses Ergebnis spiegelt den allgemeinen Trend wider, wonach zu heutiger Zeit jüngere Menschen häufiger als früher längere Schulzeiten absolvieren und demnach eher das Abitur erreichen.

Vergleichen von Zeilen auf Fehler[8] festgestellt werden. Dies korrespondiert mit den Aussagen von Weinert (1994) und Salthouse (1985), dass Alter nicht mit einem globalen Funktionsverlust gleichzusetzen ist. Die enorme Anzahl an Tests, bei denen Altersunterschiede erkennbar waren, verdeutlicht aber auch gleichzeitig, dass Altersunterschiede weder bagatellisiert, noch verleugnet werden können (vgl. ebda.). Im Gegensatz zu Befunden in der Literatur, die gerade bei der Aufgabenstellung zur mentalen Rotation, (Kausler, 1991) so harte Befunde, i. S. erheblich schlechterer Leistungen bei Älteren herausstellt, keine Altersdifferenzen vorgefunden werden konnten. Ebenso ist herauszustellen, dass bei den drei Aufgaben, die keine Unterschiede zwischen den Altersgruppen nahe legten, es sich ausnahmslos um Speedaufgaben (Aufgaben, die es unter Zeitdruck zu bewältigen galt) handelte. Das widerspricht ebenso den Vorbefunden, die betonen, dass Ältere im speziellen mit Aufgaben, bei denen nur eine sehr begrenzte Zeit zur Bearbeitung vorhanden ist, Probleme haben (vgl. etwa Zaudig, 1995; Fleischmann, 1989).

Im Folgenden soll eine kurze Übersicht zu den Ergebnissen der einzelnen getesteten psychologischen Dimensionen der kognitiven Leistungen gegeben werden.

Fluide Intelligenz

Der Subtest LPS 3, der aufgrund der Anforderung des logischen Schlussfolgerns und des Erkennens von Gesetzmäßigkeiten als zuverlässiges Maß für die fluide Intelligenz gilt, erbrachte analog der Ausführungen von Horn & Cattell (vgl. etwa 1967) Altersunterschiede. Auch deren Aussage, dass mit Einsetzen des mittleren Erwachsenenalters die fluide Intelligenz einer Abnahme unterliegt, ließ sich in den vorliegenden Daten wiederfinden, auch wenn der Leistungsunterschied zwischen der ersten und zweiten Altersgruppe noch nicht signifikant war (p= .158).

Visuelle Wahrnehmung und räumliches Vorstellungsvermögen

Im Rahmen dieser Studie wurden drei Tests, die visuelle Wahrnehmung und das räumliche Vorstellungsvermögen messen, durchgeführt. Die Untertests zur mentalen Rotation (LPS 7) und zum Flächen zählen (LPS 9) ergaben keine signifikanten Altersunterschiede.

Als einziger alterssensible Untertest zur visuellen Wahrnehmung bzw. zum räumlichen Vorstellungsvermögen erwies sich der zur Figur – Grund Wahrnehmung (LPS 10). Signifikant war jedoch nur der Unterschied zwischen der jüngs-

---

[8] Untertests 7, 9 und 14 des LPS bzw. LPS 50+

ten und der ältesten Gruppe (p < 0.01). Ob die Ursache für diese Differenz, wie Kausler (1991) vermutet in der Aufmerksamkeit und der größeren Anfälligkeit zur Ablenkung durch irrelevante Reize bei Älteren liegt, kann diese Studie nicht abschließend beurteilen.

Konzentration und Aufmerksamkeit

Mittels Vergleichen von Zeilen auf Fehler (LPS 14), wurde das Wahrnehmungstempo gemessen. Hier konnten im Gegensatz zu der Blockspannenaufgabe der Wechsler – Memory - Scale, welche ebenso die Kapazität der Aufmerksamkeit misst, keine signifikanten Altersunterschiede nachgewiesen werden. Eine Erklärung für die ungleichen Befunde der zwei Untertests könnte darin liegen, dass die Aufgabenstellung zur Blockspanne neben der Kapazität der Aufmerksamkeit auch andere Fähigkeiten umfasst, wie bspw. die räumliche und Bewegungswahrnehmung, das unmittelbare Gedächtnis und psychomotorische Fähigkeiten des Probanden. Demzufolge sprechen die Ergebnisse dafür, dass eine oder gar mehrere dieser Fähigkeiten eher alterssensibel sind.

Gedächtnis

Die Untersuchung der Gedächtnisleistungen erfolgte durch die Aufteilung in zwei Subkomponenten: *visuelles und verbales Gedächtnis* (vgl. Baddeley, 1991).
Bezüglich der *Gedächtnisleistungen* ergaben sich in allen Untertests, inklusive der Indizes für visuelles, verbales und allgemeines Gedächtnis des WMS – R, signifikante Altersdifferenzen. Prinzipiell zeigen somit diese Ergebnisse an, dass das Gedächtnis sehr alterssensibel ist.
Alle Indizes sowie der Subtest ´Stadtplan´ des LGT –3 wiesen jedoch nur statistisch signifikante Unterschiede zwischen der jüngsten und ältesten Gruppe auf.
Für visuelle Wiedergabe (WMS-R) fanden sich auf einer Stufe von .05 signifikante Leistungsunterschiede zwischen den 20-40 Jährigen und den 61-80 Jährigen und zwischen den 41-60 Jährigen und 61-80 Jährigen, jedoch nicht zwischen der jüngsten und der mittleren Altersgruppe.
In den restlichen Untertests konnten statistisch relevante Verschiedenheiten sowohl zwischen der jüngsten und der mittleren, als auch zwischen den jüngsten und der ältesten Gruppe festgestellt werden.
An dieser Stelle könnte gemutmaßt werden, dass die Gedächtnisfunktionen über die Lebensspanne hinweg einer kontinuierlichen Abnahme unterliegen, wenn auch der Unterschied zwischen den 41 – 60jährigen und den 61 –

80jährigen nicht mehr so groß ausfällt wie der zwischen der jüngsten und der mittleren Gruppe. Um diese These allerdings zu überprüfen, ist eine Längs-schnittuntersuchung indiziert.

Visuelles Gedächtnis

Hinsichtlich des visuellen Gedächtnisses konnten, wie bereits erwähnt, ebenfalls in allen vier Untertests signifikante Altersunterschiede festgestellt werden[9]. Den größten Leistungsunterschied der Altersgruppen konnte bei der Aufgabe `visuelle Paare` ausgemacht werden: Hier erbrachte die mittlere Altersgruppe ca. 32% und die älteste Gruppe ca. 42% weniger Leistung als die Gruppe der jüngsten Probanden. Die Altersunterschiede entsprechen denen von Kausler (1991) ange-gebenen. Über die Gründe, wieso ausgerechnet diese Aufgabe den älteren Pro-banden am schwersten fiel, lassen sich jedoch nur Vermutungen anstellen. So könnte beispielsweise einer sein, dass das gepaarte Erinnern von abstrakten Fi-guren und Farben stark vom Training (vgl. Zaudig, 1995) und der zur Verfügung stehenden, d.h. bekannten Methoden (Operatoren) abhängig ist. Demgemäss würden Ältere über weniger Training, sowie weniger Wissen darüber, wie sie solche Paare erfolgreich abspeichern können, verfügen. Eine andere mögliche, der o.g. verwandte, Begründung liegt in der Realitätsferne dieser Aufgabe. So schneiden laut Kausler (1994) Ältere gerade in solchen Aufgaben schlechter ab.

Verbales Gedächtnis

Auch hinsichtlich des verbalen Gedächtnisses konnte bei allen Altersgruppen signifikante Ergebnisse festgestellt werden. Wenn man die Untertests[10] zum ver-balen Gedächtnis betrachtet, ist erkennbar, dass die Älteren im Vergleich zu den Jüngeren am schlechtesten bei der Aufgabe `Bau` des LGT – 3 abschnitten. Bei dieser Aufgabenstellung wird von den Probanden verlangt einen vorgelesenen Test bezüglich eines Bauvorhabens anhand von Fragen im nachhinein schriftlich zu erinnern. Wird nämlich der Mittelwert der jüngsten Gruppe als Richtwert an-genommen, so zeigt sich, dass die Altersgruppe der 41 – 60jährigen nur 61.36% und die Gruppe der 61 – 80jährigen nur 40.53% der Leistungen der Jüngeren erbringen konnte. Dies könnte sich u. a. auf den Fakt zurückführen lassen, dass die Testbatterie des LGT – 3 insgesamt darauf angelegt ist, Interferenz zu erzeu-

---

[9] Verwendete Untertests zum visuellen Gedächtnis: WMS R Figurales Gedächtnis, WMS-R Visuelle Paarerkennung, WMS-R Visuelle Wiedergabe, LGT –3 Stadtplan.
[10] Verwendete Untertests zum verbalen Gedächtnis: LGT-3 Bau, WMS-R Logisches Gedächt-nis, WMS-R Verbale Paarerkennung.

gen und dass demzufolge ältere Menschen eine höhere Interferenzneigung haben (vgl. Kausler, 1991).

Altersbedingte Defizite bezüglich der `verbalen Paarerkennung´ konnten, wie von Verhaeghen & Marcoen & Goosens (1993) angegeben, bestätigt werden (vgl. ebda.). Die Befunde Wechslers (1945; zit. nach Kausler, 1991) zur freien Reproduktion zentraler Inhalte aus Kurzgeschichten konnten insofern bestätigt werden, als dass Ältere signifikant schlechtere Leistungen erbringen als Jüngere. Ob die von Wechsler angegebene Altersgrenze von 50 Jahren zutrifft, ab der ein sichtlicher Abbau der Fähigkeiten zu verzeichnen sein soll, wurde aufgrund der unterschiedlichen Gruppeneinteilung in dieser Studie nicht untersucht. Dennoch ergab die Datenanalyse signifikante Leistungsunterschiede bereits zwischen den Altersgruppen der 20 – 40jährigen und der 41 – 60jährigen, so dass der kritische Wendepunkt der Leistungen zwischen 41 – 60 Jahren verortet werden kann.

Für zwei Untertests, `Blockspanne´ und `visuelle Wiedergabe´, fällt bei der gesamten Datenanalyse eine Besonderheit auf: Neben den in allen oben erwähnten anderen Untertests feststellbaren signifikanten Unterschied zwischen der ersten und der dritten Gruppe, besteht hier auch eine signifikante Leistungsdifferenz zwischen der mittleren und ältesten Gruppe.. Diesen beiden Tests ist gemein, dass sie sowohl das Kurzzeitgedächtnis i. S. des Arbeitsgedächtnisses, die visuell – räumliche Praxis, sowie psychomotorische Fertigkeiten erfordern. Aufgrund der Tatsache, dass die anderen Untertests zur visuell – räumlichen Praxis und dem visuellen Gedächtnis derartige Ergebnisse nicht hervorbrachten, wäre es naheliegend die psychomotorischen Fähigkeiten als entscheidenden Faktor für diese Altersunterschiede anzusehen.

Der Frage, ob das Intelligenzniveau neben dem Alter ebenfalls Einfluss auf das kognitive Leistungsniveau hat, wurde mittels mehrfaktoriellen Varianzanalysen nachgegangen. Hierbei wurden die kristalline (MWT – B) sowie die fluide Intelligenz (LPS 3) einbezogen.

Die Ergebnisse legten nahe, dass einige Leistungen durch das allgemeine Intelligenzniveau beeinflusst werden. Hierbei handelt es sich wiederum um eine Bestätigung der in der Literatur zu findenden Hypothese, dass das Intelligenzniveau mitunter als Ursache für die interindividuelle Variabilität von kognitiven Leistungen in Frage kommt (vgl. etwa Zaudig, 1995; Schweizer, 1995). Auffällig ist jedoch, dass die Leistungsunterschiede, die aufgrund verschiedener Ausprägung der kristallinen Intelligenz nachweisbar sind, fast ausschließlich Gedächtnisleistungen betreffen. Hierbei sind jedoch sowohl verbale, als auch visuelle und kapazitative Gedächtnisleistungen betroffen.

Gleichwohl zeigt der Kernbereich der Intelligenz- das schlussfolgernde Denken- eine Abhängigkeit zur prämorbiden Intelligenz und umgekehrt. Diese Tatsache zeigt, dass die kristalline und fluide Intelligenz nicht unabhängig voneinander zu betrachten sind (vgl. etwa Horn & Cattell, 1967; Kausler, 1991). Das fluide Intelligenzniveau übte im Gegensatz zu dem kristallinen in allen Subtests einen signifikanten Einfluss auf die Leistungen aus. So lässt sich festhalten, dass die Personen, die bessere Leistungen im schlussfolgernden Denken (LPS 3) unabhängig vom Alter erbrachten, auch bessere Leistungen in allen weitern kognitiven Leistungen erzielten.

Wechselwirkungen zwischen dem Intelligenzniveau, weder dem fluiden noch dem kristallinen, und dem Alter konnten in dieser Studie nicht festgestellt werden. Das Alter und das Intelligenzniveau wirkten demzufolge unabhängig von einander auf die kognitiven Leistungen. Daraus lässt sich ableiten, dass in dieser Studie sowohl niedrigeres Intelligenzniveau, als auch ein höheres Alter zu minderen Leistungen disponierte.

Klimakterische Beschwerden bzw. Beschwerdenerleben

Bei der Zusammenfassung der Beschwerdeausprägungen *kaum bis stark* des gesamten KLV stellte sich heraus, dass der Beschwerdedruck, d.h. sowohl die Anzahl der Beschwerden, als auch deren erlebte Intensität, mit zunehmendem Alter stieg. Dieser Befund, sowie der, dass eine Tendenz zur höheren Anzahl von Beschwerden in der Gruppe der 41 bis 60jährigen (bei Degenhardt et al.: 45 bis 55jährigen) vorliegt, stimmt mit den Ergebnissen von Degenhardt und Mitarbeitern überein (vgl. etwa Degenhardt & Thiele, 1995). Dies korrespondiert ebenso mit dem Ergebnis, dass neben dem signifikanten Unterschied im allgemeinem Beschwerdewert zwischen der jüngsten und ältesten Gruppe, auch schon eine statistisch signifikante Differenz zwischen der jüngsten und mittleren Gruppe vorlag. Die Differenz des Beschwerdewertes der Männer mittleren und älteren Alters war hingegen nicht mehr signifikant. Demzufolge kann festgehalten werden, dass *klimakterische Beschwerden* in dieser Stichprobe erstmals, i. S. von gehäuft und konzentriert, zwischen dem 42. und 61. Lebensjahr auftreten, was wiederum für die Existenz des männlichen Pendants zu den weiblichen Wechseljahren spricht.

Bei dieser Interpretation steht nicht zur Debatte, dass es sicherlich erhebliche Unterschiede zwischen den weiblichen und männlichen Wechseljahren gibt, schließlich wurde nicht das Sexualhormonniveau der Probanden erhoben. Es geht lediglich um die Feststellung, dass in der untersuchten Stichprobe gehäuft Beschwerden bei Männern mittleren Alters vorlagen, die denen der Frau in der Menopause entsprechen. So ergaben sich bspw. bezüglich des Vorliegens von nachlassendem Interesse an Sex und Potenzstörungen, Beschwerden die häufig als erstes mit den Wechseljahren assoziiert werden, interessante Ergebnisse hinsichtlich der mittleren Altersgruppe. 57.9% der Männer dieser Altersgruppe gaben an, ein nachlassendes Interesse an Sex zu verspüren und 42.1% litten nach eigenen Angaben an Potenzstörungen. Diese prozentualen Angaben gleichen denen von Degenhardt & Thiele erarbeiteten (1995) sehr.

Von Bedeutung ist auch die Feststellung, dass die Beschwerden des Faktors `Psychischer Energieverlust´ erst beim Vergleich der jüngsten mit der ältesten Gruppe signifikant zum tragen kommen. Die *physischen Beschwerden* sind hingegen schon früher gewichtig. So nahm die körperliche Beschwerdefreiheit schon zwischen der Gruppe der 20 bis 40jährigen und der der 41 bis 60jährigen signifikant ab. Dies entspricht den Ergebnissen von Degenhardt & Thiele (1995), dass vor allem die körperlichen Beschwerden in engem Zusammenhang mit dem Alter stehen. Ebenfalls kann hierin eine Bestätigung der These Hofeckers (1991) gesehen werden, dass der Organismus bzw. die funktionellen Fähigkeiten im Zuge des Alterns einer Abnahme der Leistungspotentiale unterliegen und zunehmend eine Disposition zur Multimorbidität besteht.

Im Kontext dieser Studie ist des Weiteren interessant und erwähnenswert, dass die subjektiv erlebten Beschwerden bezüglich der Items `Nachlassendes Gedächtnis´ und `Konzentrationsstörungen´ mit dem Alter zunehmen, wenn auch nicht linear. Demzufolge kann von einer Vergleichbarkeit der wissenschaftlichen Befundlage, welche auf objektiven Messungen der kognitiven Leistungen fußt, und der subjektiven Einschätzungen Älterer hinsichtlich ihrer Leistungsfähigkeit gesprochen werden.

Mittels Korrelationen konnten einige Zusammenhänge zwischen den Leistungen in einzelnen Subtests und dem klimakterischen Beschwerdeerleben aufgedeckt werden. Es stellte sich heraus, dass sowohl psychische als auch physische Beschwerden in Beziehung mit den kognitiven Leistungen stehen. Dabei ergaben sich mehr negative kognitive Korrelate mit dem Beschwerdefaktor (II) `Vegetative und vasomotorische Dysfunktion´. Eine mögliche Begründung könnte in der Argumentation des *Defizitmodells* gesehen werden und zwar in dem Sinne, dass mit zunehmendem Alter der körperliche Abbau mit dem kognitiven einhergeht. Eine derartige Interpretation würde allerdings den Fakt vernachlässigen, dass die Datenanalyse ebenso ergab, dass *psychische Beschwerden* in einem negativen Zusammenhang mit kognitiven Leistungen stehen. Somit sprechen die Befunde vielmehr für eine Auslegung nach den Kompetenzmodellen und die Ansichten von Lehr (1991) und Salthouse (1985). Beide sehen Alter als ein „*mehrdimensionales Schicksal*" an, was nicht nur durch biologische Variablen, sondern auch durch soziale und psychologische bedingt ist. Die Gründe für Veränderungen im Verhalten, Erleben und den Leistungen mit zunehmendem Alter sind demzufolge *multikausalen* Ursprungs.

Interessant ist die Feststellung, dass klimakterischen Beschwerden vor allem negativ mit den Gedächtnisfunktionen korrelieren. Eine Ausnahme stellen hierbei die körperlichen Beschwerden dar, die auch mit den im LPS 3 erbrachten fluiden Leistungen in einem negativen Zusammenhang stehen. In diesem Kontext stellt sich die Frage, wieso vor allem Gedächtnisleistungen negativ durch das vermehrte Vorliegen von Beschwerden beeinflusst werden.

Zusammenfassend kann festgehalten werden, dass sich in der vorliegenden Untersuchung hinsichtlich zahlreicher kognitiver Leistungen Altersunterschiede ergaben. So sind speziell, wenn auch unterschiedlich stark, die fluiden Fähigkeiten, die visuelle Wahrnehmung bzw. das räumliche Vorstellungsvermögen sowie die visuelle und verbale Komponente des Arbeitsgedächtnisses als auch das Arbeitsgedächtnis im Allgemeinen betroffen. Entgegen der Erwartungen ist die visuelle Wahrnehmungsfähigkeit bzw. das räumliche Vorstellungsvermögen der Männer nicht in demselben Ausmaß von Altersdifferenzen berührt, wie die übrigen mentalen Leistungen.

Des Weiteren konnte in dieser Studie in einigen Fällen, bzw. bei der fluiden Intelligenz in allen Fällen, der Einfluss des Intelligenzniveaus auf andere kognitive Funktionen bestätigt werden.

Ebenfalls konnte ermittelt werden, dass die klimakterischen Beschwerden mit dem Alter zunehmen. Dies gilt sowohl für physische als auch psychische Beschwerden. Hierbei stellte sich allerdings heraus, dass körperliche Beschwerden zeitlich früher auftreten als Beschwerden, die den psychischen Energieverlust betreffen. Beim in Bezug setzen der zwei Beschwerdefaktoren zu den kognitiven Leistungen konnte insbesondere ein negativer Zusammenhang zu den vasomotorischen und vegetativen klimakterischen Beschwerden aufgezeigt werden.

Im Ganzen verdeutlichen die Daten, dass die kognitiven Leistungen vielfältigen Einflüssen unterliegen; so z.B. dem Intelligenzniveau und den empfundenen körperlichen und psychischen Beschwerden. Auch das Alter darf als ein Faktor für Leistungsunterschiede nicht vernachlässigt werden. Weitere kausale Faktoren, die in der Literatur genannt werden, wie Training und Übung, Schulbildung, sozialer Status, Gesundheit etc. (vgl. etwa Zaudig, 1995), wurden in der vorliegenden Studie deskriptiv erfasst. Die Gegebenheit, dass 85% der über 61jährigen der Stichprobe Rentner waren, könnte aufgrund der mutmaßlich divergierenden alltäglichen Lebensanforderungen zwischen Jung und Alt auch als Ungleichheit der Trainingsstände zu ungunsten der Älteren interpretiert werden. Ebenso könnte das gehäufte Vorliegen von koronaren Herzerkrankungen bei den älteren Teilnehmern ihre kognitiven Leistungen in negativer Hinsicht beeinflusst haben (vgl. Kausler, 1991).

Somit kann abschließend festgehalten werden, dass das Altern und die damit einhergehenden Veränderungen in Verhalten und Erleben, weder rein biologisch, soziologisch, noch psychologisch zu verstehen ist. Vielmehr ist von einer wechselseitigen Beziehung der drei Komponenten auszugehen, deren weiterer Erforschung das Ziel zukünftiger interdisziplinären Studien sein sollte. Vor allem hinsichtlich des alternden Mannes herrscht ein Nachholbedarf in der Forschung. Die Vernachlässigung dieses Bereiches in der Vergangenheit ist sicherlich in einer Kombination der überreichlich kursierenden Erklärungsansätze, wie bspw. dem Fehlen einer Männerbewegung, die sich für die Erforschung der geschlechtspezifischen Besonderheiten stark macht oder der Möglichkeit des Entdeckens von Schwächen, die eine narzisstische Kränkung der Männerrolle darstellen könnten, zu sehen. Studien wie etwa die von Degenhardt und Mitarbeitern (vgl. etwa Degenhardt, 1993) geben Anlass zur Hoffnung, dass sich die anhaltende Tabuisierung des Alterungsprozesses beim Manne, zumindest in der Wissenschaft, im Auflösungsprozess befindet.

Bei der Verdeutlichung des größeren Forschungszusammenhangs, in dem diese Arbeit entstand, stellen sich, nicht nur aufgrund der Befundlage und der hier ermittelten Ergebnisse, einige Fragen. Käme es bspw. in zukünftigen Forschungen tatsächlich zu einer Bestätigung der Befunde vergangener Studien (vgl. etwa Janowsky et al., 1994), indem nachgewiesen würde, dass durch das Erhalten eines optimalen (Sexual-) Hormonniveaus, nicht nur körperliche und psychische Beschwerden, sondern auch kognitive Abbauprozesse, die dem Altern zugesprochen werden, reduziert, hinausgezögert oder gar verhindert werden können, so könnte dies eine Bekräftigung des eindimensionalen biologischen Verständnisses von Leben bedeuten. Inwieweit jemand vom Alterungsprozess betroffen ist und wie er diesen bewertet, hängt mit Sicherheit von mehr Parametern ab, als dem des (Sexual-) Hormonstatus.

In einer Gesellschaft wie der unseren, in der angestrebt wird das Alter zu verhindern und Anti – Aging Methoden Hochkonjunktur haben, muss auch bedacht werden, dass Hormontherapien, die das umfassende Heil versprechen, zu einer Verschärfung der Lage führen könnten. So verführerisch der Gedanke dem Alter und seinen Erscheinungsformen zu entkommen auch sein mag, könnten Hormontherapien zu einer Minderung des Verantwortungsgefühls für das eigene Leben beitragen. Ist es denn nicht neben dem medizinischen Fortschritt und dem Erkenntnisgewinn mindestens so erstrebenswert, das Alter mit seinen Vor- und Nachteilen, wie alle anderen Lebensphasen zuvor, als eigenständigen Lebensabschnitt zu akzeptieren und sich ferner die aktive Verantwortung während der gesamten Lebensspanne für den gesundheitlichen, sozialen und psychischen Status im Alter bewusst zu machen?

Literatur

Baddeley, A. (1991). Working Memory., Oxford psychology series, no. 11. New York. Oxford: University Press.

Baltes, P. B., Mittelstraß, J. & Staudinger, U. M. (1994). Alter und altern. Berlin: de Gruyter & Co.

Bäumler, G. (1974). Lern- und Gedächtnistest LGT - 3. Göttingen: Hogrefe.

Degenhardt, A. (1993). Klimakterium Virile oder Midlife Crisis. In. Reis, J. & Wolf, S. (Hrsg.). Individualität und soziale Verantwortung. Festschrift zum 60. Geburtstag von Ingrid M. Deusinger. Frankfurt: Arbeiten aus dem Institut für Psychologie der Johann Wolfgang Goethe – Universität.

Degenhardt, A. & Schmidt, H. (1994). Physische Leistungsvariablen als Indikatoren für die Diagnose „Klimakterium Virile". In. Sexuologie. 3 ,131 - 141

Degenhardt, A. & Thiele, A. (1995). Das männliche Klimakterium – oder die besten Jahre des Mannes . Über Wechselwirkungen von hormonellen Veränderungen und psychischer Befindlichkeit. In Forschung Frankfurt, 13 (3), 50 – 60.

Fahlenkamp, D. & Schmailzl, K. J. G. (2000). Der alternde Mann. In. D. Fahlenkamp, D. et al. (Hrsg.). Der alternde Mann – Theorie und Praxis der Testosterontherapie, Berlin (u.a.): Springer Verlag, 41 – 85.

Fillip, S. – H. (1987). Das mittlere und höhere Erwachsenenalter im Fokus entwicklungspsychologischer Forschung. In. R. Oerter & L. Montada (Hrsg.) Entwicklungspsychologie. Ein Lehrbuch., 2. völlig neubearbeitete und erweiterte Auflage. Weinheim. Psychologie Verlags Union, S.375 – 410.

Fleischmann, U. M. (1989). Gedächtnis und Alter. Multivariate Analysen zum Gedächtnis alter Menschen. Liebefeld & Bern: Hans Huber Verlag.

Härtling, v. C., Markowitsch, H. J., Neufeld, H., Calabrese, P., Deisinger, K. & Kessler, J. (Hrsg.) (2000). Wechsler Gedächtnis Test – Revidierte Fassung. Göttingen: Hogrefe.

Hofecker, G. (1991). Biologische Alternsvorgänge und deren Einflüsse auf die Leistungsfähigkeit des Organismus. In E. Lang & K. Arnold (Hrsg.). Altern und Leistung. Medizinische, psychologische und soziale Aspekte. Stuttgart: Enke, S.19 – 40.

Horn, J. L. & Cattell, R. B. (1966). Refinement and test of the theory of fluid and crystallized ability intelligence. Journal of Educational Psychology, 57, 253 – 270.

Horn, J. L. & Cattell, R. B. (1967). Age differences in fluid and crystallized intellingence. Acta Psychologica, 27, 107 – 129.

Horn, W. (1983). Leistungsprüfsystem L PS, Handanweisung. Göttingen: Hogrefe. (2.Aufl.)

Janowsky, J. S., Oviatt, S. K. & Orwoll, E. S. (1994). Testosterone influences spatial cognition in older men. Behavioral Neuroscience, 108, 324 – 332.

Kausler, D. H. (1991). Experimental Psychology, Cognition, and Human Aging. New York: Springer. (2 nd ed).

Kausler, D. H. (1994). Learning and Memory in normal aging. San Diego: Academic Press.

Kolb, B. & Whishaw, I. Q. (1996). Neuropsychologie. Heidelberg: Spektrum. (2. Aufl.)

Kruse,A., Schmitt, E., Maier,G., Pfendtner, P. & Schulz-Nieswandt,F. (2001). Der alte Mann – körperliche, psychische und soziale Aspekte geschlechtsspezifischer Entwicklung. In E. Brähler & J. Kupfer (Hrsg). Mann und Medizin. Göttingen. Hogrefe Verlag, S.34 – 53.

Lehrl, S., Gallwitz, A. & Blaha, L. (1992). Kurztest für Allgemeine Intelligenz. Göttingen: Hogrefe. (3. Aufl.)

Parkin, A. J. (1996). Gedächtnis. Ein einführendes Lehrbuch. Weinheim: Beltz Psychologie Verlags Union.

Parkin, A. J. (2000a). Erinnern und Vergessen. Wie das Gedächtnis funktioniert – und was man bei Gedächtnisstörungen tun kann. Bern: Hans Huber.

Parkin, A. J. (2000b). Essential Cognitive Psychology. East Sussex: Psychology Press.

Salthouse, T. A. (1985). A theory of cognitive aging. Amsterdam: North – Holland.

Schweiger, U. (2000). Hormonersatztherapie in der Menopause. Effekte der HRT auf kognitive und andere psychische Funktionen. Gynäkologe, 33, S.385 - 390.

Schweizer, K. (1995). Kognitive Korrelate der Intelligenz. Göttingen: Hogrefe.

Thiele, A., Degenhardt, A. & Jaursch – Hancke, C. (2001). Bewältigung körperlicher Altersveränderungen bei gesunden Männern. In E. Brähler & J. Kupfer (Hrsg.). Mann und Medizin. Göttingen: Hogrefe S.54 – 71.

Weinert, F. E. (1994). Altern in psychologischer Perspektive. In. P.B. Baltes, J. Mittelstraß & U. M. Staudinger (Hrsg.). Alter und altern. Berlin: de Gruyter & Co, S.180 – 203.

Zaudig, M. (1995). Demenz und `leichte kognitive Beeinträchtigung´ im Alter. Diagnostik, Früherkennung und Therapie. Bern: Hans Huber.

10. Berufliches Belastungserleben und gesundheitlich riskantes Bewältigungsverhalten von Männern in der Lebensmitte

Die Bewältigung beruflicher Anforderungen ist eine zentrale Entwicklungsaufgabe des Erwachsenenalters und kann somit als ein wesentlicher Bestandteil des umfassenderen Konzepts der Psychischen Gesundheit aufgefasst werden. Neben der „mental health"-Bewegung im Amerika der frühen 60er Jahre waren es in Deutschland vor allem Becker (1982) und Becker & Minsel (1986), die das Konzept der seelischen Gesundheit elaborierten. Becker verweist dabei auf die Theorie von Antonovsky (1979), der seelische Gesundheit als das Muster der Gesamtheit aller psychischen Eigenschaften definiert, die - bei vorgegebener konstitutioneller Vulnerabilität, vorgegebener Intensität und Dauer von Stressoren und vorgegebenem Ausmaß förderlicher Umweltbedingungen - die Auftretenswahrscheinlichkeit einer psychischen Erkrankung verringern. Seelische Gesundheit wird als Bedingung für die Verringerung eines Erkrankungsrisikos angesehen. Bei Becker & Minsel (1986) sind psychische Gesundheit und Verhaltenskontrolle Faktoren der Persönlichkeit. Seelische Gesundheit bezeichnet dabei das Ausmaß, in dem es dem Individuum gelingt, externe und interne Anforderungen zu bewältigen.

Die übergeordnete Modellvorstellung ist dabei ein transaktionaler Ansatz, in dem die Person aktiv in der Auseinandersetzung mit Umweltanforderungen psychische und physische Gesundheit im Sinne eines konstruktiven Prozesses immer wieder herstellt. Gesundheit ist damit ein dynamischer Prozess der Selbstorganisation. Dabei scheinen Gesundheit und Stress beide als Prozess und Ergebnis der Auseinandersetzung mit Anforderungen die beiden Seiten einer Medaille zu sein. In einem solchen transaktionalen Ansatz wird Stress als aktiver Prozess der Auseinandersetzung der Person mit Anforderungen oder Belastungen angesehen. Die Person durchläuft dabei mehrmals einen Prozess der kognitiven und emotionalen Bewertung der wahrgenommenen Anforderungssituation und einer Bewertung der eigenen Bewältigungsressourcen, was wiederum zu einer Neubewertung der Anforderungssituation führt. Sie wählt mehr oder weniger habituell Verhaltensweisen aus ihrem bisherigen Repertoire aus zur Bewältigung dieser Anforderungssituation. Diese Auswahl erfolgt auf dem Hintergrund ihres Selbstkonzepts, das wiederum u.a. durch die jeweilige Lebensphase und damit verbundene Bedürfnislage und auch durch die Geschlechtsrollenorientierung der Person geprägt ist. Rückkopplungsprozesse nach der Handlungsdurchführung wirken auf die Situations- und Selbstwahrnehmung und deren kognitive-affektive Bewertung zurück und schließen den Kreis, der ggf. verändert erneut durchlaufen wird.

Die vorliegende Studie betrachtet die subjektiv negativ wahrgenommene Anforderungslage am Arbeitsplatz, die globale Zufriedenheit mit Arbeit und Beruf und berufliche Anforderungsbewältigungsstile und fragt nach möglichen Effekten des Lebensalters und der Geschlechtsrollenorientierung bei Männern in der Lebensmitte.

10.1 Berufliches Belastungserleben

Siegrist (2002, S.554) definiert Stresserfahrungen „...als Ergebnis fortgesetzter Verausgabungen in einer herausfordernden oder bedrohlichen Situation, deren Kontrollierbarkeit bzw. erfolgreiche Bewältigung nicht gesichert ist [sog. aktive Disstressreaktionen (griech.dis= ungünstig, negativ)]". Die Quellen derartiger Erfahrungen liegen im Erwachsenenalter zu einem großen Teil im beruflichen Tätigkeitsbereich. Seltener - und von den aktiven Disstressreaktionen abzugrenzen - sind die passiven Disstressreaktionen, bei denen überwältigende Bedrohungen die Aktivität des Individuums außer Kraft setzen. Derartige traumatisierende Stressoren sind kaum im beruflichen Alltag zu erwarten.

Neben der Angabe von belastenden Arbeitsplatzmerkmalen können psychisches und somatisches Beschwerdeerleben und die globale Arbeitszufriedenheit als Ausdruck einer erhöhten beruflichen Stresserfahrung angesehen werden. Weiterhin kann angenommen werden, dass dieses berufliche Stresserleben wiederum zurückwirkt auf die Anforderungsbewältigung im Beruf und den gewohnheitsmäßigen Umgang mit beruflicher Anforderung prägt.

10.2 Berufliche Belastung aus unterschiedlichen Perspektiven

Von verschiedenen Disziplinen wird berufsbedingter Stress unterschiedlich betrachtet (vgl. Weinert, 2004). Während in der Arbeitspsychologie hauptsächlich physikalische (objektivierbare) Stressoren am Arbeitsplatz und ihre Wirkung auf die Arbeitsleistung untersucht werden, fokussiert die Organisations- und Personalpsychologie psychosoziale Aspekte von Anforderungssituationen am Arbeitsplatz (Kommunikation unter den Mitarbeitern, Führungsstile, Merkmale der Tätigkeit wie Handlungs- und Entscheidungsspielraum oder Vollständigkeit der Arbeit etc.) und die Effekte auf das Arbeitsergebnis. Medizin und klinische Psychologie untersuchen demgegenüber die Effekte beruflicher Anforderungsbedingungen auf die körperliche und psychische Gesundheit. Ein Beispiel für eine integrative Perspektive ist das Forschungsprojekt SALUTE (Udris, Riman & Thalman, 1994). Hier wird die arbeitspsychologische mit der gesundheitspsychologischen Perspektive vereint. Die pathogenetische Frage der arbeitspsychologischen Belastungsforschung wird vereint mit der salutogenetischen Perspektive der Gesundheitspsychologie. Das Projekt will in Abkehr von der krankheitsorientierten Belastungsforschung einen Beitrag zur präventionsorientierten Ressourcenforschung leisten, indem gefragt wird, welche personalen und organisationellen Ressourcen der Förderung von Gesundheitspotentialen dienen.

Die eigene Untersuchung ist eher der pathogenetischen Sichtweise zuzuordnen, da der Zusammenhang zwischen a) subjektiv wahrgenommenen Belastungen, und b) globalen emotionalen und kognitiven Bedingungen der Arbeit im Sinne von Arbeitszufriedenheit einerseits und den Anforderungsbewältigungsstilen im Sinne von Risikofaktoren für die Gesundheit andererseits betrachtet wird.

Dabei ist der Zusammenhang zwischen Stresserfahrung am Arbeitsplatz und Gesundheit höchst komplex. Verschiedene Modelle versuchen die „toxischen Komponenten" (zitiert nach Siegrist 2002, S.555) der beruflichen Stressoren zu erfassen.

Für das berufliche Belastungserleben sind mehrere Modelle von Bedeutung, die im Folgenden näher ausgeführt werden:

Anforderungs-Kontroll-Modell oder „Job-Strain" (demand-control) - Modell:

Nach diesem Ansatz von Karasek & Theorell (1990) resultieren arbeitsbedingte Beanspruchungen („Job-Strain") aus der Kombination zweier Belastungsdimensionen:

- die Dimension der psychischen Anforderungen/Belastungen, die an die Person gestellt werden („demands")
- die Dimension des Entscheidungs- bzw. Kontrollspielraums bei der Ausführung der Arbeitsaufgabe („decicion latitude/ control")

Indikatoren für die psychische Anforderungen sind dabei: die Arbeit ist schnell, hart oder exzessiv; es besteht wenig Zeit zur Ausführung; es bestehen widersprüchliche Arbeitsanforderungen. Das Konstrukt Entscheidungsspielraum meint die Möglichkeit, in gewissem Umfang Inhalt, Tempo und Ablauf der Arbeit selbst zu gestalten. Dabei sieht die Person bei der Arbeit die Möglichkeit, die eigenen beruflichen Kompetenzen und Fähigkeiten zu nutzen und weiterzuentwickeln.

110

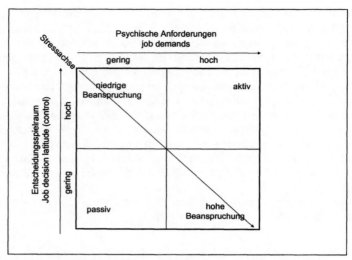

Abb. 3 Das Anforderungs-Kontroll-Modell nach Karasek & Thorell (1990)

Das Modell postuliert nun aus der Kombination von Anforderung und Entscheidungsspielraum unterschiedliche Arbeitsplatz-Typen. Dabei sind dem Modell nach diejenigen Arbeitsplätze besonders Stress erzeugend, die eine hohe Anforderung beinhalten, insbesondere wenn diese Anforderung quantitativ hoch ist (Zeitdruck), bei gleichzeitig fehlenden oder geringen Entscheidungsspielräumen. Eine derartige Belastungskonstellation ist klassischerweise bei Fließbandtätigkeit oder statusniedrigen Dienstleitungsberufen wie z.B. Bedienungspersonal, Transportarbeiter, etc. anzutreffen. Im Unterschied dazu kann nach dem Modell eine Person bei hoher psychischer Arbeitsbeanspruchung, wenn diese vor allem im qualitativen Bereich liegt, und gleichzeitigem Vorhandensein von breiten Gestaltungsspielräumen, d.h. Entscheidungs- und Kontrollmöglichkeiten, die daraus resultierende andauernde Spannung im gesundheitsförderlichen Sinn nutzen. Derartige Konstellationen sehen die Autoren eher bei statushohen Berufsgruppen wie Wissenschaftlern, Ärzten, Künstlern, Architekten, Rechtsanwälten, Künstlern oder Führungskräften gegeben.

Johnson et al. (1989) haben das ursprüngliche Modell dann um eine dritte Dimension erweitert: Soziale Unterstützung wird hinzugenommen. Das Vorhandensein von sozialer Unterstützung kann als „Stresspuffer" wirken, bzw. die Vorhersagekraft des Modells für hohe Beanspruchung erhöht sich deutlich, wenn neben dem Vorliegen von hoher Anforderung und geringer Kontrollmöglichkeit auch die soziale Unterstützung fehlt.

Das Modell ist mehrfach kritisiert worden. Für einen zusammenfassenden Überblick sei auf Stark et al. (1998) verwiesen. Es soll hier nur auf einige Punkte eingegangen werden.

Das Modell ist primär auf Tätigkeiten im Produktionsbereich ausgerichtet und wird den spezifischen Anforderungen von statushöheren Berufsgruppen nicht gerecht. Zudem werden individuelle Unterschiede in der Bewertung der Arbeitstätigkeit und des Bewältigungsverhaltens nicht berücksichtigt. Auch erscheint es zu reduziert, Arbeitsanforderungen nur auf einer Dimension zu beschreiben. Zusätzliche Variablen im Sinne von Stressoren oder Ressourcen müssten berücksichtigt werden (Faktoren der Arbeit, außerberufliche Faktoren, persönliche Faktoren als Stressmediatoren). Schließlich lassen sich aus dem Modell keine konkreten Maßnahmen zum Stressabbau ableiten.

Dennoch besticht das Modell gerade durch seine Einfachheit. Auch scheinen zentrale Merkmale von Arbeitsplatzbelastungen darin enthalten zu sein. So belegen auch empirische Studien immer wieder die gesundheitlichen Folgen dieser Art der beruflichen Belastungskonstellation (Schnall et al., 2000, Karasek & Theorell, 1990). Theorell (1986) zeigt in der repräsentativen schwedischen Studie, das die Herz-Kreislauf-Mortalität ab dem 50. Lebensjahr bei Vorliegen der sog. „pathogenen Trias" – hohe Arbeitsintensität, geringer Handlungsspielraum, geringe soziale Unterstützung - zu einem drastischen Anstieg der Erkrankungsrate führt. Bei gleicher Risikokonstellation war bei jüngeren Arbeitern keine erhöhte Mortalität nachweisbar.

Siegrist (2002) geht davon aus, zwischen 10 und 30 % aller Beschäftigten in Abhängigkeit von der Tätigkeitsbranche und Berufsposition von einer derartigen Belastungskonstellation betroffen sind.

Modell beruflicher Gratifikationskrisen

Ein weiteres Modell zur Erfassung gesundheitlicher Folgen von Stressbelastung am Arbeitsplatz wurde von Siegrist (1996) entwickelt und empirisch überprüft. In dem Modell wird davon ausgegangen, dass die Erwerbsrolle eine Austauschbeziehung beinhaltet. Für die geleistete Arbeit werden Gratifikationen in Form von drei „Transmittern" ausgetauscht. Diese sind Lohn/Gehalt, Achtung/Wertschätzung und beruflicher Aufstieg/Arbeitsplatzsicherheit. Stressreaktionen sind nach dem Modell dann zu erwarten, wenn sozusagen die „Kosten-Nutzen-Bilanz" unausgeglichen ist, wenn also hohe, dauerhafte berufliche Verausgabungen nicht in ausreichendem Maße zu den beschriebenen Gratifikationen führen.

Dabei wird die berufliche Verausgabung nicht nur als Ergebnis der objektiven Anforderung (extrinsische Verausgabung) betrachtet, sondern als Produkt eben dieser objektiven Anforderung mit der individuellen Leistungsbereitschaft der Person (intrinsische Verausgabung). Nach Siegrist (ebd.) führt erst die Kombination aus belastenden objektiven Arbeitsanforderungen mit einem individuellen Bewältigungsstil, der sich durch eine hohe intrinsische Verausgabungsbereitschaft auszeichnet, zu einer solchen zentralnervösen Aktivierung, die langfristig das Herz-Kreislauf-System schädigt.

Im Unterschied zum Anforderungs-Kontroll-Modell wird also nicht die eingeschränkte persönliche Handlungskontrolle bzw. der Entscheidungsspielraum als zentrales Belastungsmoment angenommen, sondern das Ausbleiben von kurzfristigen ökonomischen (Einkommen) und sozio-emotionalen Belohnungen (Bewertung der eigenen Arbeit im sozialen Vergleich, positive Rückmeldung über geleistete Arbeit) und langfristigen Belohnungen (Arbeitsplatzsicherheit, Aufstiegschancen).

Andauernde hohe Verausgabungen, entweder wegen hoher externer Anforderungen oder wegen interner Einstellungen und Motivationen (z.B. überhöhtes berufliches Kontrollstreben), mündet dann in eine Gratifikationskrise, wenn die erwarteten Belohnungen nicht erzielt werden können, verweigert oder behindert werden. Auch nach Siegrist sind es eher die statusniedrigen Positionen, die mit dem größeren Risiko für häufigere Gratifikationskrisen (z.B. Arbeitsplatzunsicherheit) einhergehen. Siegrist erfasst Belastungssituationen am Arbeitsplatz mittels strukturierter Interviews.

Indikatoren für alltägliche berufliche Verausgabungszwänge sind: hohe Verantwortung tragen, Zunahme der Arbeitsintensität in jüngster vergangener Zeit, hoher täglicher Zeitdruck, häufige inkonsistente Arbeitsanforderungen.

Indikatoren der beruflichen Gratifikation sind: Bedrohung des Arbeitsplatzes, ökonomische Instabilität des Betriebs, fehlende Anerkennung durch Kollegen, fehlende Anerkennung durch Vorgesetzte, blockierte berufliche Aufstiegsmöglichkeiten, Unzufriedenheit mit der Bezahlung.

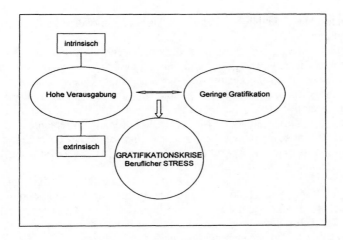

Abb. 4 Modell beruflicher Gratifikationskrisen nach Siegrist (1996)

Auftrags-Auseinandersetzungs-Konzeption

Hacker (1991) entwickelt seinen Ansatz zur Erklärung psychischer Beanspruchung beim Bewältigen von Arbeitsaufgaben in Abgrenzung zu der seiner Ansicht nach in der Arbeitswissenschaft als überwunden anzusehenden Belastungs-Beanspruchungungs-Konzeption, die in mechanistischer Weise eine einlinige Ursache-Wirkung-Beziehung zwischen isoliert erfassten Belastungen aus Arbeitsaufträgen und Umgebungsbedingungen/Ausführungsbedingungen (externe unabhängige Variable = Belastung) und daraus resultierenden Über- oder Unterforderungseffekten (interne abhängige Variable = Beanspruchung) unterstellt. Dieser Konzeption ist auch das Job-Demand-Modell zuzuordnen.

Die Begriffe psychische „Belastung" und psychische „Beanspruchung" werden von Hacker & Richter folgendermaßen definiert:

„Psychische Belastung (stress): Die Gesamtheit aller erfassbaren Einflüsse, die von außen auf den Menschen zukommen und psychisch auf ihn einwirken.
Psychische Beanspruchung (strain):Die zeitlich unmittelbar und nicht langfristige Auswirkung der psychischen Belastung auf die Einzelperson in Abhängigkeit von ihren eigenen habituellen und augenblicklichen Voraussetzungen einschließlich der individuellen Auseinandersetzungsstrategien." (Richter & Hacker, 1998, S. 32)

Zur Beschreibung der Beanspruchungen lassen sich zwei traditionelle Ansätze unterscheiden:
Interaktionsansätze gehen davon aus, dass die Wechselbeziehung zwischen den Anforderung der Arbeitsaufträge und den persönlichen Leistungsvoraussetzungen bzw. Ressourcen die Beanspruchung beschreibt. Dieser Ansatz findet sich z.b. bei Fragestellungen nach der optimalen Passung von individuellen Leistungsvoraussetzungen und betrieblichen Umgebungs- bzw. Arbeitsanforderungen (Personal-Enviroment-FIT / MISFIT). Individuelle Unterschiede in der Beantwortung identischer physischer und psycho-sozialer Anforderungen werden durch die Konstrukte „Ausgefülltheit in der mentalen Kapazitiät" und „psychische Anspannung bzw. Aktiviertheit" erklärt.

Der Aufgaben-Anforderungs-Ansatz, der insbesondere für die Planung von Arbeitsgestaltungsmaßnahmen relevant ist, geht auf der Grundlage des Belastungs-Beanspruchungskonzepts davon aus, dass Arbeitsaufträge und die jeweiligen Ausführungsbedingungen die Person belasten, und diese sich mit der daraus resultierenden Beanspruchung auseinandersetzen muss. Hier wird der Frage nachgegangen, durch welche antizipatorischen Arbeitsgestaltungsmaßnahmen die Belastung und Beanspruchung optimiert werden kann.

Aus diesen beiden Ansätzen folgen unterschiedliche Versuch zur Beschreibung der psychischen Beanspruchung.

Zur Erfassung der psychischen Anspannung oder der beanspruchten bzw. noch freibleibenden Mentalkapazität werden die Leistungen bei Doppeltätigkeiten untersucht (Bornemann, 1959). Bei Bartenwerfer (1960) wird die psychische Anspannung durch die Dimension Allgemeine zentrale Aktivierung gemessen. Beides, psychische Anspannung und Ausgefülltheit der mentalen Kapazität, sind unspezifische, allgemeine Dimensionen der Beanspruchung, die bei jeder Tätigkeit vorliegen. Unberücksichtigt bleibt, welche konkreten Prozesse ablaufen bei der Inanspruchnahme durch die bewusste Aufgabenzuwendung.

Die Beschreibung der Beanspruchung bei den Aufgaben-Anforderungs-Ansätzen, geschieht im Unterschied dazu durch eine profilartige Messung unterschiedlicher Dimensionen der Anforderungen von Aufträgen und den konkreten Ausführungsbedingungen. Diese Erfassung ist damit spezifisch auf die Inhalte der jeweiligen Tätigkeit zugeschnitten. Zentral ist dabei die Auswahl der Profilmerkmale. Hacker & Richter weisen darauf hin, dass es dazu kaum geschlossene theoretisch fundierte Beschreibungssysteme gibt. Dieser Umstand ist auch in der eigenen Untersuchung ausschlaggebend für den Einsatz einer für die Untersuchung entwickelten Liste von Belastungsmomenten (LbSA) bei der beruflichen Tätigkeit.

Hacker (1991) entwickelt diese traditionellen Ansätze der Belastungs-Beanspruchungs-Konzeption (das o.g. Interaktionsmodell und die Anforderungsprofilkonzepte) weiter in seiner Konzeption von der psychischen Regulation von Arbeitstätigkeiten. Anstatt einer passiv erlittenen Belastung, der die Person bei der beruflichen Tätigkeit ausgesetzt ist, geht es um eine aktive Auseinandersetzung durch eine veränderte Tätigkeitsregulation unter der Voraussetzung, dass die Person über den dazu notwendigen Tätigkeitsspielraum verfügt. Diesen Ansatz bezeichnet er als „Auftrags-Auseinandersetzungs-Konzeption". Die Beanspruchungsentstehung wird durch die psychische (kognitiv und motivational) Regulation von Arbeitstätigkeiten erklärt.

Zu Beginn steht ein objektiver Arbeitsauftrag, der zunächst von der Person zur redefinierten Aufgabe wird, d.h. die er subjektiv übernimmt (vgl. Hackman & Oldman, 1975). Objektiv gleiche Aufträge können dabei individuell unterschiedlich interpretiert werden. Daraus entsteht zunächst eine Selbst-Beanspruchung, die vermittelt über die individuelle Wahl der Arbeitsweise (d.h. psychische Regulationen der Arbeitstätigkeit) zu individuellen Leistungen bzw. Beanspruchungsfolgen führt.

Die Beanspruchung entsteht dabei aus dem Verhältnis zwischen den Anforderungen des Auftrags einerseits und seinen Ausführungsbedingungen, den individuellen Leistungsvoraussetzungen der Person und den Zielen und Werten der Person andererseits. Veränderungen in der Tätigkeitsregulation erfolgen in Abhängigkeit von der emotionalen und kognitiven Bewertung des Arbeitenden bezüglich dieses Verhältnisses. Die Beanspruchungsfolgen (pathogen sowie gesundheitsförderlich) entstehen durch diese Regulation von Tätigkeiten, verändern diese Regulation und zeigen sich in der Tätigkeitsregulation in Form einer aktiven und zielgerichteten Auseinandersetzung mit den Aufträgen. Diese Auseinandersetzung ist vermittelt durch die Arbeitsweisen, die die Beanspruchungsentstehung mitbestimmen. Die Auseinandersetzung mit dem Auftrag erfolgt in Zyklen von Destabilisierung und Restabilisierungsbemühungen. Die aktiven Regulationstätigkeiten zur Restabilisierung können sich zeigen als:

- Aufwandssteigerung, i.S. einer spezifischen Anspannungssteigerung oder einer allgemeinen, unspezifisch erhöhten Aktivierung
- Vorgehens- bzw. Arbeitsweisenänderung
- Zielverschiebung, i.S. einer Anspruchsniveau-Änderung

Die Veränderungen in den Regulationen geschehen meistens antizipatorisch, d.h. vorwegnehmend, als ziel-und aufwandsbezogene Vorausregulationen, seltener nur als Rückkopplung wie folgende Abbildung verdeutlicht.

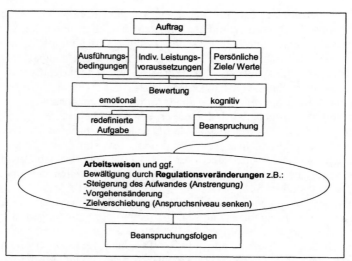

Abb. 5 Auftrags-Auseinandersetzungs-Konzeption im Sinne einer Regulation der Arbeitstätigkeit unter Belastung nach Richter & Hacker (1998

Das Konzept von Richter & Hacker stellt damit einen Transfer des transaktionalen Stressmodells von Lazarus & Launier (1981) auf die Anforderungsbewältigung bei der beruflichen Tätigkeit dar.

Auch im Berufsstress-Modell von Weinert (2004) wird von diesem transaktionalen Verständnis ausgegangen. Im Unterschied zu Hacker & Richter klärt dieses Modell aber nicht den Prozess der Auseinandersetzung oder Bewältigung von Beanspruchung, also die Vermittlung von Beanspruchung und Beanspruchungsfolgen. Man kann das Modell als inhaltliche Ergänzung zum Modell von Richter und Hacker (1998) betrachten. Es handelt sich eher um eine Taxonomie von potentiellen beruflichen Stressoren, Mediatoren, die auf den Bewertungsprozess der Person Einfluss nehmen, so wie potentieller Stresskonsequenzen auf unterschiedlichen Ebenen. Die Ausarbeitung der Anforderungsseite floss ebenfalls in die Zusammenstellung der Items der „Liste belastender Situationen am Arbeitsplatz" ein und soll daher geschildert werden. Weinert differenziert fünf Ebenen, auf denen Stressoren potentiell vorhanden sein können. Diese können in der physikalischen Umwelt (z.B.: Lärm, Licht, Temperatur), auf der individuellen Ebene (z.B.: Rollenkonflikte, Mangel an Kontrolle, Verantwortung), auf der Gruppenebene (z.B.: soziale Beziehungen zu Vorgesetzten und Kollegen, Gruppenkonflikte, Führungsverhalten), auf der Organisationsebene (z.B.: Organisationsstruktur, Informationswege, Klima, Technologie) und auf der extraorganisationalen Ebene (Familie, wirtschaftliche Gesamtlage) liegen. Weinert nimmt in seinem Modell an, dass individuelle Unterschiede in biologisch/ demographischen Variablen (Alter, Geschlecht, Genetische Disposition) und in kognitiv/ affektiven Variablen (z.b: Widerstandsfähigkeit, Kontrollüberzeugungen, negative Affektivität) die Bewertung beeinflussen, ob die Person Stress (bei Hacker: „Beanspruchung") wahrnimmt. Die Stressfolgen kategorisiert Weinert auf der subjektiven Ebene (Teilnahmslosigkeit, Angst), der Verhaltensebene (Unfallneigung, Alkohol- und Drogenkonsum), der kognitiven Ebene (verminderte Konzentration, Entscheidungsprobleme, Vergesslichkeit), der physiologischen Ebene (Hypertonie, Hypercholesterinämie, Herzkrankheiten) und der organisationellen Ebene (geringe Produktivität, Fehlzeiten, niedrige Arbeitszufriedenheit, hohe Kündigungshäufigkeit).

10.3 Bewältigung der beruflichen Beanspruchung und Beanspruchungsfolgen

Bei der Analyse von arbeitsbedingten Belastungen und Anforderungen kann man zwischen bedingungsbezogenen Analysen (Annahme: Es gibt objektive Stressoren, die prinzipiell unabhängig von der individuellen Wahrnehmung sind) und personenbezogenen Analysen (Annahme: Individuelle Unterschiede in der Wahrnehmung und Bewältigung von Stressoren moderieren deren Wirkungen) unterscheiden.

Die beschriebene Abkehr vom mechanistischen Belastungs-Beanspruchungs-Konzept durch die Entwicklung transaktionaler, kognitiv-handlungstheoretischer Bewältigungsmodelle erweitert die Komplexität und Dynamik eines Modells jedoch stark. Streng genommen müssten für jeden Stressor die individuell und situativ moderierenden Bewertungen und Bewältigungsstrategien untersucht werden. Dem Problem von kaum objektivierbaren Stressoren begegnet man durch probabilistische Wirkhypothesen. Man geht davon aus, dass es bestimmte Situationsmerkmale gibt, die mit einer erhöhten Wahrscheinlichkeit für Stressreaktionen verbunden sind (analog zu einem Risikofaktorenkonzept der Medizin), in dem Bewusstsein, dass nicht alle Personen bei Anwesenheit dieses Stressors eine Stressreaktion/Beanspruchungsreaktion zeigen. Dieser Ansatz liegt auch der Zusammenstellung der Items der „Liste belastender Situationen am Arbeitsplatz" zugrunde.

Zur Erfassung des Bewältigungsprozesses von beruflichen Anforderungen entwickelten Richter, Rudolf & Schmidt (1996), basierend auf der beschriebenen Auftrags-Auseinandersetzungs-Konzeption, den Fragebogen zur Analyse belastungsrelevanter Anforderungsbewältigung (FABA). Dies ist ein Verfahren, das solches gewohnheitsmäßiges Bewältigungsverhalten in beruflichen Anforderungssituationen diagnostiziert, das zu einer dauerhaft erhöhten Aktivierung führt und langfristig als Risikofaktor für somatische Erkrankungen angesehen wird. Insbesondere für Herzkreislauferkrankungen wird eine spezifische Pathogenität von Verhaltensmustern im Typ-A-Konzept (s.u.) beschrieben. Richter, Rudolf & Schmidt (ebd.) weisen aber auch auf die Zusammenhänge zwischen Bewältigung beruflicher Stressoren und Magen-Darm-Erkrankungen, Hauterkrankungen, unspezifischen Psychosomatischen Erkrankungen und Erkrankungen des rheumatischen Formenkreises hin.

Gesundheitsgefährdendes Verhalten wird daher bei den Autoren insgesamt als ein individueller Bewältigungsstil in Anforderungssituationen betrachtet, der aber erst unter der Bedingung ungünstiger, situativer Anforderungsmerkmale zum Risikofaktor wird. Das in der Forschung ursprünglich als Typ-A-Verhalten verschriebene Verhaltensmuster wird als Regulationsstörung des Verhaltens in Leistungssituationen aufgefasst. Die Autoren ordnen ferner die Symptome des Typ-A-Konzepts (i.S. von Regulationsdysfunktionen) Aspekten im Handlungsregulationsprozess bei der Anforderungsbewältigung zu.

Aus einer gender-orientierten Perspektive liegt es nahe, auch die Wechselwirkungen des psychologischen Geschlechts mit diesen Aspekten des Handlungsregulationsprozess bei der beruflichen Anforderungsbewältigung zu betrachten.

Exkurs: Typ-A-Verhalten

Ursprünglich waren es die Kardiologen Friedman & Rosenman (1959), die einen unabhängigen, psychosozialen Risikofaktor für Herz-Kreislauferkrankungen glaubten in dem als Typ-A-Verhalten beschriebenen Muster identifiziert zu haben. Zu dem Verhaltensmuster gehörte eine ausgeprägte Leistungsorientiertheit, Konkurrenzorientierung, Ungeduld, Geschwindigkeitsorientierung und ein erhöhter Muskeltonus. Die Typ-A-Person befindet sich demnach in einem ständigen aggressiven Kampf, immer mehr in immer weniger Zeit zu erreichen (vgl. Schwarzer, 2004). Das atheoretische Konstrukt des Typ-A-Verahltens regte in der Folgezeit eine große Forschungsaktivität an. Hauptsächlich zwei große Studien, die Western Collaborative Group Study (WCGS, Rosenman et al., 1964) und die Framingham Heart Study (Haynes et al. 1980) schienen die Vorhersagekraft des Verhaltensmusters für Herz-Kreislauf- Erkrankungen zu bestätigten. Die Befundlage führte dazu, dass erstmalig ein psychosozialer Risikofaktor von Medizinern des National Heart, Lung ans Blood Institut als eigenständiger Prädiktor neben den Risikofaktoren Rauchen, Blutdruck und Cholsterinspiegel für HKE bei berufstätigen Personen des mittleren Lebensalters anerkannt wurde (vgl. Schwenkmezger, 1994). Im Laufe der 80er Jahre kamen aber erste Zweifel an dem Vorhersagewert des Typ-A-Verhaltens auf. Booth-Kewley & Friedman (1987) untersuchten alle bis dahin durchgeführten Studien über den Zusammenhang psychologischer Variablen und HKE meta-analytisch. Aus diesen Meta-Analysen folgerten sie, das Konzept nicht völlig zu verwerfen sondern zu relativieren und zu ergänzen. Negativen Emotionen wie Depresssion, Ärger und Feindseligkeit so wie Wettbewerbsorientierung schrieben sie als Einzelkonstukte zur Vorhersage von HKE eine wegweisende Rolle zu. Nach Schwarzer (2004) ist es besonders die Feindseligkeit, die im Mittelpunkt des gegenwärtigen Forschungsinteresses als koronarer Risikofaktor steht. Wobei auch hier die Befundlage wiederum widersprüchlich ist (Barefoot, Dahlstrom & Williams, 1983; Koskenvuo et al., 1988; Hearn, Murray & Luepker, 1989; Barefoot et al. 1989; Myrtek, 2000), was möglicherweise auch an der Mehrdimensionalität des Konstrukts „Feindseligkeit" liegt. Man kann wohl insgesamt sagen, dass das Typ-A-Verhalten entgegen der anfänglichen Annahmen keinen eigenständigen, globalen koronaren Risikofaktor darstellt, sondern dass es innerhalb des Gesamtmusters des Typ-A-Verhaltens Komponenten gibt, die das Risiko von HKE erhöhen. Neben den Konstrukten Gereiztheit/Feindseligkeit wurden andauernd geäußerte Aggressivität ebenso wie nicht geäußerter Ärger (anger-in) als Risikoverhalten identifiziert. Neben Persönlichkeitseigenschaften wie Angst, Depression und emotionaler Labilität und Irritierbarkeit (Goldstein & Niaura, 1992), denen Bedeutung bei der Entwicklung von koronaren Herzerkrankungen beigemessen wird, belegen empirsche Befunde (Junghans, Ertel & Ullsperger, 1998; Domke, 1989) die Relevanz einer Beeinträchtigung der Erholungsfähigkeit im Sinne eines ungünstigen Anforderungsbewältigungsverhaltens für die Entwicklung eines Herzinfakts. So zeigten Domke (1989) und Suadicani, Hein & Gyntelberg (1993) eine signifikant häufigere Erholungsunfähigkeit bei Infarktpatienten im Vergleich zu gesunden Personen. So verwundert der Befund von Appels & Mulder (1988, zitiert nach Stark et al., 1988) nicht, die vitale Erschöpfung als ein Prodomalsyndrom eines bevorstehenden akuten Krankheitsereignisses bestätigten.

Die Merkmale eines Gesundheit gefährdenden Verhaltensmusters stellen Richter, Rudolph & Schmidt (1996) Aspekten im Handlungsregulationsprozess gegenüber, d.h.: dem Aspekt Zielsetzung und Planung, dem Aspekt Handlungsausführung, dem Aspekt Rückmeldung und dem Aspekt Organisation und Kooperation. Das von ihnen entwickelte Verfahren, der FABA, erfasst diese habituellen Verhaltenstendenzen mit vier Faktoren: „Erholungsunfähigkeit", „Planungsambition", „Ungeduld" und „Dominanz".

Empirisch zeigt sich in diversen psychophysiologischen Untersuchungen, dass vor allem die Faktoren „Erholungsunfähigkeit" und „Planungsambition" mit erhöhten Aktivierungszuständen einhergehen, was für eine verstärkte sympathikotone Erregtheit des Nervensystems spricht. Diese Befunde bestätigten sich sowohl bei älteren Hypertonikern, Infarktpatienten und älteren Gesunden als auch bei gesunden Studenten (Richter, Rudolph & Schmidt, 1996). Die Autoren konnten signifikante Korrelationen zwischen Erholungsunfähigkeit und erhöhtem systolischen Blutdruck und erhöhtem Serum-Cholesterol bei Infarktpatienten belegen. In einer Studie an Hypertonikern (Scheuch & Schröder, 1990) ließen sich Hyper- von Normotonikern bei einer Fahrradergometer-Belastung durch die Ausprägung der Erholungsunfähigkeit trennen, die bei den Hypertonikern im Mittel signifikant erhöht war. Quaas et al. (1986) fanden eine signifikante Rückstellverzögerung der Herzfrequenz in einer experimentellen Nachruhe bei gesunden Studenten mit erhöhter Erholungsunfähigkeit. Und auch Otto & Schlosser (1995) fanden bei gesunden Studenten einen statistisch bedeutsamen positiven Zusammenhang zwischen erhöhter Erholungsunfähigkeit und systolischem und diastolischem Blutdruck.

Bezüglich des Faktors Planungsambition konnten Rau &Richter (1995) bedeutsame negative Zusammenhänge zwischen der Ausprägung von Planungsambitionen und den Aktivitätsdifferenzen zwischen Belastungs-und Einschlafphase im diastolischen Blutdruck und in der Kalium-Ionen-Konzentration zeigen, was ähnlich wie der Faktor Erholungsunfähigkeit, die diagnostische Bedeutung der Restitutionsphasen für Herzkreislaufzusammenhänge unterstreicht. Ferner konnten signifikante positive Zusammenhänge bei 48 Std.-Untersuchungen an gesunden Studenten gezeigt werden zwischen erhöhter Planungsambition und Indikatoren erhöhter Sympathikotonie (EKG- Veränderungen, erhöhter diastolischer Blutdruck, erhöhtes Kalium und Natrium im Speichel in der Einschlaf- nicht aber in der Belastungsphase).

Die übrigen beiden Faktoren zeigten in Untersuchungen nur bei Herzinfarkt-Patienten bedeutsame Zusammenhänge zu physiologischen Parametern mit Relevanz für Herzkreislauffunktionen. So zeigten Otto & Schlosser (1995) Zusammenhänge zwischen erhöhter Ungeduld und einem erhöhten Triglyzerid-Spiegel im Serum auf. Ferner gab es bei der Patientenstichprobe Zusammenhänge zwischen erhöhten Dominanzwerten und einem erhöhten Leukozytengehalt im Blut.

Es zeigt sich, dass bezüglich der Faktoren „Erholungsunfähigkeit" und „Planungsambition" signifikante Altersunterschiede bestehen, die aber zwischen der Gruppe der unter 30- Jährigen einerseits und den 30-Jährigen andererseits liegen. Die über 30jährigen zeigten höhere Werte bezüglich der Faktoren „Erholungsunfähigkeit" und "Planungsambition". Zwischen der mittleren (30-50 Jahre) und der älteren (>50 Jahre) Gruppe, also den Altersgruppen, die die vorliegende Untersuchung betrachtet, bestanden keinerlei bedeutsame Unterschiede.

Wendet man jedoch die Life Span Theory of Control von Schulz und Heckhausen (1996) auf den Spezialfall beruflicher Anforderungsbewältigung an, so lassen sich daraus Annahmen über die Veränderung der beruflichen Anforderungsbewältigung mit zunehmendem Alter ableiten.

Schulz und Heckhausen gehen grundsätzlich von einem Primat der primären Kontrollstrategien aus, d.h. zunächst streben Individuen immer, durch konkretes Verhalten die Umweltereignisse den eigenen Bedürfnissen und Wünschen anzupassen. Im Unterschied dazu sind sekundäre Kontrollstrategien eher nach innen gerichtete, meist kognitive Prozesse, die die Übereinstimmung zwischen Umwelt und Selbst durch die Veränderung der eigenen Bedürfnisse und Bewertungen der Umwelt erreicht. Heckhausen und Schulz gehen davon aus, dass neben der grundsätzlichen Präferenz für primäre Kontrollstrategien mit zunehmendem Lebensalter die Präferenz für sekundäre Strategien steigt. Ab dem Alter von 50 Jahren postulieren die Autoren, dass sekundäre Kontrolle häufiger als primäre Kontrolle eingesetzt wird.

Nun kann man die Anforderungsbewältigungsstile des FABA auch als Verhaltensausdruck spezifischer primärer Kontrollstrategien für die berufliche Anforderungssituation auffassen, so dass im Gegensatz zu den Befunden von Richter, Rudolph & Schmidt (1996), wenn man der Life Span Theory of Control folgt, in höheren Altersgruppen eine geringere Ausprägung auf den Faktoren des FABA zu erwarten wäre als bei den mittleren Jahrgängen.

10.4 Arbeitszufriedenheit

Arbeitszufriedenheit wird von Weinert (2004) durch zwei Komponenten definiert. Die affektive Komponente meint positive Gefühle und Gestimmtheit des Beschäftigten gegenüber seiner Arbeit, während die kognitive Komponente Einstellungen, d.h. das Ergebnis von Wahrnehmungen und Bewertungsprozessen, des Berufstätigen bezüglich seiner Arbeit meint.

In der Arbeits- und Organisationspsychologie existieren verschiedene Ansätze, die die Entstehung von Arbeitszufriedenheit aus Merkmalen der Arbeitsplatzsituation zu erklären versuchen.

Für die vorliegende Studie ist der Ansatz der Lebenszufriedenheitsforschung bedeutsam, der Arbeitszufriedenheit als einen spezifischen Bereich einer globalen Lebenszufriedenheit des Menschen auffasst. Fahrenberg et al. (2000) fassen Lebenszufriedenheit, die sie als nicht hinreichend definiertes Konzept beschreiben, als ein Konstrukt auf, das kognitiv-bilanzierende und affektive Komponenten bezüglich aller Lebensbereiche, inklusive des Bereichs Arbeit und Beruf, beinhaltet. Aus dieser Perspektive ist die Arbeitszufriedenheit nur ein Teilbereich einer übergeordneten, globalen Lebenszufriedenheit, die wahrscheinlich auch in Wechselwirkung mit anderen relevanten Lebensbereichen wie Gesundheit, Partnerschaft und Familie etc. selbst beeinflusst wird und andere Bereiche beeinflusst. Bei der empirischen Betrachtung der Zusammenhänge von sozioökonomischen Variablen und Lebenszufriedenheit, zeigt sich neben einem durchgängig positiven Effekt eines hohen sozioökonomischen Status (Einkommen, Schulbildung, Beruf) auf die allgemeine Lebenszufriedenheit besonders deutlich der positive Zusammenhang zwischen Einkommen und Arbeits- und Berufszufriedenheit (Fahrenberg et al., 2001).

Zur Entwicklung der Zufriedenheit mit dem Alter bestehen nach Fahrenberg et al. (2000) widersprüchliche empirische Befunde, woraus die Autoren den Schluss ziehen, dass es zu bereichsspezifischen Veränderungen der Zufriedenheit mit dem Alter kommt; etwa der Art, dass die gesundheitliche Zufriedenheit sinkt, die finanzielle Zufriedenheit aber steigen könnte.

Für die Arbeitszufriedenheit scheint es eine empirische Evidenz für stärkere Zufriedenheit im höheren Lebensalter als in mittleren Jahren zu geben. Schulte (2005) analysiert drei repräsentative Studien und geht der Frage nach, worin die Ursachen für die empirisch überwiegend gefundene höhere Arbeitszufriedenheit älterer Beschäftigter bestehen.

Der Zusammenhang zwischen Lebensalter und allgemeiner Arbeitszufriedenheit (meistens in der „Ein-Item-Operationalisierung" gemessen) wird in Metaanalysen entweder als linear ansteigend (Rhodes, 1983; Brush et al. (1987) oder als u-förmig (Aiken & West, 1991; Cohen & Cohen, 1975) beschrieben. Die unterschiedlichen Zusammenhangsformen erklärt Schulte (2005) neben plausiblen Kohorteneffekten der in die Metaanalysen eingegangenen Studien (seit den späten 80er waren die Jüngeren möglicherweise aus wirtschaftlichen Gründen ü-berdurchschnittlich zufriedener als in den 60er, 70er und frühen 80er Jahren) hauptsächlich methodisch. So beziehen sich die Metaanalysen, die zu einem linearen Zusammenhang kommen, auf Korrelationsstudien, während der u-förmige Zusammenhang unter Berufung auf Studien gefunden wird, die multiple Regressionen mit Polynomen berechneten. Unabhängig von der Zusammenhangsform scheint empirisch aber unstrittig, dass ältere Beschäftige zufriedener sind als Personen mittleren Alters. Kallenberg & Loscocco (1983) nehmen aufgrund einer Repräsentativbefragung in den Jahren 1972/73 von 1300 Beschäftigten der USA an, dass es zwei Wendepunkte im Zusammenhang zwischen Lebensalter und Arbeitszufriedenheit gibt. Die Arbeitszufriedenheit steigt bis zum Ende der vierten Lebensdekade an, um dann auf diesem Niveau zu stagnieren und ab Mitte der Fünfziger weiter zu steigen. Schulte selbst kommt in seiner Metaanalyse eher zu dem Ergebnis, dass der Zusammenhang zwischen Lebensalter und Arbeitszufriedenheit sich am besten durch U-Förmigkeit abbilden lässt, wobei es eine breite Mitte gibt und eine Asymmetrie in der Art besteht, dass jüngere Beschäftige allenfalls knapp überdurchschnittlich zufriedener sind und ein substantieller Anstieg der Arbeitszufriedenheit im Alter von Anfang bis Mitte fünfzig zu verzeichnen ist.

Die Berufsgruppe und der Bildungsgrad scheinen zusätzlich Einfluss auf die Entwicklung der Arbeitszufriedenheit zu nehmen (Schulte, 2005). So fällt der Anstieg der Arbeitszufriedenheit bei nicht akademischen Berufen in technischen, medizinischen, kaufmännischen, gastronomischen Büro- und Dienstleistungsberufen am niedrigsten aus. Bei Selbstständigen kommt es über den Lebenslauf zu einer Stagnation der Arbeitszufriedenheit ab dem mittleren Alter auf relativ hohem Niveau. Lediglich bei Führungskräften und Akademikern kommt es nach dem mittleren Lebensalter, nach dem 50. Lebensjahr zu einem Anstieg der Arbeitszufriedenheit.

Der Anstieg der Arbeitszufriedenheit bei den älteren Beschäftigten wird durch unterschiedliche Annahmen erklärt, wobei wohl eine Kombination verschiedener Erklärungsansätze am realistischsten ist.

Zunächst kann die höhere Arbeitszufriedenheit der Älteren ein systematischer Artefakt im Sinne eines Stichprobenselektionseffekts sein. Es kann vermutet werden, dass die unzufriedenen Arbeitnehmer bemüht sind früher aus dem Erwerbsleben auszuscheiden, so dass nur noch die schon seit je her Zufriedeneren übrig bleiben. Clark, Oswald & Warr (1996) erklären die hohe Arbeitszufriedenheit älterer Beschäftigter durch „Survival of the Happiest".

Daneben können Kohorten und Zeiteffekt im Sinne von veränderten Arbeitsmarktbedingungen und Wertewandel für die gefundene höhere Arbeitszufriedenheit der Älteren verantwortlich gemacht werden. So stammen die Studien, die diesen Zusammenhang aufzeigen, überwiegend aus Jahren, in denen sich die finanzielle Situation der älteren Beschäftigten, durch ein durchschnittlich höheres Einkommen bei gleichzeitig niedrigem Ausgabendruck (Kinder aus dem Haus, Eigenheim abbezahlt etc.) deutlich besser darstellt als die der jüngeren Erwerbstätigen. Mit einem sich aktuell wandelnden Arbeits- und Rentenmarkt, der die Lebensstandardsicherung nicht mehr automatisch gewährleistet, ginge dann zukünftig der Zeiteffekt verloren, und der Zusammenhang Arbeitszufriedenheit und Lebensalter ginge ebenfalls verloren (Miegel, Wahl & Hefele, 2003).

Das Vorliegen echter Alterseffekte erklärt die „Life Span Theory of Control" von Schulz und Heckhausen (1996), die ähnlich wie auch aus dem SOK-Modell postuliert, dass ältere Menschen mehr zum Einsatz sekundärer Kontrollstrategien neigen, das heißt ihre Erwartungen eher der Realität anpassen (assimilative Strategie) als die Realität in ihrem Sinne zu verändern (akkomodative Strategie).

Eine weitere Erklärung für einen Alterseffekt könnte darin liegen, dass die Älteren tatsächlich die besseren Jobs haben, besser bezahlt werden als Jüngere und eher in Führungspositionen sind. Die „Job Change Hypothese" (Wright & Hamilton, 1978; Warr, 1992) erklärt die mit dem Lebensalter steigende Arbeitszufriedenheit damit, das Ältere nach längeren Berufsjahren eher an der Position angekommen sind, die ihnen zusagt. Während Jüngere noch in der Phase des Wechsels und der Suche sind. Gegen diese Hypothese wurden diverse kritische Einwände erhoben (Rhodes, 1983). Eigentlich erklärt die Hypothese nur den Anstieg der Arbeitszufriedenheit bis zur Konsolidierung einer beruflichen Endposition. Dies geschieht in der Regel um das 40. Lebensjahr. Danach müsste von diesem Erklärungsansatz her eine Stagnation der Arbeitszufriedenheit auf dem erreichten Niveau folgen, um kurz vor Ende des Erwerbslebens wieder zu sinken (Cytrybaum &Crites, 1989).

Nach letzterer Hypothese wäre im Gegensatz zur überwiegenden Befundlage ein differenzierterer Verlauf der Arbeitszufriedenheit zu erwarten, wo es nach entweder linearem oder u-förmigem Zusammenhang gegen Ende der Berufstätigkeit zu einem Absinken der Arbeitszufriedenheit käme. Auch ist zu vermuten, dass unterschiedliche Berufsgruppen durch altersbedingte Veränderungen, wie gesundheitliche Abnutzungserscheinungen, Veränderungen der fluiden Intelligenz (Baltes et al., 1991), der motorischen Reaktionsfähigkeit und visuellen Wahrnehmungsverarbeitung (Lehr & Schmitz-Scherzer, 1969) vor unterschiedliche Herausforderungen gestellt werden. Es ist zu vermuten, dass Personen, die diese altersbedingten Defizite besser kompensieren können (status-höhere Berufsgruppen) eine bessere Arbeitszufriedenheit aufweisen als Personen, die Tätigkeiten ausüben, in denen gerade diese alterungsanfälligen Leistungsvoraussetzungen gefordert sind (status-niedrigere Berufe, i.b. körperliche fordernde Tätigkeiten). Aufschluss könnten hier entsprechende Langzeitstudien geben, die berufliche Lebensläufe, d.h. Job-Wechsel, Dauer der Berufstätigkeit und Berufsgruppen differenziert betrachten.

Schulte (2005) kommt in seiner Arbeit zu dem Ergebnis, dass die hohe Arbeitszufriedenheit älterer Beschäftigter am ehesten durch eine veränderte Arbeitsorientierung zu erklären ist. Er zieht aus seiner Metaanalyse den Schluss, ältere Beschäftigte zeigten eine geringere extrinsische Arbeitsorientierung, d.h. Einkommen, Aufstiegsmöglichkeiten, Autonomie und Kontrolle der Zeitgestaltung seien ihnen weniger wichtig als jüngeren Beschäftigten. Parallel bestehe aber eine erhöhte Sicherheitsorientierung (Arbeitsplatzstabilität, Lebensstandardsicherung) der Älteren. Schulte (ebd.) sieht die Rahmenbedingungen der Arbeit im Sinne der materiellen Sicherheit mit steigendem Alter, circa ab 50 Jahren so verbessert, dass es zu einer veränderten Arbeitsorientierung kommen kann, i.S. eines verringerten Bedürfnisses nach Befriedigung externer Bedingungen. Diese Verringerung der externen Arbeitsorientierung, d.h. eine veränderte Bedürfnislage mit dem steigenden Alter, fördert nach Schulte die Arbeitszufriedenheit. Dies bedeutet aber auch, dass sich bei Veränderung der bisher gültigen altersassoziierten Rahmenbedingungen der beruflichen Tätigkeit, beispielsweise durch Bedrohung der Arbeitsplatzsicherheit oder des Lebensstandards und der finanziellen Mittel, die damit verbundene Verringerung der externen Arbeitsorientierung ebenfalls ausbleiben würde, so dass sich kein förderlicher Einfluss mehr auf die Arbeitszufriedenheit Älterer niederschlagen dürfte.

Der Beruf führt neben unterschiedlichen Zuständen von Arbeitszufriedenheit auch zu einem Erleben von Beanspruchung oder Stress, was vom Konstrukt her nicht deckungsgleich mit Arbeitszufriedenheit bzw. Arbeitsunzufriedenheit sein muss.

10.5 Beruf und Geschlechtsrollenselbstbild

Es ist davon auszugehen, dass diese beruflichen Handlungsregulationsprozesse im Zusammenhang stehen mit kognitiven Repräsentationen von normativen Erwartungen an das eigene Verhalten, d.h. sie spielen eine Rolle bei der Erfüllung der jeweiligen Berufsrolle und dem jeweiligen Selbstbild bezüglich dieser Rollen.

Die Berufsrolle ist eine zentrale Domäne der Alltagswirklichkeit von Männern. Effekte in beide Wirkungsrichtungen sind anzunehmen: 1. Es ist davon auszugehen, dass das männliche Selbstbild durch die berufliche Anforderungsbewältigung entscheidend geprägt wird. 2. Gleichermaßen ist aber auch anzunehmen, dass die Art und Weise, wie das Selbstbild von Männern z.B. hinsichtlich ihrer Geschlechtsrolle ausgestaltet ist, Auswirkung auf die Bewältigung von Anforderungen in der Berufsrolle besitzt.

Geschlechtsrollenselbstbild von Männern im mittleren Erwachsenenalter

Die Ausprägung der Geschlechtsrollenorientierung ist eng verbunden mit der Übernahme sozialer Rollen und den damit verbundenen Anforderungen. So betrachtet auch Gloger-Tippelt (1993) die Veränderungen in der Geschlechtsidentität über die Lebensspanne nicht als bloße Alternseffekte, sondern erklärt die Abschwächung der Geschlechterdifferenzen durch das Lebensereignis Übergang in den Ruhestand, wobei dieser Übergang ein Paarereignis darstellt, das bei Berufstätigkeit beider Partner sogar ein doppelter Übergang ist mit einer spezifischen gleichzeitigen oder verschobene Struktur. Der Ruhestand ermöglicht erneut eine Annäherung der Arbeitsteilung im Haushalt beider Geschlechter.

Dieser Sichtweise folgend, ist davon auszugehen, dass Männer am Ende des mittleren Dominante Eigenschaften in der beruflichen Anforderungsbewältigung scheinen nur für die jüngere Altersgruppe assoziiert zu sein mit einer maskulinen Selbstbeschreibung. Kinderanzahl und Kontinuität der Berufstätigkeit).

Geschlechtsrollenselbstbild und Berufsrolle

Nicht nur das Alter bzw. die damit verbundene Lebensphase nimmt Einfluss auf die Geschlechtsrollenorientierung (s.o.). Die Geschlechtsrollenorientierung wird sich vermutlich auch über individuelle unterschiedliche Werte und Ziele je nach Typus auch auf die Ausübung der Berufsrolle auswirken. Die berufliche Anforderungsbewältigung wird daher von der Geschlechtsrollenorientierung geprägt, die wiederum Altersveränderungen unterliegt. Daher sind Wechselwirkungseffekte von Alter und Geschlechtsrollenorientierung auf das Anforderungsbewältigungsverhalten zu erwarten.

Empirisch zeigt sich, dass maskuline und androgyne Frauen stärker leistungs- und karriereorientiert sind als feminine und undifferenzierte Frauen (Marschall & Wijting, 1980). Auch gibt es besonders für Frauen Belege, dass die Berufswahl, d.h. das zu erwartende Anforderungsprofil, durch die Geschlechtsorientierung determiniert ist (Clarey & Sandorf, 1982; Williams & McCullers, 1883).

Aschermann & Schulz (1997) und Bierhoff-Alfermann (1989) gehen davon aus, dass Androgyne beiderlei Geschlechts durch ihr breiteres Verhaltensrepertoire flexibler und situationsspezifischer reagieren können und daher die besseren Voraussetzungen für die Bewältigung beruflicher Anforderungen mitbringen.

Schließlich lässt sich ein Zusammenhang zwischen Geschlechtsrollenorientierung und Berufsmotivation empirisch belegen. Sieverding (1990) zeigt, dass bei Studenten beiderlei Geschlechts mit hohen Maskulinitätswerten, was mit einem hohen Selbstwertgefühl assoziiert ist, eine höhere Karrieremotivation vorliegt.

Bierhoff-Alfermann (1989) kommt in ihrem zusammenfassenden Überblick ü-
ber die Befunde zum Zusammenhang zwischen Geschlechtsrollenorientierung
und Leistungsmotivation zu dem Schluss, dass besonders hohe Maskulinitätswerte günstige Leistungsmotivationswerte vorhersagen, nämlich hohe
Leistungs- und Erfolgsorientierung und niedrige Misserfolgs- und Erfolgsfurcht.
Maskuline zeigen das höhere Anspruchsniveau, Streben am meisten nach Können, sind wettbewerbsorientierter und hegen am wenigsten Besorgnis vor sozialer Zurückweisung. Die ebenfalls hohe Leistungsmotivation von Androgynen
sieht sie bedingt durch die darin enthaltenen hohen Maskulinitätswerte. Eine
Ausnahme unter den Leistungsmotivationswerten bildet die Wettbewerbsorientierung, die nur bei den Maskulinen, nicht aber bei den Androgynen stärker ausgeprägt ist. Hier scheint aber die androgyne Orientierung die Günstigere zu
sein, da in anderen Studien gezeigt werden konnte, dass eine hohe Wettbewerbsorientierung der tatsächlichen Leistungsqualität und –Produktivität eher
abträglich ist (Helmreich et al., 1980). Im Hinblick auf die berufliche Anforderungsbewältigung ist zu fragen, ob die Geschlechtsrollenorientierung auch gesundheitliches Risikoverhalten in der habituellen beruflichen Anforderungsbewältigung begünstigt. So stellen die vier Faktoren des FABA (Erholungsunfähigkeit, Ungeduld, Dominanz und Planungsambition) dysfunktionale Ausprägungen eines eher maskulin typisierten Verhaltens in Anforderungssituationen
dar.

Die Untersuchung von Aschermann & Schulz (1997) verdeutlicht, dass nicht
das biologische Geschlecht, sondern Unterschiede in der Geschlechtsrollenorientierung mit einer unterschiedlich starken Berufsorientierung zusammenhängen. Auch hier sind es die Maskulinen und die Androgynen, die insgesamt, d.h.
sowohl intrinsisch als auch extrinsisch, die wesentlich höhere Berufsmotivation
erkennen lassen als die Femininen und Undifferenzierten beiderlei Geschlechts.

Eine Verschränkung der Berufsmotivation mit dem Alter wird beim Befund
von Tamir (1982) deutlich, der fand, dass die berufliche Befriedigung (i.S. von
Motivation) als Hauptquelle der Gesamtzufriedenheit im mittleren Lebensalter
nachlasse. Die Bedeutung dieses Motivationsfaktors unterliegt also Altersveränderungen. Dies stützen auch die Befunde von einer nachlassenden Wettkampforientierung und Ambitioniertheit im Beruf bei Männern mittleren Alters von
Feldman, Biringen & Nash (1981).

Zu erwarten wäre demnach ein ungünstiger Bewältigungsstil bei den jüngeren, maskulinen und androgynen Männern. Darüber hinaus ist zu vermuten,
dass die älteren Männer aufgrund der abnehmenden motivationalen Bedeutung
des Berufs den günstigeren Bewältigungsstil zeigen.

Die vorliegende Untersuchung geht der Frage nach, ob es innerhalb der Lebensmitte Unterschiede in Aspekten der berufsbezogenen Lebenswelt von Männern gibt, die am Beginn und am Ende dieser Lebensphase stehen. Hierbei ist zu
berücksichtigen, dass die berufliche Lebenswelt neben dem familiären und Frei-

zeit bezogenen Kontext eine zentrale Stellung im Alltag des Erwachsenen in der Lebensmitte einnimmt.

Dazu soll zunächst erfasst werden, worin eigentlich die subjektiv belastenden Situationen am Arbeitsplatz für Männer dieser Altersgruppen bestehen. Von Interesse ist, welche Belastungen überhaupt und mit welcher Häufigkeit von den untersuchten Männern insgesamt und nach Altersgruppen unterschieden bejaht werden. Dazu wird für eine ökonomische Erfassung eine Liste von potentiellen Belastungsmomenten am Arbeitsplatz erstellt.

Ferner wird die Quantität der subjektiv wahrgenommenen beruflichen Belastungssituationen, so wie die globale Arbeitszufriedenheit des Berufstätigen als Ausdruck eines allgemeinen beruflichen Stresserlebens betrachtet. Dieses Stresserleben, was durch die genannten Konstrukte operationalisiert wird, nimmt Einfluss auf das Bewältigungsverhalten der Männer. Das Bewältigungsverhalten wird hier im Sinne eines gesundheitlichen Risikoverhaltens auf die berufliche Anforderungsbewältigung eingeengt. Prinzipiell sind nach einem transaktionalen Verständnis die Wirkrichtungen wechselseitig, d.h. das Stresserleben beeinflusst die Bewältigung, und die Funktionalität der Bewältigung moderiert wiederum das Stresserleben. Letztere Perspektive wird im Unterschied zur eigenen Fragestellung üblicher Weise untersucht. Im Unterschied zu der üblichen Perspektive, das Bewältigungsverhalten als unabhängige Variable zu konzeptualisieren, wird hier bei der Frage nach Wechselwirkungseffekten das berufliche Anforderungsbewältigungsverhalten als abhängige Variable betrachtet.

Vermutet wird, dass das Alter und die Geschlechtsrollenorientierung Moderatorvariablen darstellen bezüglich des Effekts, den das Stresserleben auf die Anforderungsbewältigung ausübt.

Die Datenerhebung erfolgte im Zeitraum von November 2002 bis Januar 2004. Es wurden Männer im Alter zwischen 40 und 45 Jahren und zwischen 55 und 60 Jahren für eine Fragebogenuntersuchung[11] gewonnen. An der Untersuchung nahmen insgesamt 72 Männer teil, wobei 37 Männer im Alter zwischen 40–45 Jahren und 35 im Alter zwischen 55–60 Jahren waren.

Beim Vergleich der Stichproben zeigt sich, dass beide Altersgruppen überwiegend in fester partnerschaftlicher Lebensgemeinschaft leben, dass aber bei der Gruppe der älteren Männer die Ehe das vorherrschende, klassische Partnerschaftsmodell darstellt, wohingegen bei den jüngeren Männern etwa gleichermaßen eheliche und nichteheliche Lebensformen existieren.

---

[11] Soziodemografischer Fragebogen, Liste zur Kennzeichnung belastenden Situationen am Arbeitsplatz, Skala Arbeit und Beruf aus Fragebogen zur Lebenszufriedenheit, (FLZ-A, Fahrenberg et. al., 2000), Fragebogen zur Analyse belastungsrelevanter Anforderungsbewältigung (FABA, Richter, Rudolph & Schmidt, 1996)), Extended Personal Attributes Questionnaire (EPAQ, Runge et al., 1981),

Ferner finden sich auch in dieser Studie bei den untersuchten jüngeren Männern deutlich mehr Kinderlose als bei der Vergleichsgruppe.

Der Unterschied im Bildungsniveau, beschreibbar als eine Tendenz zu höheren Bildungsabschlüssen bei den Jüngeren, setzt sich auch im Unterschied hinsichtlich der Verteilung der Berufsgruppen fort. Verantwortlich für diese Altersgruppenunterschiede sind einerseits Kohorteneffekte, andererseits kann aber auch ein Einfluss des Rekrutierungsmodus nicht ausgeschlossen werden.

10.6 Ergebnisse

Für die berufsbezogene Zufriedenheit konnte im Mittel kein Unterschied zwischen den beiden Teilstichproben nachgewiesen werden.

Trotz statistisch nicht bedeutsamer Alterseffekte zeigt sich bei deskriptiver Betrachtung der Gruppenwerte eine Tendenz zu höheren Zufriedenheitsmaßen der Jüngeren, was im Widerspruch zu empirischen Befunden in der Literatur steht (vgl. Schulte, 2005).

Betrachtet man die Mittelwerte der Altersgruppen auf Itemebene, so zeigen sich bei drei von sieben Items zur Zufriedenheit mit Arbeit und Beruf tendenziell höheren Mittelwerte bei den 40-45Jährigen Männern. So äußern sich die Jüngeren tendenziell zufriedener mit dem Betriebsklima, mit dem Ausmaß beruflicher Anforderungen und Belastungen und mit der Abwechslung, die der Beruf bietet.

Dass entgegen der vorherrschenden empirischen Befundlage in der vorliegenden Untersuchung kein signifikanter Altersgruppenunterschied bezüglich der Arbeitszufriedenheit gefunden werden konnte, kann zunächst auf die unterschiedliche Operationalisierung des Konstrukts zurückgeführt werden. So gingen in die geschilderten Metaanalysen zum Zusammenhang Alter und Arbeitszufriedenheit überwiegend Untersuchungen ein, in denen die Arbeitszufriedenheit durch ein einziges Item erfasst wurde. In der vorliegenden Studie werden verschiedene Facetten der Zufriedenheit in Arbeit und Beruf erfasst und dann zu einem Gesamtscore verrechnet, so dass möglicherweise die differenziertere Erfassung auch zu anderen Zufriedenheitsurteilen führt.

Darüber hinaus scheinen die bisherigen Befunde keine eindeutige Zusammenhangsform vorherzusagen, so dass es unterschiedliche Vorhersagen gibt, ab welchen Alters es zu einem substantiellen Anstieg der Arbeitszufriedenheit kommt. Schulte (2005) spricht von einem Anstieg ab Anfang bis Mitte Fünfzig, was in der eigenen Untersuchung eben nicht bestätigt wurde. Er schränkt allerdings ein, dass es lediglich bei Akademikern und Führungskräften zu diesem Anstieg komme. Da in den eigenen Untersuchungsgruppen Bildungsniveaus und Berufsgruppenzugehörigkeit mit der Altersgruppe konfundieren, ist das Ausbleiben des Arbeitszufriedenheitsanstieg wohl am ehesten dadurch zu erklären, dass die Älteren über die geringere Schulausbildung verfügen und in statusniedrigeren Berufsgruppen tätig sind. Dies beeinträchtigt auch nach dem Jobdemand-Modell und dem Modell der Gratifikationskrisen die Arbeitszufriedenheit negativ.

Für die Bedeutsamkeit des unterschiedlichen beruflichen Status und Bildungsniveaus für die Arbeitszufriedenheit spricht ebenfalls die Betrachtung der Altersgruppenmittelwerte auf Itemebene. Die untersuchten jüngeren Männer zeigen sich im Mittel zufriedener mit dem Betriebsklima, der beruflichen Anforderung/Belastung und Abwechslung, die ihnen die berufliche Tätigkeit bietet. Diese Merkmale sind eher in statushöheren Berufsgruppen anzutreffen, die durch mehr Entscheidungsspielräume und weniger Routinetätigkeiten gekennzeichnet sind.

Man kann die eigenen Ergebnisse als Hinweis werten, dass möglicherweise weniger die Variable Alter als wohl der berufliche Kontext die Arbeitszufriedenheit im Alter beeinflusst, was aber durch Untersuchungen an Stichproben, die die Variablen Alter und Berufsgruppenzugehörigkeit kontrollieren, zu prüfen wäre.

Die Häufigkeit beruflicher Belastungssituationen wird im Mittel in beiden Altersgruppen in vergleichbarer Weise angegeben. Weitere Vergleiche erfolgen auf Itemebene. Die 10 am häufigsten genannten Belastungen für die jüngeren Probanden sind:

- Zeitdruck (Termine):   48,6%
- Zeitdruck (Aufgaben): 43,2%
- Defizite in der Informationsweiterleitung: 29,7%
- Andere: 29,7%
- räumliche Gegebenheiten: 24,3%
- Informationen sind mehrdeutig: 21,6%
- zu wenig Anerkennung durch Vorgesetzte: 21,6%
- unterfordert zu sein: 21,6%

Bereitschaftsdienste, Festlegung von Inhalten und Abläufen, negative Rückmeldung über Arbeitsergebnisse und neue Verantwortungsübernahme werden in dieser Teilstichprobe nicht als Belastungen aufgezählt.

Für die älteren Männer sind es folgende Belastungen die am häufigsten angeben werden:

- Zeitdruck (Termine):   31,4%
- zu wenig Anerkennung durch Vorgesetzte: 22,9%
- Konflikte (Vorgesetzte): 20,2%
- räumliche Gegebenheiten: 20%

- Defizite in der Informationsweiterleitung: 20%
- Tätigkeit muss selbstständig geplant werden: 20%
- Konflikte (Arbeitssituation):   20%
- Konflikte (Kunden): 20%
- Entscheidungssituationen unter Zeitdruck: 20%
- Routinetätigkeiten: 20%

Nicht genannte Belastungen bei den älteren sind: zu wenig Anerkennung durch Kollegen, negative Rückmeldung über Arbeitsergebnisse und neue Verantwortungsübernahme.

Um inhaltlich darüber Aufschluss zu gewinnen, welche Items unterschiedlich eingeschätzt werden, erfolgte eine augenscheinliche Prüfung der Nennungshäufigkeiten.

Diejenigen Items, die mindestens 10%ige Unterschiede in der Nennungshäufigkeit beider Altersgruppen besitzen, wurden mit dem Chi-Quadrat-Test auf ihre Bedeutsamkeit geprüft.

Bedeutsame Altersunterschiede bestehen dahingehend, dass die jüngeren Männer häufiger als ältere Zeitdruck, der durch die Anforderung entsteht (43.3% / 14.3%) und zu wenig kollegiale Anerkennung (10.8% / 0 %) als Belastungsmomente ihres Berufs nennen. Ältere Männer geben demgegenüber häufiger als jüngere Männer, die Festgelegtheit der Tätigkeit (0%/ 17.1%), und arbeitsbedingte Konflikte mit Kollegen (2.7% / 17.1%) als Belastungen ihres Berufalltags an.

Zur weiteren Prüfung von Altersdifferenzen wurde zunächst die Faktorstruktur der LbSA auf der Basis von Φ-Koeffizienten der Items ermittelt (Hauptkomponentenanalyse mit anschließender VARIMAX-Rotation). Aufgrund der geringen Stichprobengröße und der dichotomisiert erhobenen Merkmale muss die Interpretation vorsichtig im Sinn einer explorativen Datenanalyse erfolgen.

Weitere Untersuchungen mit skaliert erfassten Items und an größeren Stichproben sind erforderlich.

Als vorläufige Faktoren wurden 6 Faktoren extrahiert:

Faktor 1: negative Emotionen bezogen auf die Tätigkeit und die Hierarchie
Faktor 2: Belastungen/Anforderungen aus hohen Freiheitsgraden und sozialen Kompetenzen
Faktor 3: Diffuse Anforderungssituationen
Faktor 4: Personelle Belastungssituationen und geringer Handlungsspielraum
Faktor 5: Zeitdruck
Faktor 6: geringe Rückmeldung /Unterforderung

Altersunterschiede zwischen den Gruppen lassen sich für den Faktor Zeitdruck nachweisen.

Demnach nennt die Gruppen der 40-45jährigen Männer durchschnittlich mehr zeitgebundene Arbeitsbelastungen (wie durch Aufgabe, Termindruck oder Entscheidungsdruck bedingte Belastungen, die mit hohem Verantwortungsumfang, häufig neuen Aufgaben und einem Informationsüberangebot einhergehen) als die Gruppe der 55-60 jährigen Männer.

Die Befunde stehen im Einklang zu der von Tamir (1982) gefundenen stärkeren Wettkampforientierung und Ambitioniertheit im Beruf in den jüngeren Jahren. Und auch die von Schulte (2005) beschriebenen Verschiebungen in der Arbeitsorientierung mit zunehmendem Alter der Beschäftigten sind konform mit der in der vorliegenden Untersuchung gefundenen subjektiven Belastungswahrnehmung am Arbeitsplatz.

So lässt sich zusammenfassen interpretieren, dass in den beiden Altersgruppen Belastungsmomente der Arbeitsplatzsituation inhaltlich unterschiedlich gewichten werden. Während jüngere Männer eher anforderungsbezogenen Zeitdruck, Mehrdeutigkeit von Informationen und zu wenig kollegiale Anerkennung beklagen, empfinden die Älteren stärker als Jüngere die Festgelegtheit der Tätigkeit, Konflikte durch die Arbeitssituation und arbeitsbedingte Konflikte mit Kollegen als belastend.

Dass Zeitdruck ein zentrales und universelles Belastungsmoment darstellt, ist unmittelbar einleuchtend und bedarf keiner weiteren Interpretation. Der Befund, dass jüngere Männer stärker Zeitdruck oder zeitgebundene Belastungen am Arbeitsplatz wahrnehmen als ältere Männer, kann mehrfach begründet sein. Zunächst ergibt sich das Erleben von Zeitdruck möglicherweise durch die tatsächlich hohen psychischen Anforderungen wie sie das Anforderungskontroll-Modell beschreibt, wobei der Handlungsspielraum der jüngern Männer vermutlich weniger durch die konkreten Arbeitsplatzbedingungen eingeschränkt ist (die Stichprobe der 40-45Jährigen sind überwiegend Selbständige und Angestellte in Leitungspositionen), sondern vielmehr durch die Notwendigkeit, sehr viel stärker als mit über 55 Jahren berufliche und familiäre Ansprüche gleichzeitig befriedigen zu müssen.

Darüber hinaus spiegeln sich in den Zustimmungsunterschieden der Altersgruppen auch die von Schulte (2005) postulierten unterschiedlichen Arbeitsorientierungen älterer und jüngerer Beschäftigter wider. In jüngeren Jahren ist der Beschäftigte nach Schulte stärker extrinsisch orientiert, d.h. der materielle und symbolisch-immaterielle Lohn seiner Tätigkeit besitzt besonderen Anreiz, so dass ein Ausbleiben oder Hindernisse beim Erreichen dieses Ziels – z.b. durch ungünstige Informationsstrukturen- stärker belastet. Ferner gibt es Befunde zu einer größeren Wettkampforientierung und Ambitioniertheit in jüngeren Jahren (Tamir, 1982).

In älteren Lebensjahren findet nach Schulte eine Verschiebung zu mehr intrinsischer Arbeitsorientierung statt, so dass Aspekte, die die Befriedigung aus der Arbeit selbst, die Sinnhaftigkeit und Harmonie gefährden, wie Konflikte am Arbeitsplatz dies tun, jetzt eher als Belastung wahrgenommen werden. Es bleibt aber insgesamt festzustellen, dass die Unterschiede zwischen den Altersgruppen lediglich akzentuelle Differenzen in der Belastungswahrnehmung von Männern am Beginn und am Ende des mittleren Erwachsenenalters darstellen.

Rein quantitativ gilt aber festzuhalten, dass jüngere und ältere Männer sich nicht in der Nennungshäufigkeit von Belastungsmomenten am Arbeitsplatz unterscheiden. Es ergeben sich also keine Hinweise auf ein stärkeres Belastungsempfinden einer Altersgruppe. Inhaltlich nehmen die Altersgruppen über alle erfragten beruflichen Belastungsmomente hinweg ebenfalls ähnlich häufig Aspekte des Berufskontextes als Belastung wahr.

Wie sieht die belastungsrelevante Aufgabenbewältigung der untersuchten Männer aus? Die befragen Männer werden bezüglich der FABA – Faktoren „Erholungsunfähigkeit", „Planungsambition", „Ungeduld" und „Dominanzstreben" hinsichtlich ihres Ausprägungsgrades in „normal, auffällig und stark auffällig" kategorisiert. Sowohl junge als auch alte Männer unterscheiden sich nicht in den Faktoren Erholungsunfähigkeit und Planungsambition, wenn man die Ausprägung in den Stufen normal bis sehr auffällig zugrunde legt. Beide Altersgruppen zeigen werden überwiegend als „normal" kategorisierte Ausprägungen von Erholungs- (un)fähigkeit und Planungsambitionen. Dennoch zeigen die Älteren im Mittel ein höheres Ausmaß an Planungsambitionen, die jedoch immer noch im Bereich des Normalen liegt. Für den Faktor „Ungeduld" zeigt sich tendenziell, dass ältere in stärkerem Ausmaß ein auffälliges und sehr auffälliges Ausmaß an Ungeduld angeben.

Bezüglich des Faktors „Dominanzstreben" zeigen sich ebenfalls hoch signifikante Unterschiede zwischen den Altersgruppen. Hier belegen die älteren Männer in signifikanter Weise die auffälligeren Kategorien.

Die Befunde widersprechen damit den Befunden von Dlugosch (1094a), die diese an einer Stichprobe von Kurpatienten gewonnen hat. Unterschiede im Anforderungsbewältigungsverhalten wurden dort nur zwischen Über- und Unter-30Jährigen gefunden, nicht aber zu anderen Altersgruppen.

Zusammenfassen zeigt sich, dass die Älteren hinsichtlich zweier Faktoren den riskanteren Umgang mit beruflicher Anforderung pflegen.

Der risikoträchtigere Stil der Älteren findet sich bezüglich „Ungeduld" (tendenziell) und „Dominanz" in der Anforderungsbewältigung. Die Altersgruppe der 55-60Jährigen fällt also eher als jüngere Männer durch einen beruflichen Bewältigungsstil auf, der durch emotionale Unbeherrschtheit und überstürzt, hektisches Verhalten gekennzeichnet ist, wenn in der Handlungsausführung bei beruflichen Anforderungen Barrieren auftreten. Dieser Steuerungsverlust geht mit Übererregtheit einher. Ferner neigen ältere erwerbstätige Männer offensichtlich in stärkerem Maße als jüngere zu Verhaltensweisen, im beruflichen Kontext mit anderen die Führung und Kontrolle über die Situation zu übernehmen. Die Ergebnisse widersprechen damit den Befunden der Testautoren. Die Autoren selbst fanden nur bedeutsam höhere Werte bezüglich „Erholungsunfähigkeit" und „Planungsambition" in der Gruppe der über 30Jährigen verglichen mit den unter 30Jährigen. Keine Alterseffekte fanden sie für die übrigen Faktoren und auch nicht im Vergleich zu der Altersgruppe der über 50jährigen. Bezüglich der Dominanz erhalten Ältere für geringere Rohwerte schon die auffälligere Kategorisierung, d.h. mit dem Alter wird sogar eine Abnahme der Dominanzwerte erwartet. Dem widerspricht der eigene Befund. Verantwortlich dafür könnte die Stichprobenzusammensetzung von nur erwerbstätigen Männern sein. Die Normierungstichproben der Testautoren rekrutiert sich zu einem großen Teil aus Patientengruppen, die vermutlich die Erwerbstätigkeit schon aufgegeben oder unterbrochen haben, und somit Einstellungsveränderungen zu beruflichen Anforderungsbewältigung unterliegen.

Ferner stützt die eigene Untersuchung nicht die Annahme einer Abnahme primärer Kontrollstrategien bei den Älteren, was sich in einer Abnahme risikobehafteter Anforderungsbewältigung zeigen würde. Stattdessen scheinen 55-60jährige Männer ihre bisherigen Strategien in der beruflichen Anforderungsbewältigung im Sinne „Mehr des Selben" (bezüglich Ungeduld und Dominanz) zu intensivieren, was als ein Ausdruck eines rigiden Bewältigungsmusters interpretiert werden kann, dass das eigene Verhalten sich dem im höheren Alter geänderten Anforderungsprofil nicht akkomodativ anpasst. Damit muss auch die Annahme von Zielverschiebungen im Alter, wie sie das SOK-Modell vorhersagen würde, für den hier untersuchten Altersbereich abgelehnt werden. Gleichzeitig liefert dieses Ergebnis auch eine weitere Erklärung für die gefundene geringere Arbeitszufriedenheit der Älteren. So führt ein Beharren auf bekannten Anforderungsbewältigungsstilen bei gleichzeitig altersbedingten Anforderungsveränderungen und -erhöhungen in der Bilanz vermutlich zu einer stärkeren Belastung durch die Aufwandserhöhung, die notwendig ist, um die gleichen Ziele wie in jüngeren Jahren zu erreichen, was sich wiederum ungünstig auf die Zufriedenheit auswirkt.

Möglicherweise sind erwerbstätige Männer bis zum 60. Lebensjahr noch nicht in der Lebensphase, in der es zu einer akkomodativen Veränderung der Anforderungsbewältigungsstile kommt. Denkbar wäre es, dass durch eine weitere Abnahme der Zufriedenheit mit Arbeit und Beruf die notwendige Voraussetzung gegeben ist, um dann später die Motivation bereitzustellen für Zielverschiebungen oder Anspruchsniveausenkungen im Beruf im Sinne einer sekundären Kontrollstrategie oder akkomodativen Bewältigungsstrategie.

Aus Gesundheitspsychologischer Perspektive ist der Befund der als normal kategorisierten „Erholungsunfähigkeit" beider Männer-Altersgruppen bemerkenswert. Gemeint ist damit eine generalisierte Einstellung zur beruflichen Belastung, die im Erleben zur Einschränkung der Erholungsfähigkeit führt, von der Person aber akzeptiert wird. Subjektiv wird eine Arbeitskontinuität erlebt, die nicht unterbrochen werden kann. Personen mit hohen Ausprägungen in dem Faktor „Erholungsunfähigkeit" weisen Merkmale sympathikotoner Hyperaktivität, Ermüdung und Erschöpfung auf. Diese Zusammenhänge ließen sich empirisch an Gesunden und Infarktpatienten bestätigen, so dass die „Erholungsunfähigkeit" einen unmittelbaren Bezug zu Risikofaktoren von Herz-Kreislauferkrankungen hat. Es ist daher erfreulich, dass sich hinsichtlich dieses Faktors keine Altersgruppenunterschiede bei den erwerbstätigen Männern mittlern Alters ergeben. Für eine Präventionsperspektive i.b. für Herz-Kreislauferkrankungen lassen sich aus den Befunden folgende Ziele ableiten:

- Stärkung der vorhandenen Erholungs- und Regenerationsfähigkeiten aller männlichen Altersgruppen
- Reduktion eines durch Dominanz und erhöhten Kontrollbestrebens gekennzeichneten Anforderungsumgangs besonders bei den Älteren.
- Reduktion eines emotional unbeherrschten, übererregten und hektischen Verhaltens bei Anforderungen besonders bei den Älteren.

Im Folgenden sollen Zusammenhänge zwischen den untersuchten Bereichen dargestellt werden. Zunächst werden Belastungserleben und Bewältigungsstile in Beziehung gesetzt:

Es besteht ein hoch signifikant positiver Zusammenhang zwischen dem Faktor „Zeitdruck" des LbSA und der Skala „Erholungsunfähigkeit". Je mehr berufliche Belastungen aus zeitlichen Gründen empfunden werden, umso größer ist die Wahrscheinlichkeit für Einschränkungen in der Erholungsfähigkeit.

Das Erleben von Zeitdruck unterschiedlicher Ursachen geht offensichtlich mit der Neigung einher, sich nicht zeitweise von Arbeitsanforderungen distanzieren zu können, gedanklich „dran bleiben zu müssen".

Ferner korreliert „Zeitdruck" auch signifikant mit dem Bewältigungsstil „Dominanz". Diejenigen, die unter zeitbedingten Beeinträchtigungen bei der Arbeit leiden, zeigen vermehrt den Wunsch nach Führung und Mittelpunktsrolle und wollen schneller und besser als andere sein.

Der Faktor 2 der LbSA, welcher durch Belastungen/Anforderungen aus hohen Freiheitsgraden und sozialen Kompetenzen gekennzeichnet ist, steht mit dem Bewältigungsstil „Ungeduld" in signifikant positivem Zusammenhang. Emotionale Unbeherrschtheit und hektisch, überstürztes Verhalten sobald Barrieren bei der Handlungsausführung erlebt werden, gehen einher mit der Wahrnehmung von Belastungen aus Anforderungen, die durch hohe Freiheitsgrade bei der Arbeit entstehen, und aus Anforderungen an soziale Kompetenzen bei der Arbeit.

Ein derartiger Bewältigungsstil ist offensichtlich nicht geeignet, mit eher unstrukturierten, uneindeutigen und spannungsvollen Situationen umzugehen. Daraus resultiert, dass Männer, die zu einem ungeduldigen Stil neigen, eher in derartigen konflikthaften Situationen Belastungen erleben, bzw. Männer, die diesen Belastungsaspekt besonders erleben, neigen eher zu einem Bewältigungsstil, der durch den Faktor Ungeduld beschrieben wird.

Weiterhin soll der Frage nachgegangen werden, in wie weit die berufsbezogene Zufriedenheit im Zusammenhang mit den erlebten belastenden Situationen am Arbeitsplatz steht.

Hier konnte gezeigt werden, das zwischen dem sechsten Faktor der Liste belastender Situationen am Arbeitsplatz, der geringe Rückmeldung und Gefühle der Unterforderung, Konflikte mit Kunden und wechselnde Arbeitszeiten umfasst und der beruflichen Zufriedenheit bedeutsame negative, wenn auch geringe korrelative Zusammenhänge bestehen. D.h. diese genannten Belastungen gehen mit geringerer beruflicher Zufriedenheit einher.

Wirkt sich die Geschlechtsrollenorientierung erfasst durch den EPAQ in den Altersgruppen verschiedener Maßen auf den beruflichen Bewältigungsstil aus? Varianzananlytisch zeigt sich dieser Effekt für Erholungsunfähigkeit und Dominanz, jedoch nicht für Ungeduld und Planungsambition.

Für Erholungsunfähigkeit zeigt sich folgendes Muster:
Bei den 40-45jährigen ist die „Erholungsunfähigkeit" unabhängig vom Geschlechtsrollenselbstbild. In der Gruppe der 55-60jährigen Männer zeigt sich jedoch, dass die maskulin Typisierten deutlich weniger Erholungsunfähigkeit als Ihre Altersgenossen und die jüngeren Männer aufweisen.

So ist eine maskuline Typisierung bei der Gruppe der 55-60jährigen ein Schutzfaktor für „Erholungsunfähigkeit". Offensichtlich führt ein maskulin geprägtes Selbstbild zu einer Überzeugung im beruflichen Kontext, „sich nicht mehr beweisen" zu müssen oder anders ausgedrückt zu berufsbezogenem Selbstbewusstsein, das ein Abschalten von Anforderung und Regeneration gut erlaubt. Umgekehrt kann eine undifferenzierte Geschlechtsrollentypisierung bei den Älteren eher als Risikofaktor für „Erholungsunfähigkeit" gelten. Der Befund entspricht auch dem empirisch gefundenen Zusammenhang zwischen Maskulinität und psychischer Gesundheit und Selbstwertgefühl (Sieverding, 1990; Bierhoff-Alfermann, 1989).

Für Dominanz findet sich dagegen folgendes Muster:
Maskulin typisierte junge Männer zeigen deutlich mehr Dominanzneigung als maskulin typisierte ältere Männer. Das bedeutet, dass dominante Eigenschaften in der beruflichen Anforderungsbewältigung nur für die jüngere Altersgruppe assoziiert ist mit einer maskulinen Selbstbeschreibung. Bei den älteren Männern sind dagegen die androgyn typisierten, diejenigen mit der stärksten Dominanzneigung.

Die älteren Männer können sich offenbar auch als maskulin wahrnehmen, ohne dominantes Verhalten im Beruf zeigen zu müssen. Bei ihnen sind es dann eher die Androgynen, die verstärkte Dominanzwerte zeigen. Möglicherweise bestehen hier Überlappungen beider Konstrukte. So ist eine Selbsttypisierung, die sowohl stark weibliche als auch stark männliche Eigenschaften beinhaltet, eventuell Ausdruck einer Persönlichkeit, die in jeder Lebenslage bestrebt ist Kontrolle und Macht zu behalten, was durch die Ausbildung beider Tendenzen optimal gelingen müsste.

Es lässt sich konstatieren, dass die Annahme eines ungünstigeren Bewältigungsstils der jüngeren, maskulinen und androgynen Männer bezüglich „Erholungsunfähigkeit" und „Dominanz" bestätigt werden kann. Der maskulinen Geschlechtsrollentypisierungen kommen in Abhängigkeit vom Alter unterschiedliche Bedeutungen bei der belastungsbezogenen Anforderungsbewältigung zu. Bei den Älteren scheint Maskulinität eher die Rolle eines Schutzfaktors einzunehmen, bei jüngeren eher die eines Risikofaktors.

Zusammenfassend lässt sich aufzeigen, dass die vorliegende Untersuchung nur für einen der angenommenen Stressindikatoren und ebenfalls nur für einen Faktor des Anforderungsbewältigungsverhaltens bedeutsame Altersunterschiede aufzeigen konnte. Das Lebensalter scheint im mittleren Erwachsenenalter von Männern keine eindeutige Indikatorfunktion zu besitzen, so dass sich damit Stresserleben oder Bewältigungsverhalten im Beruf vorhersagen ließe. Die Pluralität der Lebenskontexte im Erwachsenenalter führt vermutlich dazu, dass sich in einer Querschnittsuntersuchung Veränderungen innerhalb der Lebensphase von 40 bis 60 Jahren nicht hinreichend abbilden lassen. Hierfür wären längsschnittlich angelegte Untersuchungen erforderlich.

Bezüglich der Arbeitszufriedenheit als angenommenen Stressindikator ließen sich entgegen der vorherrschenden empirischen Befunde keinerlei Altersdifferenzen aufzeigen, was an methodischen Problemen der unterschiedlichen Operationalisierungen des Konstrukts oder auch an der Selektivität der eigenen Stichprobe hinsichtlich der Berufsgruppen liegen mag.

Es lassen sich aber auch bezüglich des dritten angenommenen Stressindikators, der subjektiv als belastend wahrgenommenen Arbeitsplatzsituation, keine Altersunterschiede finden. Hinweise für ein quantitativ unterschiedliches Stresserleben im beruflichen Kontext von erwerbstätigen Männern in der Lebensmitte können also im Hinblick auf die Altersgruppenzugehörigkeit nicht gefunden werden. Vermutlich ist es nicht so sehr die altersdefinierte Lebensphase, die die Höhe des Stresserlebens moderiert, sondern Kontextbedingungen des Berufs und der berufliche Status haben den bedeutsameren Einfluss. Es lassen sich aber Hinweise für qualitative Unterschiede finden. Jüngere Männer erleben andere Aspekte der Arbeitssituation belastend als ältere Männer, was sowohl durch unterschiedliche Arbeitsorientierungen als auch durch unterschiedliche physiologisch-psychische Beanspruchung erklärbar ist.

Die Betrachtung des belastungsrelevanten Anforderungsbewältigungsverhaltens ergab, dass beide Altersgruppen keine auffällige Ausprägung bezüglich des für Herz-Kreislauferkankungen relevanten Risikofaktors „Erholungsunfähigkeit" aufweisen. Bezüglich der Faktoren „Dominanz" und (in statistisch tendenzieller Weise) „Ungeduld" konnte aber der risikoträchtigere Stil bei den älteren Männern gefunden werden, woraus sich entsprechende Ansatzpunkte für eine präventive Interventionsplanung ableiten lassen. Die Befunde über das Bewältigungsverhalten der Älteren in der Lebensmitte können also die Annahmen von Zielverschiebungen nach dem SOK-Modell oder von der Reduktion primärer Kontrollstrategien (bzw. assimilativer Strategien) mit zunehmendem Alter für den Altersbereich mittleres Lebensalter nicht stützen.

Die berufliche Anforderungsbewältigung wird aber nicht allein durch die Altersgruppenzugehörigkeit bestimmt, sondern es bestehen Wechselwirkungen mit der Geschlechtsrollenorientierung der Männer. Bei den Älteren wirkt sich Maskulinität hinsichtlich der „Erholungsunfähigkeit" und der „Dominanz" bei der Anforderungsbewältigung als Schutzfaktor aus, während Jüngere mit hohen Maskulinitätswerten bezüglich dieser beiden Stile ungünstigere Ausprägungen zeigen.

Literatur

Aiken L.S. & West, S.G. (1991): Multiple regression. Testing and interpreting interactions. Newbury Park: Sage.

Antonovsky, A. (1979): Health, stress and coping: New perspectives on mental and physical well-being. San Francisco: Jossey-Bass Publishers.

Appels, A. & Mulder, P. (1988): Excess fatigue as a precursor of myocardial infarction. European Heart Journal, 9, 758-764.

Aschermann, E. & Schulz, A.-P. (1997): Geschlecht, Geschlechtsrollenorientierung und Lebensplanung. Sexologie 1 (4), 27-44.

Baltes P.B:, Smith, J. & Staudinger, U. (1991). Wisdom and successful aging. In: T.B. Sonderegger (Ed.). Psychology and Aging. The Nebraska symposium on motivation, Volume 39, Lincoln: Nebraska University Press.

Barefoot, J.C., Dodge, K.A., Peterson, B.L., Dahlstrom. W.G. & Williams, R.B. (1989): The Cook-Medley Hostility Scale: Item content and ability to predict survival. Psychosomatic Medicine, 51, 46-57.

Barefoot, J.C., Dahlstrom, W.G. & Williams, R.B. (1983): Hostility, CHD incidence and total mortality: A 25-year follow-up of 2555 physicians. Psychosomatic Medicine, 45, 59-63.

Bartenwerfer, H. (1960). Herzrhythmik-Merkmale als Indikatoren psychischer Anspannung. Psychol. Beitr. 4, 7–25

Becker, P (1982): Psychologie der seelischen Gesundheit. Band 1: Theorien, Modelle, Diagnostik. Göttingen: Hogrefe.

Becker, P. & Minsel, B. (1986). Psychologie der seelischen Gesundheit. Band 2: Persönlichkeitspsychologische Grundlagen, Bedingungsanalysen und Förderungsmöglichkeiten. Göttingen: Hogrefe.

Bierhoff-Alfermann, D. (1989): Androgynie. Opladen: Westdeutscher Verlag.

Booth-Kewley, S. & Friedman, H.S. (1987): Psychological predictors of heart disease. A quantitative review. Psychological Bulletin, 101, 342-362.

Bornemann, E. (1959). Untersuchungen über den Grad der geistigen Beanspruchung. Meisenheim: Hain. (Nachdruck von 1942. Arbeitspsychologie 12, 142-191)

Brush, D.H.; Molch, M.K.; Pooyan, A. (1987). Individual demographic differences and job satisfaction. Journal Occupational Behavior, 8, 139-155.

Clarey, J.H.; Sanford, A. (1982): Female career preference and androgyny. Vocational Guidance Quarterly 30: 258-264.

Clark, A.E., Oswald, A. & Warr, P. (1996). Is job satisfaction U-shaped in age? Journal of Occupational and Organizational Psychology, 69, 57-81.

Cohen, J. & Cohen, P. (1975). Applied multiple regression/correlation analysis for the behavior sciences. Hillsdale: Lawerence Earlbaum.

Cytrynbaum, S. & Crites, J.O: (1989). The utility of adult development theory in understanding career adjustment process. In: M.B. Arthur, D.T. Hall & B.S. Lawernce (Eds.) Handbook of Career Theory. Cambridge: Cambridge University Press.

Dlugosch, G.E. (1994a): Veränderungen des Gesundheitsverhaltens während einer Kur. Längsschnittstudie zur Reliabilitäts- und Validitätsprüfung des Fragebogens zur Erfassung des Gesundheitsverhaltens (FEG). Landau: Empirische Pädagogik.

Domke, D. (1989): Arbeitsinhalte und Anforderungsbewältigungsstile bei Herzinfarktpatienten. Dissertation Technische Universität Dresden.

Fahrenberg, J., Myrtek, M., Schumacher,J. & Brähler,E. (2000): Fragebogen zur Lebenszufriedenheit. Göttingen: Hogrefe

Fahrenberg, J.; Hampel, R. & Selg, H. (2001): Das Freiburger Persönlichkeitsinventar FPI-R. Handanweisung. 7.Auflage. Göttingen: Hogrefe.

Feldman, S.S, Biringen, Z.C. & Nash, S.C. (1981): Fluctuation of sex-related self-attributions as a function of stage of family life cycle. Developmental Psychology, 19, 278-289.

Friedman, M. & Rosenman, R.H. (1959): Association of specific overt behavior pattern with blood and cardiovaskular findings: Blood cholesterol, blood clotting time, incidence of arcus senilis and clinical coronary artery disease. Journal of American Medical Association, 169, 1286-1296.

Gloger-Tippelt (1993) Der Kinderwunsch aus psychologischer Sicht. Opladen: Leske + Budrich. Ein Literaturbericht im Auftrag des Bundesministeriums für Jugend, Familie, Frauen und Gesundheit.

Goldstein, M.G. & Niaura, R.(1992): Psychological factors affecting physical condition. Cardiovascular disease literature review. Part I. Coronary artery disease and sudden death. Psychosomatics, 33, 134-145.

Hacker, W. (1991) : Aspekte einer gesundheitsstabilisierenden und –förderlichen Arbeitsgestaltung. Zeitschrift für Arbeits- und Organisationspsychologie, 35, 48-58.

Hackman, J.R. & Oldman,G.R. (1975). Motivation through the design of work. Organizational Behavior and Human Performance 16, 250-279.

Haynes, S.G., Feinleib, M. & Kannel, W.B. (1980): The relationship of psychosocial factors to coronary heart disease in the Framingham heart Study. III. Eight-year incidence of coronary heart disease. American Journal of Epidemiology, 111, 37-58.

Hearn, M.D., Murray, D.M. & Luepker, R.V. (1989): Hostility, coronary heart disease and total mortality: A 33-year follow-up studie of university students. Journal of Behavioral Medicine, 12, 105-121.

Helmreich, R.L., Spence, J.T., Beane, W.E., Lucker, G.W. & Matthews, K.A (1980): Making it in academic psychology. Demographic and personality correlates of attainment. Journal of Personality and Social Psychology, 39, 896-908.

Johnson, J. V., Hall, E. M., Theorell, T (1989): Combined effects of job strain and social isolation on cardiovascular disease morbidity and mortality in a random sample of the Swedish male working population. Scand. J. Work Environ. Health 15, 271-279.

Junghanns, G., Ertel, M., Ullsperger, P. (1998): Anforderungsbewältigung und Gesundheit bei computergestützter Büroarbeit (Abschlußbericht). Bremerhaven: Wirtschaftverlag NW.

Kallenberg, A. L. & Loscocco, K.A (1983). Aging, values and rewards: Explaing differences in job satisfaction. American Sociological Review, 48, 78 -90.

Karasek, R. & Theorell, T. (1990)(eds.): Health work. Stress, productivity and the reconstruction of working life. New York: Basic Books.

Koskenvuo, M., Kario, J., Rose, R.J., Kesaniemi, A., Sarna, S. Heikkila, K. & Langinvainio, H. (1988): Hostility as a risk factor for mortality and ischemic heart disease in men. Psychosomatic Medicine, 50, 330-340.

Lazarus, R.S. & Launier, R. (1981). Streßbezogene Transaktionen zwischen Person und Umwelt. In J.R. Nitsch: Streß. Bern: Huber.

Lehr, U. Schmitz-Scherzer, K.G. (1969). Psychologische Störfaktoren des modernen Arbeitslebens in mittleren und höheren Lebensalter. Gerontologie, 2, 183-194.

Marshall,S.; Wijting, J.P. (1982): Dimensionality of women's career orientation. Sex Roles, 135-146.

Miegel, M., Wahl, S. & Hefele, P. (2003) Lebensstandard im Alter. Warum Senioren in Zukunft mehr Geld brauchen. Köln: Deutsches Institut für Altersvorsorge.

Myrtek, M. (2000): Das Typ-A-Verhaltensmuster und Hostility als eigenständige Risikofaktoren der koronaren Herzkrankheit. Frankfurt: VAS.

Otto, S.& Schlosser, R. (1995). Der kontinuierliche Blutdruck als Ausdruck geistiger Belastung . Abschlußbericht zur forschungsorientierten Vertiefung. Fr Psychologie, Technische Universität Dresden (unveröffentlicht).

Quaas,P., Richter,P. & Schirmer,F. (1986): Performance in cognitive tasks and cardiovascular parameters as indicator of mental load. In. F.Klix & H. Wandtke,H. (eds.): Man-computer-interaction research. Amsterdam: Elsevier.

Rau, R &Richter, P. (1995). 24-Stunden-Monitoring zur Prüfung der Reaktivität psychophysiologischer Parameter in Belastungs- und Erholungsphasen: Speichelparameter und kardiovaskuläre Parameter in Feld- und Experimentaluntersuchungen. Schriftenreihe der Bundesanstalt für Arbeitsschutz und Arbeitsmedizin (FB 12.001), Bremerhaven: Wirtschaftsverlag NW

Rhodes, S.R. (1983). Age-related differences in work attitudes and behavior: A review and conceptual analysis. Psychological Bulletin, 93, 328-367.

Richter, P. & Hacker, W. (1998): Belastung und Beanspruchung: Streß, Ermüdung und Burnout im Arbeitsleben. Heidelberg: Asanger.

Richter,P., Rudolf, M. & Schmidt, C. F. (1996): Fragebogen zur Analyse belastungsrelevanter Anforderungsbewältigung (FABA). Frankfurt: Swets & Zeitlinger B.V.

Rosenman, R.H., Friedman, M., Straus, R., Wurm, M., Kosichek, R., Hahn, W. & Werthessen, N.T: (1964): A predictive study of coronary heart disease: the Western Collaborative Group Study. Journal of American Medical Association, 1989, 15-22.

Scheuch, K. & Schröder,H. (1990): Mensch unter Belastung. Berlin: Deutscher Verlag der Wissenschaften.

Schnall, P.L., Belcik, K., Landsbergis, P. & Baker, D. (2000): The workplace and cardiovascular disease. Occupational Medicine: State of the Art Reviews, 15, 1-334.

Schulte, K. (2005): Arbeitszufriedenheit über die Lebensspanne. Lengerich: Pabst.

Schulz, R. & Heckhausen, J. (1996). A life-span model of successful aging. American Psychologist, 51, 702-714.

Schwarzer, R. (2004): Psychologie des Gesundheitsverhaltens. Göttingen: Hogrefe.

Schwenkmezger, P. (1994): Gesundheitspsychologie: Die persönlichkeitspsychologische Perspektive. In: P. Schwenkmezger & L.R. Schmidt: Lehrbuch der Gesundheitspsychologie Stuttgart: Enke, 47-64.

Siegrist, J. (1996): Soziale Krisen und Gesundheit. Göttingen: Hogrefe, 833-846.

Siegrist, J. (2002): Stress am Arbeitsplatz. In R. Schwarzer, M. Jerusalem, H. Weber (Hrsg.): Gesundheitspsychologie von A bis Z. Göttingen: Hogrefe, 554-560.

Sieverding, M. (1990): Psychologische Barrieren in der beruflichen Entwicklung von Frauen am Beispiel der Medizinerinnen. Stuttgart: Enke Verlag.

Stark, H., Enderlein, G., Heuchert, G., Kersten, N. & Wetzel, A.-M. (1998): Streß am Arbeitsplatz und Herz-Kreislauf-Krankheiten (Abschlußbericht). Bremerhaven: Wirtschaftverlag NW.

Suadicani, P., Hein, H.O., Gyntelberg, T. (1993): Are social inequalities as associated with the risk of ischemic heart disease a result of psychosocial working conditions? Atherosclerosis, 101, 165-175.

Tamir, L. (1982): Men at middle age: Development Transitions. Annals of American Academy of Political and Social Science, 464, 47-56.

Theorell, T. (1986): Stress at work and risk of myocardial infarction. Postgraduate. Medical Journal, 62, 791-795.

Udris, I, Rimann, M. & Thalmann, K. (1994): Gesundheit erhalten, Gesundheit herstellen: Zur Funktion saltogenetischer Ressourcen. In B. Bergmann & P. Richter (Hrsg.): Die Handlungsregulationstheorie. Von der Praxis einer Theorie. Göttingen: Hogrefe.

Warr, P. (1992). Age and occupational well-being. Psychology and Aging, 1, 37-45.

Weinert, A. B. (2004): Organisations- und Arbeitspsychologie. Weinheim: Beltz.

Williams, S.W. & McCullers, J.C. (1983): Personal factors related to typicalness of career and success in active professional women. Psychology of Women Quarterly, 7: 343-357.

Wright, JD & Hamilton, R.F. (1978). Work satisfaction and age. Some evidence for the "job change" hypothesis. Social Forces, 56, 1140-1158.

11. Lebenszufriedenheit und Stressbewältigung - Ausdruck der Bewältigung der Entwicklungsaufgaben

11.1 Lebenszufriedenheit

Lebenszufriedenheit, subjektives Wohlbefinden, Glück und Lebensqualität sind Begriffe sozialwissenschaftlicher, medizinischer und psychologischer Forschung, die oft wenig scharf definiert sind. Schumacher, Klaiberg & Brähler (2003) geben einen Überblick über diese eng verwandten Begriffe. So werden in der s.g. Sozialberichtserstattung objektive soziale und ökonomische Indikatoren herangezogen, um für größere Bevölkerungsgruppen Lebensqualität einzuschätzen (z.b. Andrews & Whitey, 1976 nach Schumacher, Klaiberg & Brähler, 2003). Dagegen werden in der medizinischen und psychologischen Forschung subjektive Indikatoren, wie Wohlbefinden und Lebenszufriedenheit, als Bestandteil von Lebensqualität untersucht.

Einen breiten Forschungsbereich innerhalb der Lebensqualitätsforschung stellt die *gesundheitsbezogene Lebensqualitätsforschung* dar. Lebensqualität wird hier individuumbezogen erfasst und als ein Evaluationskriterium medizinischer Maßnahmen, beispielsweise in der Onkologie, der Kardiologie oder der Psychiatrie herangezogen. Therapien werden nicht mehr allein nach der möglichen Verlängerung der (Über-) Lebenszeit beurteilt, sondern die Maximierung der Lebensqualität wird als Outcome-Kriterium erfasst und in Kosten-Nutzwert-Analysen einbezogen.

Wurde bei der Erfassung von Lebensqualität zunächst und insbesondere im angloamerikanischen Sprachraum die Funktionsfähigkeit des Patienten zu einem Index-Wert zusammengefasst, können physische, psychische, soziale und funktionale Dimensionen nicht außer Acht gelassen werden. So entwickelt Bullinger (1991) ein multimodales Modell der Lebensqualität, in dem körperliche Verfassung, psychisches Befinden, soziale Beziehungen und Funktionen jeweils auf den Beurteilungsdimensionen emotional, instrumentell, kognitiv und Belastung/Ressourcen eingeschätzt werden. Beeinflusst wird diese 4x 4 Matrix (siehe Abb. 6) von der Persönlichkeit der Person, den aktuellen Lebensbedingungen und Merkmalen des Gesundheitszustandes.

Modell der Lebensqualität				
Persönlichkeit		Krankheit Lebensqualität	Lebensbedingungen	

Komponenten Beurteilungsdimensionen	Körperliche Verfassung	Psychisches Befinden	Soziale Beziehungen	Funktionen im Alltag
Emotional	Müdigkeit	Stimmung	Zuneigung	Lebensfreude
Instrumentell	Körperliche Leistungsfähig-Keit	Problemumgang	Kontakte	Beruf
Kognitiv	Zufriedenheit/ Wichtigkeit	Zufriedenheit mit Selbst	Zufriedenheit mit Partnerschaft	Wichtigkeit der Arbeit
Belastungen/ Ressourcen	Beschwerden	Coping	Social Support	Daily hassles

Veränderungen
im Zeitverlauf

Abb. 6 Modell der Lebensqualität nach Bullinger (1991)

Körperlich schwerer erkrankte Patienten haben nicht automatisch eine schlechtere Lebensqualität. Vielmehr finden häufig Veränderungen in der Bewertung der eigenen gesundheitsbezogenen Lebensqualität statt. Dies wird unter dem Begriff „response shift" zusammengefasst. Der jeweils Erkrankte schätzt seine Lebensqualität entsprechend veränderter Bezugsgrößen ein, findet Zufriedenheit in Bereichen, die vorher unwichtiger erschienen. So fordern auch manche Autoren, Lebensqualität ausschließlich unter intraindividueller Perspektive zu betrachten. Sollen Aussagen zum interindividuellen Vergleich gemacht werden, müsste „response shift" angemessen operationalisiert und berücksichtigt werden.

Neben der medizinischen und sozialwissenschaftlichen Betrachtungsweise von Lebensqualität steht die psychologische Forschung zum Begriff „*Wohlbefinden*". Diese beiden Konzepte – Lebensqualität und Wohlbefinden- sind inhaltlich schwer von einander abzugrenzen, da Lebensqualität über Aspekte von Wohlbefinden definiert wird.

Diener & Lucas (2000) unterteilen in ihrer Theorie des subjektiven Wohlbefindens (s. Abb. 7) das subjektive Wohlbefinden in eine emotionale oder affektive Komponente und eine kognitiv- bewertende Komponente. Während sich die emotionale Komponente weiter aufteilen lässt in „positiven Affekt", „negativen Affekt" und „Glück", wird die kognitiv- bewertende Komponente des Wohlbefindens durch die globale und bereichsspezifische Lebenszufriedenheit (Fahrenberg, Myrtek, Schumacher & Brähler, 2000) repräsentiert.

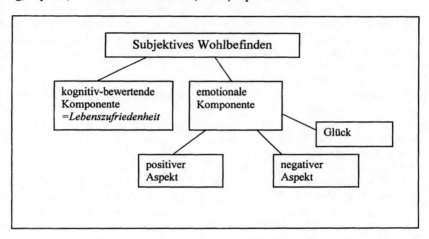

Abb. 7 Theorie des subjektiven Wohlbefindens nach Diener & Lucas (2000)

Dabei werden Lebenszufriedenheit und Glück nach DeNeve & Cooper (1998) als Trait- Komponenten und Positiver bzw. Negativer Affekt als State- Komponenten des subjektiven Wohlbefindens aufgefasst und Lebenszufriedenheit wird sowohl in der medizinischen als auch der sozialwissenschaftlich Forschungstradition als kognitiv-wertende Dimension von Wohlbefinden / Lebensqualität aufgefasst.

Weiterhin lässt sich Lebenszufriedenheit global und bereichsspezifisch erfassen. Die globale Lebenszufriedenheit kann als „Lebensgrundstimmung" (Fahrenberg et.al., 1986) angesehen werden. Sie wird in einer bevölkerungsrepräsentativen Untersuchung der BRD von Schumacher, Laubach & Brähler (1995) mit einem Mittelwert von 5.3 auf einer 7-stufigen Skala angeben. Ähnlich ermittelten Glatzer & Zapf (1984) einen Mittelwert der globalen Zufriedenheit von 7.7 auf einer 10-stufigen Skala, der einem Wert von 5.6 auf einer 7-stufigen Skala entspricht. Damit erscheint die allgemeine Lebenszufriedenheit linksschief verteilt.

Die bereichsspezifische Lebenszufriedenheit basiert dagegen auf „….einer komplizierten Bilanzierung individuell mehr oder weniger wichtiger Lebensbereiche und wesentlicher Lebensereignisse…"(Fahrenberg et. al., 1986, S. 353).

Die Betrachtung der Lebenszufriedenheit hat bislang in der psychologischen Alternsforschung eine lange Tradition. Dabei wird Lebenszufriedenheit häufig als Kriterium für „erfolgreiches Altern" herangezogen.

Als zentrale Determinanten für Lebenszufriedenheit werden nach Schumacher, Laubach & Brähler (1995) Gesundheitszustand, sozioökonomischer Status und Sozialbezug genannt. Als weitere Einflussfaktoren lassen sich Alter und Geschlecht ausmachen, in der Art, dass mit dem Alter die Zufriedenheit mit der eigenen Gesundheit, mit Sexualität und mit dem Bereich „Arbeit und Beruf" sinkt, jedoch für finanzielle Lage und Wohnsituation steigt.

Die geschlechtsbezogenen Unterschiede zeigen beispielsweise, dass Männer zufriedener mit Partnerschaft und Sexualität, sowie mit ihrer eigenen Person und ihrer Gesundheit sind.

Zusätzlich wird in der Literatur darauf hingewiesen, dass der Einbezug psychologischer Variablen, wie z.B. Kontrollüberzeugung bzw. Bewältigungsstile dazu beiträgt, die Varianz der Lebenszufriedenheit zu erklären (z.B. Schumacher, Gunzelmann & Brähler, 1996).

Ähnlich, wie in der Alternsforschung, soll Lebenszufriedenheit in der vorliegenden Untersuchung als Ausdruck einer gelungenen Bewältigung der zentralen Lebensthemen, hier jedoch für das mittlere Erwachsenenalter, angesehen werden. Insbesondere stellt sich die Frage, ob sich für Männer am Beginn bzw. am Ende des mittleren Erwachsenenalters spezifische Problembereiche aufzeigen lassen, die sich dann in verminderter bereichsspezifischer Lebenszufriedenheit äußern.

11.2 Stressbewältigung

Im Sinne der kognitiven Stresstheorie werden unter Bewältigung/ Coping „kognitive Prozesse und Verhaltensweisen" verstanden, die mit dem Ziel eingesetzt werden, eine als belastend empfundene Situation zu verändern, zu kontrollieren, zu vermeiden, sie zu tolerieren oder sich ihr anzupassen (Lazarus & Folkmann, 1984, zit. nach Weber, 2000, S.223). Dabei wird Bewältigung dann notwendig, wenn die Umweltanforderungen die Ressourcen der Person überfordern oder zu überfordern drohen. Demgegenüber stehen psychoanalytische Ansätze (z.B. Haan, 1977), die unter Coping nur rationalen, bewussten und reifen Umgang mit Konflikten verstehen und dem Begriff des Copings den Abwehrbegriff gegenüberstellen. Diese Abwehrprozesse seien unbewusst, rigide und unreif.

Kognitive Prozesse und Verhaltensweisen, die potentiell zur Bewältigung eingesetzt werden, sind vielfältig und in unterschiedlichem Maße komplex. Einige
Autoren versuchen eine erschöpfend erscheinende Zusammenstellung von Ver-
haltensformen oder kognitiven Prozessen, die zu Kategorien zusammengefasst
werden, zu erstellen. Zentrale Kategorien des Bewältigungshandelns sind nach
diesen Ansätzen problemzentriertes Handeln, Suche nach sozialer Unterstützung, positive Umdeutung, sowie Distanzierung und Vermeidung. Verschiedene
Fragebogenverfahren zur Erfassung von Bewältigung, wie beispielsweise der
Streßverarbeitungsbogen von Janke, Erdmann & Kallus (1985) oder der Ways
of Coping Checklist von Folkman & Lazarus (1980/ 1985) folgen diesem Ansatz. Einschränkend muss hier jedoch angemerkt werden, dass weder die Anzahl
der Kategorien noch deren inhaltliche Breite theoretisch begründet wird.

Lazarus & Folkman (1984) betonen in ihrem interaktionistischen Stress- und
Bewältigungskonzept, dass Bewältigungsverhalten über Situationen variiert.
Demgegenüber betonen Ansätze von Janke, Erdmann & Kallus (1997) oder
Krohne (1994), dass Bewältigungsverhalten habituell eingesetzt werde und daher als Personenmerkmal bzw. Trait erfasst werden könne. Filipp et. al. (1990)
konnten für Bewältigungsstile zur Krankheitsbewältigung eine hohe zeitliche
Stabilität von .61 bis .83 über ein Jahr für Krebspatienten nachweisen, obwohl
die Stichprobe sehr heterogen war und sich die Patienten nach einem Jahr in einer anderen Krankheitsphase befanden. Sie schlussfolgern daraus, dass sich
Krebspatienten relativ rigide an ein individualtypisches Muster von Bewältigungsstilen halten und Asendorpf (1996) widerspricht ebenso der Auffassung,
dass Bewältigungsstile situationsspezifisch betrachtet werden müssten, indem er
anmerkt „der `flexible Bewältiger`, der seine Bewältigungsstrategie jeweils ganz
nach den Anforderungen der aktuellen Situation richtet, scheint eher ein Ideal
von Bewältigungsforschern zu sein, als die Realität widerzuspiegeln" (Asendorpf, 1996, S. 177).

Einen weiteren Beleg für die Altersstabilität von Bewältigungsverhalten zeigt
Mc Crae (1982) der bei statistischer Kontrolle der Belastungsmerkmale ermittel-
te, dass sich 93 % der erfassten Bewältigungsformen als nicht alterskorreliert
erwiesen.

Dies leitet zur Frage der Effektivität von Bewältigung über. Wie nützlich ist
es für Wohlbefinden oder Handlungsfähigkeit, die eine oder andere kognitive
Strategie oder Verhaltensweise einzusetzen? Schon psychoanalytische Theorien
z.B. Haan (1977), postulieren, dass „unreife" Bewältigungsprozesse, z.B. Ver-
leugnung eher ungünstig seien und zielgerichtete, problemzentrierte Bewältigung effektiver sei. Effektivität von Bewältigungsprozessen kann aber nur in
Abhängigkeit von Situationscharakteristiken bewertet werden. Perrez & Reicherts (1988) haben theoriegeleitet Regeln zu Zusammenhängen zwischen
Merkmalen der Situation (z.B. nicht beeinflussbar) und jeweils angemessenen
Bewältigungsformen aufgestellt, die sich für Gesunde besser bestätigten als für

Depressive. So sind für nicht beeinflussbare Situationen auch eher emotions-
zentrierte Strategien angemessener.

Effekte von Bewältigung lassen sich für Personen beispielsweise mit Parametern des subjektiven Wohlbefindens, Gesundheit oder Leistungsfähigkeit erfassen, obwohl hierbei auch bezüglich der Effektivität von Bewältigung verschiedene Aussagen aufgrund unterschiedlicher Bewertungen möglich sind (nach
Englert & Gebhardt, 1994). In der Medizin werden zur Effektivitätsbeurteilung
der Bewältigung von Krankheiten oder bestimmter Therapien die Parameter Ü-
berlebensrate, Verlängerung des Lebens und Lebensqualität eingesetzt. In der
vorliegenden Studie wird angenommen, dass hoch ausgeprägte Lebenszufriedenheit im Zusammenhang mit günstigen Bewältigungsstilen steht.

Über Mediatoren wurden für die eigene Studie im Zeitraum von Oktober
2002 bis April 2003 insgesamt 123 Fragebögen[12] an männliche Probanden im
Alter von 40-45 Jahren bzw. 55-60 Jahren verteilt, bis die erforderliche Stichprobengröße von mindestens 30 Personen in jeder Altersgruppe erreicht war.
Insgesamt konnten durch dieses Vorgehen 61 Personen gewonnen werden, die
an der Untersuchung teilnahmen. Die Rücklaufquote entspricht 49.6%. Dieser
Rücklauf bewegt sich im üblichen Rahmen einer Fragebogenuntersuchung.

Die beiden Altersgruppen gleichen sich statistisch in den Merkmalen Schulbildung, Verteilung der Berufsgruppen, sowie in der Haushaltsform. Hinsichtlich des Familienstands zeigt sich, dass unter den jüngeren noch ca. $^1/_5$ ledige
Personen zu finden sind, während die älteren zum überwiegenden Teil verheiratet sind. Bei den Älteren haben alle Befragten Kinder, bei den Jüngeren sind
19.35% kinderlos, von den Älteren sind einige zudem schon aus dem Berufsleben ausgeschieden.

Betrachtet man zunächst die Gesamtlebenszufriedenheit, die durch Summati-
on der Einzelzufriedenheitswerte für Gesundheit, Arbeit und Beruf, Finanzen,
Freizeit, Eigene Person, Freunde/Bekannte/ Verwandte und Wohnung gebildet
wird, so zeigt sich, dass sowohl auf Rohwert- als auch auf Normwertbasis die
älteren Befragten eine höhere Zufriedenheit angeben als die Jüngern, die im Mittel nur Werte von weder-noch bis eher zufrieden erreichen (M = 4.43, s = 1.54,
7- stufige Skala, normierte Werte entsprechend der Testanweisung). Die älteren
erreichen dagegen einen mittleren Wert von 5.88, (s = 1,8), d.h. sie haben im

---

[12] Der **Fragebogen zur Lebenszufriedenheit** (Fahrenberg, Myrtek, Schumacher & Brähler,
2000; FLZ) erfasst für 10 Bereiche (Gesundheit, Arbeit und Beruf, Finanzielle Lage, Freizeit,
Ehe und Partnerschaft, Beziehung zu den eigenen Kindern, eigene Person, Sexualität, Freun-
de/ Bekannte/ Verwandte und Wohnung) mit jeweils 7 Items auf einer siebenstufigen Ra-
tingskala die subjektive Einschätzung der Zufriedenheit mit diesem Lebensbereich sowie einen Summenwert für die Allgemeine Lebenszufriedenheit.
Der **Stressverarbeitungsbogen- 120** (Janke & Erdmann, 1997; SVF) dient der Erfassung von
20 Stressverarbeitungsweisen, die habituell unter Belastung eingesetzt werden. Es lassen sich
Summenskalen für sg. Positive und Negative Strategien berechnen.

Mittel eine Gesamtlebenszufriedenheit im Bereich von „zufrieden" und entsprecht damit dem Bevölkerungsdurchschnitt. Die jüngeren Personen der Stichprobe erweisen sich als die deutlich unzufriedenere Gruppe.

Für die bereichsspezifische Lebenszufriedenheit wurden für die Skalen Zufriedenheit mit „Ehe und Partnerschaft", „Eigener Person" und „Kinder" postuliert, es gäbe keine Unterschiede zwischen Männern am Beginn und am Ende des mittleren Erwachsenenalters. Dies ließ sich weitgehend belegen. Nur die Zufriedenheit mit „Kindern" wird von den Älteren etwas jedoch nicht signifikant höher eingeschätzt.

Betrachtet man weiterhin die Bereiche der Lebenszufriedenheit, für angenommen wurde, es gibt Unterschiede im Zufriedenheitserleben, so ergibt sich folgendes Bild: Die Mittelwerte aller Skalenrohwerte der bereichspezifischen Lebenszufriedenheit liegen im Bereich 4.29 bis 6.06, sind also ebenso wie die Gesamtzufriedenheit im rechten Skalenbereich der 7stufigen Skala angesiedelt. Wenngleich angenommen wurde, die Lebenszufriedenheit sei bei den Älteren niedriger in den Bereichen Gesundheit, Sexualität und Arbeit/Beruf, so kann dies nicht bestätigt werden. Tendenziell ist die Zufriedenheit mit Gesundheit sogar bei den Älteren auf der Basis der normierten Werte höher als bei den Jüngeren.

Auch für Zufriedenheit mit Sexualität geben die Älteren der Stichprobe auf Normwertbasis im Mittel höhere Werte an als die Jüngeren. Die Älteren erreichen einen Wert zwischen „eher zufrieden" und „zufrieden". Die Jüngeren empfinden ihre sexuelle Zufriedenheit im Bereich von „weder/ noch" bis „eher zufrieden".

Die Zufriedenheit mit der beruflichen Situation ist bei den Älteren auf Normwertbasis ebenfalls höher ausgeprägt als bei den Jüngeren. Die Älteren erreichen schon fast ein „zufrieden", während die Jüngeren ihre Zufriedenheit mit der beruflichen Situation im Mittel als „weder/ noch" einschätzen.

Für die vier Bereiche der Lebenszufriedenheit, für die angenommen wurde, dass die Älteren eine höhere Lebenszufriedenheit erreichen, finden sich auf der Basis der Rohwerte die angenommenen Mittelwertsunterschiede. Die Älteren erleben sich entsprechend der Voraussage zufriedener in den Bereichen Finanzielle Lage, Freizeit, Freunde/ Bekannte/ Verwandte und Wohnsituation.

Interpretiert man die gefundenen Unterschiede in der Lebenszufriedenheit von jüngeren und den älteren Männern im mittleren Erwachsenenalter, so lässt sich feststellen, dass die Jüngeren signifikant unter dem Wert von 5.3 der Gesamtlebenszufriedenheit der deutschen Bevölkerung liegen, den Schumacher, Laubach und Brähler (1995) ermittelten, (t-Test für eine Stichprobe, $t = -3.0$, $df = 27$, $p = .01^*$), während die Älteren sich nicht signifikant von diesem Wert unterscheiden.

Gleichzeitig lassen sich in den Bereichen Freizeit, Finanzen, Freunde/ Bekannte/ Verwandte höhere Ausprägungen der Lebenszufriedenheit bei den Älteren feststellen. Zusätzlich finden sich in der Tendenz höhere Werte für Zufriedenheit mit den eigenen Kindern.

Diese höheren Zufriedenheitswerte könnten unter verschiedenen Gesichtspunkten diskutiert werden. Vermutliche Gründe, die in der Lebenssituation der Älteren liegen, könnten sein, dass zum einen der berufliche Ausstieg antizipiert wird bzw. schon vollzogen wurde bzw. die berufliche Tätigkeit an Wertigkeit bei den Älteren verliert. Die Mittelwertsdifferenzen bleiben jedoch auch bestehen, wenn man nur die berufstätigen Männer beider Altersgruppen (30/ 23 Personen) einbezieht. Der Effekt wird also nicht allein von den schon Pensionierten der Stichprobe hervorgerufen. So kann man nicht ein objektives „Mehr an Zeit" durch die Aufgabe der Berufstätigkeit als Einflussfaktor für die größere Zufriedenheit mit der Freizeit heranziehen, eher wahrscheinlich ist eine subjektiv andere Gewichtung von Freizeit.

Jedoch sind die eigenen Kinder der älteren Probanden schon so weit herangewachsen, dass sie weniger oder gar keine Betreuung mehr benötigen und so mehr Zeit für Freizeit ermöglicht wird. Möglicherweise sind die Kinder sogar schon ausgezogen und finanziell selbstständig. Dies könnte die günstigere Beurteilung der Wohnsituation (mehr Platz, weniger Konflikte), der Freizeit (mehr Zeit), Beziehung zu Freunden/Verwandten/ Bekannten (mehr Zeit) und finanzielle Lage (weniger Geld für Kinder) erklären. Dafür, dass die Kinder schon selbstständiger sind, spricht auch die tendenzielle Zufriedenheit mit den eigenen Kindern, die bspw. auch durch das Item „wenn ich an das schulische und berufliche Fortkommen meiner Kinder denke, bin ich ...." erhoben wird.

Für die höhere Zufriedenheit mit der finanziellen Lage kann weiterhin diskutiert werden, dass am Ende der Berufstätigkeit die beruflich-finanziellen Erwartungen durch die Berufstätigkeit erfüllt sind. Oder man zieht den Befund Staudingers (1996) in Betracht, dass das berufliche Engagement in den Hintergrund tritt, also Erwartungskorrekturen in der Art erfolgten, dass beruflich-finanzielle Ziele heruntergesetzt wurden und somit das Zufriedenheitserleben hergestellt wurde. Dies würde eine akkomodative Bewältigungsstrategie voraussetzen, die entsprechend Brandstätter (1989) zunehmend mehr mit steigendem Lebensalter eingesetzt wird.

Insgesamt gesehen sind es die statusbezogenen Lebenszufriedenheitsskalen, bei denen die Älteren eine höhere Lebenszufriedenheit erreichen.

Wenn man in Betracht zieht, dass sich die Jüngeren im Mittel signifikant niedriger gesamt- lebenszufrieden als die Normstichprobe erleben, so könnte man auch argumentieren, dass die Jüngeren die auffälligen (niedrigen) Werte zeigen. Sie sind möglicherweise höher belastet. Die Unterschiede zwischen den Jüngeren und den Älteren der Stichprobe wären dann eher dadurch bedingt, dass die Jüngeren diese spezifischen Abweichungen in den Bereich „weder/ noch zufrieden" zeigen. In den Normwerten erreichen die Jüngeren fast ausnahmslos

Werte zwischen 4.29 (weder/ noch zufrieden) und 5 (eher zufrieden). Nur für den Bereich Zufriedenheit mit eigenen Kindern werden höhere Werte erreicht.

Auf Normwertbasis lassen sich weitere Mittelwertsunterschiede der bereichs-spezifischen Lebenszufriedenheit zeigen. Auch hier sind es wiederum die Älteren, die eine höhere Zufriedenheit in den Bereichen Arbeit und Beruf und Sexualität aufweisen. Wenngleich die Rohwerte diese Unterschiede nicht zeigen, so sind die Älteren dieser Stichprobe bezogen auf die bevölkerungsrepräsentative Norm zufriedener als die Jüngeren.

Es stellt sich weiterhin die Frage, warum die Zufriedenheit mit der eigenen Person und die Zufriedenheit mit Ehe und Partnerschaft keine Unterschiede aufweisen.

Zur Änderung der Einschätzung der Zufriedenheit mit der eigenen Person gibt es in dieser Lebensphase des mittleren Erwachsenenalters vermutlich wenig Anlass. Fähigkeiten und Kompetenzen werden als stabil erlebt, es finden nur wenige normative kritische Lebensereignisse statt, die dieses Stabilitäts-Erleben in Frage stellen. Auch können Befunde zur relativen Stabilität der Persönlichkeit der Big-Five-Forschung (z.B. Costa & Mc Crae, 1994) hierzu herangezogen werden, um zu erklären, dass sich in den zwei Altersgruppen keine Mittelwerts-unterschiede in diesem Zufriedenheitsbereich finden lassen.

Die Zufriedenheit mit Ehe und Partnerschaft bleibt ebenfalls in der Einschätzung unverändert. Dies widerspricht Annahmen der Familienentwicklungstheorie (Carter & Mc Goldrick, 1988), die für die Phase des Auszugs der Kinder aus dem Elternhaus eine Neudefinition der Paarbeziehung annimmt. Diese müsste dann ja auch zu einer Änderung der Bewertung der Paarbeziehung führen. Andererseits ist dies vielleicht ein geschlechtsspezifischer Befund. Männer schätzen ihre Paarbeziehung meist positiver ein als Frauen (Schumacher, Laubach & Brähler, 1995), und die Bewertung der Zufriedenheit mit der Ehe oder Partnerschaft liegt auch für beide Altersgruppen im Bereich von eher zufrieden, d.h. im positiven Bereich.

Bezüglich der Anwendung von Stressbewältigungsstrategien finden sich nur sehr wenige Hinweise auf Unterschiede zwischen jüngeren und älteren Männern in der Lebensmitte. Lediglich die Strategien Situationskontrolle und Reaktionskontrolle werden von den jüngeren häufiger angegeben und die Strategie Aggression wird tendenziell häufiger von den Jüngeren eingesetzt. Da Situations- und Reaktionskontrolle zur Summenskala „Kontrolle des Stressors" gehören, findet sich der Unterschied zwischen den beiden Gruppen in dieser Strategie ebenfalls. D.h. die Älteren verwenden signifikant weniger Strategien, die geeignet sind, die Situation oder die eigene Reaktion aktiv zu beeinflussen. Tendenziell findet sich ein verminderter Gebrauch von „aggressivem Durchsetzen".

Zwei der Strategien- Situationskontrolle und Aggression, sind, spricht man in der Terminologie Lazarus` (Lazarus & Folkman, 1986), der problemzentrierten Bewältigung zuzuordnen. Situationskontrolle und aggressives Verhalten wirken direkt auf die Umwelt, um so den Stressor oder das Problem zu verändern. In der Terminologie von Brandstätter (1989) gehören diese zu den assimilativen Strategien. Literaturkonform finden sich diese Strategien auch eher bei den Jüngeren, den 40-45jährigen. Weiterhin findet sich, betrachtet man die Einzelstrategien, noch ein signifikanter Mittelwertsunterschied für Reaktionskontrolle- also eine Strategie, die darauf abzielt, die eigene emotionale Reaktion unter Kontrolle zu halten. Diese Verhaltensweise gehört zu den emotionszentrierten Strategien bzw. ist eher als assimilative Strategie anzusehen. Im hier angewendeten Stressbewältigungsfragebogen zählt sie zu den positiven Strategien, die grundsätzlich dazu geeignet sind, Stresserleben zu mindern. Eine mögliche Erklärung für diesen Mittelwertsunterschied könnte sein, dass die Jüngeren bei sich stärker eine aggressive, gereizte Gestimmtheit als Reaktion auf Stress bemerken und so auch mehr Anstrengungen einsetzen müssen, diese Aggressivität zu kontrollieren, um im Rahmen sozialer Normen zu reagieren.

Für die Tendenz der Jüngeren, aggressiver und gereizter auf Stress/ Belastung zu reagieren lässt sich unter Rückgriff auf biologischen Bedingungen erklären. 40-45jährige Männer verfügen im Mittel über höhere Testosteronkonzentrationen im Serum als 55-60jährige. Testosteron und Aggressivität korrelieren auch beim Menschen positiv. (Überblick bei Christiansen, 1999). Demzufolge wäre es folgerichtig, dass die Jüngeren etwas stärkere Werte für Aggressivität erreichen als die Älteren.

Interessante Beziehungen finden sich zwischen Bewältigungsstrategien und Lebenszufriedenheit. Hier sind bereichsspezifisch verschieden Muster der Zusammenhänge sichtbar. Während Lebenszufriedenheit mit Arbeit und Beruf, Ehe und Partnerschaft und eigene Kinder keine Zusammenhänge und Lebenszufriedenheit mit finanzieller Lage und Wohnsituation relativ unbedeutende Zusammenhänge mit Stressbewältigungsstrategien zeigen. Es sind die Selbstfernen oder statusbezogene Zufriedenheitsbereiche, die nicht bzw. kaum durch Stressbewältigungsstrategien beeinflusst werden. Dies ist möglicherweise darauf zurückzuführen, dass den Zufriedenheitseinschätzungen sehr komplexe Vergleichsprozesse mit anderen, mit früherem Erleben bzw. mit zukünftigen Erwartungen zugrunde liegen, die wenig gemein haben mit dem Verhalten, welches in Stress- und Belastungssituationen gezeigt wird.

Dagegen stehen Zufriedenheit mit Freunden/ Bekannten/ Verwandten, d.h. das soziale Netz, Zufriedenheit mit Gesundheit, mit eigener Person und mit Sexualität sowie die Gesamtzufriedenheit mit zahlreichen sg. negativen Strategien im Zusammenhang.

Hier kann von einem direkten Mechanismus des Zusammenhangs zwischen den Bewältigungsstrategien und der Zufriedenheitseinschätzung ausgegangen werden. So ist es einleuchtend, dass beispielsweise Selbstbeschuldigung negativ korreliert ist mit Zufriedenheit mit der eigenen Person. Insgesamt erscheinen die negativen Stressbewältigungsstrategien dysfunktional in Bezug auf das Zufriedenheitserleben in den genannten Bereichen,

Für Zufriedenheit mit Sexualität sind es jedoch nicht nur die negativen Strategien, mit denen Zusammenhänge bestehen. Ablenkung und geringe Selbstbeschuldigung, Aggression könnten insofern für Zufriedenheitserleben im sexuellen Bereich sorgen, dass dadurch ängstliche Anspannung und Leistungsdruck im sexuellen Erleben vermindert wird.

Die Ergebnisse der vorliegenden Studie sind unter mehreren Aspekten kritisch zu hinterfragen. Zunächst ist die Stichprobengewinnung zu betrachten. Sie erfolgte über Mediatoren, die über die Studie informierten und Angehörige, Bekannte oder Kollegen dazu motivierten, an der Untersuchung teilzunehmen. Hierbei konnte zum einen beobachtet werden, dass persönlicher Kontakt deutlich höhere Rücklaufquoten erzielte als eher formell gehaltene Bitten um Mitarbeit in Sportvereinen, Lions-Clubs oder Personalabteilungen, z.B. der KVB, Köln.

Zusätzlich erklärten sich Studentinnen bereit, Partner, Väter bzw. Stiefväter und deren Bekannte zur Mitarbeit zu gewinnen. Daher ist die Stichprobe einerseits unter dem Gesichtspunkt des Familienstandes selektiv, es wurden überwiegend verheiratete Männer oder Männer mit Kindern einbezogen, andererseits besteht eine Selektivität hinsichtlich der Schichtzugehörigkeit. Die soziodemografischen Variablen zeigen ein starkes Überwiegen der Mittelschicht. So sind bei den Berufsgruppen Beamte, Selbstständige und angestellte Männer am häufigsten vertretenen. Dies ist jedoch ein typisches Problem sozialwissenschaftlicher Forschung. Personen mit mittlerer bis höherer Sozialschicht sind eher zur Mitarbeit an Untersuchungen bereit. Hier verstärkt sich dieser Effekt noch durch die als Mediatoren ausgewählten Kontaktpersonen.

Eine weitere methodische Einschränkung besteht darin, dass es sich um eine Querschnittsuntersuchung handelt. Streng genommen dürfen daraus keine Rückschlüsse auf wirkliche Verlaufsprozesse gezogen werden. Dazu bedürfte es einer längsschnittlichen Betrachtung mit mehreren Erhebungszeitpunkten. Zur Betrachtung von Veränderungen im mittleren Erwachsenenalter müsste man jedoch dazu einen Untersuchungszeitraum von 20 Jahren einplanen, mit eventuellen Erhebungswellen im fünfjährigen Abstand. Dies ist im Rahmen dieser Arbeit jedoch nicht realisierbar.

Weiterhin stellt sich die Frage der Auswahl der Altersgruppen. Hierbei war die Überlegung dahingehend, dass diese beiden Altersgruppen den Beginn und das Ende des mittleren Erwachsenenalters bilden. So ist anzunehmen, dass am Beginn dieser Lebensphase die zentralen Entwicklungsaufgaben des mittleren Erwachsenenalters noch zu bewältigen sind, die Auseinandersetzung damit gerade beginnt. Am Ende der Lebensphase des mittleren Erwachsenenalters sollte diese Auseinandersetzung schon erfolgt sein. Zunehmend werden die Anforderungen der nächst höheren Lebensstufe relevant. Für die befragten Männer ist diese Annahme insbesondere unter dem Aspekt der beruflichen Anforderungen zutreffend. 40-45jährige Männer stehen in der Regel noch mitten im beruflichen Leben, dies zeigt auch die Stichprobe. Dagegen antizipieren die 55-60jährigen den Rückzug aus dem Berufsleben bzw. haben ihn schon zum Teil vollzogen (23.3% der Stichprobe).

Die Entwicklungsaufgabe, die Kinder zu reifen Erwachsenen zu erziehen, ist in der Mehrzahl der Untersuchten sicher auch eher bei den 55-60jährigen in Bahnen gelenkt. Selbst wenn man den Aufschub oder die späte Realisation des Kinderwunsches in den letzten Jahrzehnten bedenkt, so wuchsen die heute 55jährigen noch stärker unter den Erwartungen einer Normalbiografie auf und realisierten den Kinderwunsch in der Altersphase des jüngeren Erwachsenenalters oder in der ersten Hälfte des mittleren Erwachsenenalters. So sind dann die Kinder der heute 55-60jährigen vermutlich zwischen 10 und 35 Jahren alt. Bei den jüngeren, 40-45jährigen Männern zeigt sich entsprechend der Individualisierung der Lebensformen ein größerer Anteil an Kinderlosen (19.3%), wobei hier nicht entscheidbar ist, ob eine bewusste Kinderlosigkeit vorliegt. Zusätzlich ist anzunehmen, dass die 40-45jährigen Männer deutlich jüngere Kinder haben. Dies resultiert nicht allein daraus, dass sie selbst 10-20 Jahre jünger sind als die ältere Altersgruppe, sondern auch daraus, dass sie möglicherweise auch später Kinder bekamen, als die Kohorte vor ihnen. Diesem Fakt konnte hier leider nicht nachgegangen werden, da die Angaben zum Alter der Kinder nicht erhoben wurden.

Eine weitere Entwicklungsaufgabe ist die, Interessen und Hobbys auszubilden, die dem mittleren Erwachsenenalter gemäß sind. Hierbei ist zu berücksichtigen, wie viel finanzieller und zeitlicher Spielraum neben Anforderungen zur Verfügung steht. Hier finden sicher die Älteren günstigere Ausgangsbedingungen, wenn man die Prioritätenverschiebung im Arbeitsleben und das Heranwachsen der Kinder berücksichtigt.

Bezüglich der Anforderungen mit den körperlichen Altersveränderungen umzugehen, sind dagegen die Älteren stärker gefordert als die Jüngeren, da die Alterungsprozesse sich bei den 40-45jährigen noch nicht so deutlich bemerkbar machen.

So scheint die Auswahl der Altersgruppen grundsätzlich geeignet, Annahmen über Auseinandersetzungsprozesse im mittleren Erwachsenenalter im Vergleich Beginn und Ende dieser Lebensphase zu treffen.

Die Ergebnisse zur Lebenszufriedenheit weisen dementsprechend auch darauf hin, dass die jüngeren Männer unzufriedener sind. Interpretiert man dies vor dem Hintergrund der erfolgreichen Bewältigung der Lebensaufgaben, so lässt sich einschätzen, dass dies den Älteren besser gelingt. Deutlich zeigt sich dies für die Bereiche Freizeit, Finanzielle Lage und Wohnsituation. Dies sind wie oben beschrieben Effekte der Antizipation des beruflichen Ausstiegs und des Heranwachsens der Kinder, also insgesamt eines Entlastungserlebens bzw. einer

Relation der Anforderungen. Die Zufriedenheitsunterschiede mit der Berufssituation, die sich auf Normwertbasis zeigen, weisen ebenfalls in diese Richtung.

Zusammenfassend kann eingeschätzt werden, dass die jüngeren Probanden in vielen, insbesondere statusbezogenen Lebensbereichen unzufriedener sind als die Älteren. Sie haben noch höhere Anforderungen beruflich und familiär zu tragen und reagieren kämpferischer und durchsetzungsfreudiger, um die Stressoren zu kontrollieren. Dagegen scheinen die Älteren eher zufriedener und gelassener, dies ist vermutlich auf ein Entlastungserleben zurückzuführen. Eindrucksvoll zeigte sich schließlich, dass habituell ungünstige Bewältigungsstrategien zu verminderter Lebenszufriedenheit in zentralen Lebensbereichen führen.

Literatur

Asendorpf, J. B. (1996). Psychologie der Persönlichkeit- Grundlagen. Berlin: Springer.

Brandstätter, J.(1989). Personal self-regulation and development: Cross-sequential analyses of development– related control beliefs and emotions. Developmental Psychology, 25, 96-108.

Bullinger, M. (1991). Erhebungsmethoden. In H. Tüchler & D. Lutz (Hrsg), Lebensqualität und Krankheit. Auf dem Weg zu einem medizinischen Kriterium Lebensqualität (S. 84-96). Köln: Deutscher Ärzte Verlag.

Carter, B. & McGoldrick, M. (Eds.) (1988). The changing family life cycle. A Framework for family therapy. New York: Gardener Press.

Costa, P.T. & Mc Crae, R.R. (1994). Set like plaster? Evidenz for the stability of adult personality. In T.F. Heatherson & J.L. Weinberger (Eds.), Can personality change? (p.21-40). Washington, DC: American Psychological Association.

Christiansen, K. (1999). Hypophysen-Gonaden-Achse (Mann). In C. Kirschbaum & D. Hellhammer (Hrsg.), Psychoendokrinologie und Psychoimmunologie, Enzyklopädie der Psychologie Serie I, Bd.3 (S.141-199). Göttingen: Hogrefe.

DeNeve, K.M, Cooper, H. (1998). The happy personality: A meta-analysis of 137 personality traits and subjective well-being. Psychological Bulletin, 124, 197-229.

Diener, E. & Lucas, R.E. (2000). Explaining differences in societal levels of happiness: Relative standards, need fulfillment, culture and evaluation theory. Journal-of-Happiness-Studies, 1, (3), 41-78.

Englert, J.S. & Gebhardt, R. (1994). Diagnostik von Bewältigung. In R.D. Stieglitz & U. Baumann (Hrsg.), Psychodiagnostik psychischer Störungen (S. 207-215). Stuttgart: Ferdinand Enke Verlag.

Fahrenberg, J., Myrtek, M., Wilk, D. & Kreutel, K. (1986). Multimodale Erfassung der Lebenszufriedenheit: Eine Untersuchung an Herz-Kreislauf- Patienten. Psychotherapie, Psychosomatik, Medizinische Psychologie, 36, 347-354.

Fahrenberg,J., Myrtek, M., Schumacher, J. & Brähler, E. (2000). Fragebogen zur Lebenszufriedenheit. Handanweisung. Göttingen: Hogrefe.

Filipp, S.H., Ferring, D., Klauer, Th. & Steyer, R. (1990). Psychometrische Modelle zur Bestimmung der Konsistenz und Spezifität im Bewältigungsverhalten. Zeitschrift für Differentielle und Diagnostische Psychologie, 11 (1), 37-51.

Folkman, S. & Lazarus, R.S. (1980). An analysis of coping in a middle-aged community sample. Journal of Health and Social Behavior, 21, 219-239.

Folkman, S. & Lazarus, R.S. (1985). Rationale and Instructions for the Ways of Coping Checklist- reviesed 1/85. Unpublished Paper, Berkley.

Glatzer, W. & Zapf, W. (1984). Lebensqualität in der Bundesrepublik – Objektive Lebensbedingungen und subjektives Wohlbefinden. Frankfurt am Main: Campus.

Haan, N. (1977). Coping and defending. New York: Academic Press.

Janke, W. Erdmann, G. & Kallus, W. (1985). Streßverarbeitungsfragebogen (SVF). Göttingen: Hogrefe.

Krohne, H.W. (1994). Vigilance and cognitiv avoidance as concepts in coping research. In H.W. Krohne (Hrsg.), Attention and avoidance –Strategies in coping with aversiveness. (pp.19-50). Göttingen: Hogrefe & Huber Publishers.

Lazarus, R.S. & Folkman, S. (1984). Stress, appraisal and coping. New York: Springer.

McCrae R.R. (1982). Age differences in the use of coping mechanism. Journal of Gerontology, 37, 454-460.

Perrez, M. & Reicherts, M. (1989). Belastungsverarbeitung: Computerunterstützte Selbstbeobachtung im Feld. Zeitschrift für Differentielle und Diagnostische Psychologie, 2, 129-139.

Schumacher, J., Gunzelmann, T. & Brähler, E. (1996). Lebenszufriedenheit im Alter- Differentielle Aspekte und Einflussfaktoren. Zeitschrift für Gerontopsychologie und -psychiatrie, 1, 1-17.

Schumacher, J., Klaiberg, A. & Brähler, E. (2003). Diagnostik von Lebensqualität und Wohlbefinden- Eine Einführung. In J. Schumacher, A. Klaiberg & E. Brähler (Hrsg.), Diagnostische Verfahren zu Lebensqualität und Wohlbefinden (S. 9-23). Göttingen: Hogrefe.

Schumacher, J., Laubach,W. & Brähler, E. (1995). Wie zufrieden sind wir mit unserem Leben? Soziodemografische und psychologische Prädikatoren der allgemeinen und bereichsspezifischen Lebenszufriedenheit. Zeitschrift für medizinische Psychologie, 1, 17-26.

Staudinger, U.M. (1996). Psychologische Produktivität und Selbstentfaltung im Alter. In M.M. Baltes & L. Montada (Hrsg.), Produktives Leben im Alter (S. 344-373). Frankfurt am Main: Campus.

Weber, H. (2000). Bewältigung von kritischen Lebensereignissen. In J. Möller, B. Strauß & S.M. Jürgensen (Hrsg.), Psychologie und Zukunft. Prognosen Prophezeiungen Pläne (S. 219-239). Göttingen: Hogrefe.

12. Beschwerdeerleben im Zusammenhang mit ausgewählten Einstellungen und Verhaltensindikatoren- zusammenfassende Darstellung der Ergebnisse aus den Teilstudien

Das Beschwerdeerleben von Männern im mittleren Erwachsenenalter wurde in jeder Teilstudie erhoben. Gleichzeitig wurden jeweils Bezüge zwischen den einzelnen untersuchten Konstrukten und den Beschwerdeerleben hergestellt. Nachfolgend werden die gefundenen Zusammenhänge zusammenfassend beschrieben.

12.1 Beschwerdeerleben und Gesundheitsverhalten

Gesundheitsverhalten lässt sich in verschiedene Gesundheitsbereiche unterteilen (s.Kap). Diese Gesundheitsbereiche stehen im unterschiedlichen Ausmaß im Zusammenhang mit dem Beschwerdeerleben der befragten Männer.

Besonders vielfältig sind die Beziehungen zwischen dem Beschwerdeerleben der untersuchten Männer und dem Verhalten im Bereich „Schlaf". So stehen beispielsweise das Ausmaß der Schlafschwierigkeiten, Einsamkeit als Auslöser von Schlafschwierigkeiten oder die Schwierigkeiten beim Versuch den Schlaf zu verändern schwach positiv im Zusammenhang mit den geäußerten Beschwerden. Weiterhin zeigt sich ein, jedoch geringer ausgeprägter, negativer Zusammenhang zwischen der Regelmäßigkeit des Zu- Bett-Gehens und dem Beschwerdeerleben. Besonders ausgeprägt zeigt sich der Zusammenhang zwischen Beschwerden und Änderungswünschen bezüglich des Schlafs (r =.60) sowie gleichzeitig das Erleben interner Barrieren für das Umsetzen dieser Änderungswünsche und Beschwerden (r = .69).

Neben diesen vielfältigen Zusammenhängen zwischen den Aspekten des Gesundheitsbereichs Schlaf und dem männlichen Beschwerdeerleben sei erwähnt, dass sich keinerlei bedeutsame Zusammenhänge zwischen den Beschwerden und der durchschnittlichen Stundenanzahl Nachtschlaf bzw. zwischen Beschwerden und der erlebten Selbstkontrolle für die angestrebten Veränderungen des Schlafs zeigen.

Ein höheres Beschwerdeausmaß im KLV geht offensichtlich mit einem Dilemma einher, dass die betroffenen Männer zwar Handlungsbedarf zur Veränderung ihrer Schlafqualität (mehr schlafen, schneller einschlafen, durchschlafen, ruhiger/entspannter schlafen, weniger schlafen) sehen, gleichzeitig aber besonders interne, aber auch externe Hindernisse antizipieren, so dass die Zielerreichung eher pessimistisch beurteilt wird.

Einsamkeit und negative Befindlichkeiten als Auslöser für Schlafprobleme korrelieren mit Beschwerdestärke, so dass davon ausgegangen werden muss, dass derartige Emotionen auch beteiligt sind bei der Wahrnehmung von körperlichen und somatischen Beschwerden, die der KLV erfasst.

Der Befund, dass die Regelmäßigkeit des Zubettgehens negativ mit dem Beschwerdeerleben korreliert, lässt sich durch gängige schlafhygienische Regeln (Backhaus & Riemann, 1999) erklären. Regelmäßige Einschlafzeiten sind förderlich für einen gesunden Schlaf, der wie die Untersuchung nahe legt, in vielfältigem Zusammenhang mit den vom KLV erfassten Beschwerden steht.

Es stellt sich daher insgesamt die Frage, in wie weit der KLV tatsächlich, wie seine Benennung suggeriert, klimakterische Beschwerden von Männern erfasst oder aber eben Beschwerden misst, die neben anderen Ursachen zu einem hohen Anteil durch Schlafstörungen bedingt sind. Schlafstörungen haben eine hohe Prävalenz in der Allgemeinbevölkerung mit einer Zunahme der Verbreitung mit höherem Alter. Simen et al. (1996) fanden in einer Repräsentativumfrage in Westdeutschland, dass insbesondere um das 45. Lebensjahr die Prävalenz von Schlafstörungen erheblich zunimmt. Ab dem 45. Lebensjahr leiden durchschnittlich 21% an gelegentlichen und 4% an häufigen oder ständigen Schlafstörungen. Die Beschwerden nehmen kontinuierlich zu, so dass ab dem 65. Lebensjahr 43% der Älteren gelegentlich, 15 % häufig oder ständig an Ein- oder Durchschlafstörungen leiden. Im Alter nimmt nach ihren Befunden nicht nur die Häufigkeit sondern auch die Schwere der Beschwerden zu, so dass die Klagen über mangelnde Erholsamkeit des Schlafes noch ausgeprägter ansteigen. Die Autoren werten ihre Befunde so, dass es sich nicht nur um eine „normale" Alterserscheinung handelt (Volk & Nessen, 1998), sondern dass die altersbedingten physiologischen Veränderungen beim älter werdenden Menschen die Vulnerabilität gegenüber Schlafstörungen unterschiedlicher Ätiologie erhöht. Es ist ungeklärt, in wie weit die Items des KLV Beschwerden enthalten, die durch klimakterische bzw. physiologische Altersveränderungen und/oder Insomnien bedingt sind.

Die Befunde machen unabhängig von der Konstruktvalidität des KLV deutlich, dass eine Interventionsplanung eines Gesundheitsförderprogramms für Männer im mittleren Lebensalter dem Schlafverhalten einen bedeutsamen Stellenwert einräumen muss.

Weiter lassen sich einige, jedoch geringe, plausible Zusammenhänge zwischen dem Beschwerdeerleben und einigen Skalen des Gesundheitsbereichs „Ernährung" finden.

Sie weisen darauf hin, dass Männer mit höherem Beschwerdeerleben eher gesundheitsförderliche Nahrungsmittel konsumieren, Essen vermehrt zur Regulation negativer Empfindungen nutzen, sowie stärker in sozialen Situationen und zur Steigerung des Wohlbefindens essen, was als Ausdruck eines selbstregulatorischen Verhaltens angesehen werden kann. Gleichzeitig legen die korrelativen Zusammenhänge aber auch nahe, dass mit höherer Beschwerdestärke das Essen eine höhere Funktionalität zur Regulation negativer Befindlichkeiten und zur

Steigerung des Wohlbefindens einnimmt. Dies impliziert einerseits, dass das Essverhalten als Ausdruck eines Beschwerdebewältigungsverhaltens eingesetzt wird, andererseits kann es damit als Risikoverhalten langfristig und indirekt auch wieder Beschwerden verursachen.

Im Gesundheitsbereich „Alkohol" zeigt sich wie beim Essen ein gering positiver Zusammenhang zwischen Beschwerdeerleben und Alkoholkonsum zur Regulation negativer Empfindungen. Ferner korrelieren Beschwerden und die intern erlebten Barrieren für angestrebte Veränderungen des Alkoholkonsums positiv miteinander.

Auch hier kann das Risikoverhalten gleichzeitig als Bewältigungsverhalten betrachtet werden. Erschwerend kommt im Bereich Alkohol aber hinzu, dass bei steigendem Beschwerdeerleben mehr interne Barrieren für Veränderungen des Alkoholkonsums erlebt werden, was als Ausdruck einer Fixierung auf gerade dieses Verhalten gewertet werden kann.

Für den Gesundheitsbereich „Bewegung" ergeben sich ebenfalls gering positive Zusammenhänge. Das höhere Beschwerdeerleben der Männer geht einher mit stärker wahrgenommenen Ressourcen für eine angestrebte Veränderung des Bewegungsverhaltens und gleichzeitig mit stärker erlebten internen Barrieren bezüglich einer Veränderung des Bewegungsverhaltens. In einem gering negativen Zusammenhang stehen Beschwerdeerleben und die erlebte Selbstkontrolle für die angestrebten Veränderungen im Bewegungsverhalten.

Die gefundenen Zusammenhänge sind widersprüchlich: Höheres Beschwerdeerleben geht einerseits einher mit einer stärkeren Wahrnehmung von Ressourcen zur Veränderung des Bewegungsverhaltens, andererseits werden gleichzeitig mehr internen Barrieren für Veränderungen und geringeres Selbstkontrollerleben wahrgenommen. Belastete Männer nehmen offensichtlich sensibler externe Möglichkeiten zur Änderung ihres Bewegungsverhaltens wahr. Diese Potentiale werden aber quasi neutralisiert durch die ungünstigen selbstbezogenen Kognitionen bzgl. des Veränderungsverhaltens.

Bezogen auf eine Interventionsplanung erscheint eine Intervention zur Modifikation der Kognitionen über intern lokalisierte Hindernisse zur Veränderung und der Aufbau von mehr Selbstkontrollerwartung indiziert.

Wie zu erwarten finden sich bedeutsame Korrelationen zwischen den Beschwerdeerleben im KLV und dem Gesundheitsbereich „allgemeine Lebenszufriedenheit und Wohlbefinden" des FEG. Dies erscheint plausibel, da der subjektiv eingeschätzte Gesundheitszustand als einer der bedeutendsten Prädikatoren für Lebenszufriedenheit und Wohlbefinden angesehen werden kann.

Dieser Befund wird auch durch die Teilstudie Lebenszufriedenheit und Stressbewältigung gestützt.

12.2 Beschwerdeerleben, berufliches Belastungserleben und berufsrelevante Anforderungsbewältigungsstile

Zur Frage, ob sich berufliches Belastungserleben in Beschwerden niederschlägt, wurden die mittels der „Liste belastender Faktoren am Arbeitsplatz" (LbSA) erhobenen Faktoren und das Beschwerdeerleben in Beziehung gesetzt. Hierbei besteht im Bereich „Belastungen aus hohen Freiheitsgraden und Ansprüchen an soziale Kompetenz", der als Faktor 2 bezeichnet wird, und dem Gesamtbeschwerdeerleben eine schwach positive, jedoch signifikante Beziehung. Erlebte Belastungen, die aus hohem Entscheidungsspielraum und Ansprüchen an soziale Kompetenzen entstehen, schlagen sich in höherem Gesamtbeschwerdeniveau nieder.

Faktor 1, der negative Emotionen im Zusammenhang mit ängstlichen Erwartungen Entscheidungskonflikten und Probleme mit Leitungsstil und Leitungsaufgaben erfasst, steht in positivem Zusammenhang mit Beschwerden, die im KLV als psychischer Energieverlust zusammengefasst werden. Berufsbezogene Spannungszustände und Ambiguitäten schlagen sich somit in psychischen und somatischen Beschwerden nieder.

Für zwei der berufsbezogenen Anforderungsbewältigungsstile ergeben sich zwar geringe, aber hoch signifikante Zusammenhänge mit dem Beschwerdeerleben Dies betreffen die Anforderungsbewältigungsstile „Erholungsunfähigkeit" und „Ungeduld". Das Gesamtbeschwerdenniveau korreliert positiv mit arbeitsbedingter Erholungsunfähigkeit und Arbeitsengagement sowie mit einem emotional unbeherrschten, hektischen und überstürzten Verhalten bei der Arbeit.

Erholungsunfähigkeit und Ungeduld korrespondieren ebenfalls mit dem beruflichen Belastungsfaktor Zeitdruck (LbSA). Dieser allein begünstigt jedoch kein höheres Beschwerdeniveau. Es kann daher geschlossen werden, dass ein ungünstiger Umgang mit Zeitdruck unterschiedlicher Ursachen, der offensichtlich darin besteht, sich nicht zeitweise von Arbeitsanforderungen distanzieren zu können, gedanklich „dran bleiben zu müssen", in Folge zu Beschwerden führt, da keine Regeneration möglich wird. Dies steht im Einklang mit Befunden der Stress- und Belastungsforschung.

12.3 Beschwerdeerleben und Lebenszufriedenheit

Ebenso wie in der Studie zum Gesundheitsverhalten, ließ sich zeigen, dass das Beschwerdeerleben mit der Beurteilung der Gesamtlebenszufriedenheit bei Männern im mittleren Erwachsenenalter schwach negativ im Zusammenhang steht.

Für die bereichsspezifischen Lebenszufriedenheitsskalen finden sich geringe negative, jedoch signifikante Korrelationen von Beschwerdeerleben und den Zufriedenheitsbereichen Sexualität, Freunde/Bekannte/Verwandte, also der sozialen Unterstützung und der Wohnsituation. Für die Betrachtung der Zusammenhänge zwischen Beschwerdeerleben und diesen Bereichen der Lebenszufriedenheit sind beide Wirkrichtungen denkbar. Können schwerwiegende Probleme oder Missstände in diesen Lebensbereichen, insbesondere wenn sie als längerfristige Stressoren erlebt werden, (z.b. mangelnde soziale Unterstützung, oder eingeschränkte sexuelle Funktionsfähigkeit) psychische Beschwerden, z.B. Ängste auslösen, so erschweren möglicherweise auch umgekehrt Symptome und Beschwerden eine erfolgreiche Lösung oder Auseinandersetzung mit diesen Lebensbereichen.

Zufriedenheit mit Gesundheit zeigt einen mittleren, negativen Zusammenhang zum Beschwerdeerleben. Dieser ist, betrachtet man allein die psychischen Beschwerden, noch etwas deutlicher ausgeprägt. Dies deckt sich mit den Angaben der Literatur, die dem (subjektiven) Gesundheitszustand einen großen Stellenwert in der Ausprägung der Lebenszufriedenheit einräumen.

Dagegen zeigen Zufriedenheit mit Freizeit, eigenen Kindern, Ehe und Partnerschaft, eigener Person und mit Arbeit und Beruf keine Zusammenhänge mit dem Beschwerdeerleben. Hier fließen in die Zufriedenheitsbeurteilung vermutlich Vergleichsprozesse und weitere vielfältige Faktoren ein, so dass keine Kovariationen zwischen Beschwerden und Zufriedenheitseinschätzungen in diesen Lebensbereichen sichtbar werden.

12.4 Beschwerdeerleben und Stressbewältigungsstrategien

Die Gesamtbeschwerden korrelieren mit den s.g. positiven Strategien Bagatellisieren Ablenkung und Ersatzbefriedigung, sowie mit allen negativen Strategien, die beispielsweise Flucht, Soziale Abkapselung, Gedankliche Weiterbeschäftigung oder Selbstmitleid umfassen. Ebenso zeigt sich ein schwach positiver Zusammenhang zur Einzelskala Vermeidung.

Betrachtet man nur die psychischen Beschwerden, so werden die beschriebenen Zusammenhänge noch deutlicher. Außerdem steht die Psychopharmakaeinnahme in Zusammenhang mit diesen Beschwerden.

Dies entspricht in hohem Maße den Erfahrungen der klinischen Praxis, bspw. dem psychoanalytischen Abwehrkonzept oder verhaltenstheoretischen Theorien. So sind zum Beispiel Vermeidung und Flucht zwei Strategien, die kurzfristig Angst oder Erregung senken, daher als effektiv von den Betroffenen erlebt werden, aber langfristig weder zu Habituation noch zur Problembewältigung beitragen. Dieses Muster wurde schon von Mowrer (1947) in der Zweifaktoren-

Theorie der Entstehung und Aufrechterhaltung von Angst beschrieben und gilt natürlich auch für andere negative (unangenehme) emotionale Zustände. Ähnlich können Resignation und Soziale Abkapselung als verdeckte Flucht oder Vermeidung angesehen werden.

Die Strategien Selbstbemitleidung oder gedankliche Weiterbeschäftigung stellen im Sinne der Becksche Theorie (1974) dysfunktionale verzerrten Kognitionen dar. Diese werden als ursächlich für depressives Erleben angesehen.

Schließlich ist es kein überraschender Befund, dass Psychopharmakaeinnahme bei den Männern stärker ausgeprägt ist, die vermehrt über psychische Beschwerden klagen. Psychopharmaka haben eine hohe kurzfristige stress- bzw. erregungsmindernde Wirkung, die als Entlastung erlebt wird. Dadurch wird schnell eine entsprechende Wirkungserwartung gelernt und bei erneutem Auftreten von Erregung werden diese Substanzen (hier im Fragebogen wird auch Alkoholkonsum darunter gefasst) konsumiert. Langfristig gilt dann wieder, dass Habituation und Bewältigung erschwert werden; dazu kommen noch eventuelle Nebenwirkungen, die selbst wieder psychische Beschwerden hervorrufen.

12.5 Beschwerdeerleben und Aspekte der Geschlechtsrollenorientierung

Zur Überprüfung, ob die Typisierung nach Aspekten des Geschlechtsrollenselbstbildes Auswirkungen auf das Beschwerdeerleben hat, wurde eine einfaktorielle Varianzanalysen mit den Typen des Geschlechtsrollenselbstbildes als gestufter Faktor und dem Beschwerdeerleben als abhängige Variable berechnet. Dabei zeigt sich für das Beschwerdeerleben ein signifikanter Haupteffekt. Es besteht eine signifikante mittlere Differenz zwischen den Beschwerdeangaben feminin und maskulin typisierter Männer. Somit geben Männer mit femininem Geschlechtsrollenselbstbild deutlich mehr Beschwerden an als Männer mit maskulinem Geschlechtsrollenselbstbild.

Maskulin typisierte Personen dagegen äußern somit den subjektiv besten Gesundheitszustand. Dies wird jedoch möglicherweise mit der Gefahr erkauft, gesundheitsförderliches und präventives Verhalten zu vernachlässigen und dadurch eine geringere Lebenserwartung in Kauf zu nehmen (Kaplan & Marks, 1995). So prägt Jockenhövel (2001) in diesem Zusammenhang den Begriff der Reparaturmedizin. Männer würden Beschwerden und schwerwiegende Erkrankungen lange verdrängen, da diese mit dem männlichen Stereotyp der Unverwundbarkeit unvereinbar seien. Sie kämen erst zum Arzt, wenn die Krankheit weit fortgeschritten ist und viele Heilungschancen vertan seien. So werden die beschriebenen Geschlechtsunterschiede, durch die hier erhobenen Befunde durch die Geschlechtsrollenunterschieden konkretisiert. Bei Männern führt ein

maskulines Selbstbild zu einer geringeren Beschwerdewahrnehmung und –
angabe als ein feminines Selbstbild.

12.6 Beschwerdeerleben und Konzepte über die „Wechseljahre des Mannes"

Das Beschwerdeerleben der Männer, die angegeben, es gäbe „Wechseljahre des
Mannes" ist höher als bei denjenigen, die dies verneinen. Besteht also ein subjektives Krankheitskonzept, dass es so etwas wie die Wechseljahre des Mannes
gibt, werden mehr, insbesondere psychische Beschwerden angegeben. Da subjektive Krankheitstheorien entsprechend kognitiven Schemata organisiert sind,
bewirken sie eine verstärkte Wahrnehmung schemakongruenter Informationen,
d.h. bezogen auf subjektive Krankheitstheorien eine verstärkte Wahrnehmung
von relevanten Symptomen. Da inhaltlich zu diesem Konzept vielfach psychische und körperliche Beschwerden und negatives Krisenerleben angegeben
wurden, liegt eine enge wechselseitige Beeinflussung von subjektivem Krankheitskonzept und Beschwerdeangabe vor.

Weiterhin sollten die Männer einschätzen, ob sie Schwierigkeiten aufgrund
der Wechseljahre haben. Männer, die dies verneinen, haben auch tatsächlich die
geringsten Beschwerden. Jedoch geben diejenigen, die dies bejahen, nicht überzufällig mehr Beschwerden an, sondern deutlich mehr Beschwerden geben diejenigen an, die einschätzen „ich weiß nicht, ob ich Beschwerden aufgrund von
Wechseljahren habe". Offensichtlich bemerken die befragten Männer an sich
Beschwerden, diese sind aber unspezifisch und nicht klar einem Syndrom
„Wechseljahre" zuzuordnen. Möglicherweise sind unter denjenigen, die angeben, „ich weiß nicht" Personen, die das Konzept der männlichen Wechseljahre
nicht kennen oder als unzutreffend für sich ablehnen. Ob deren Beschwerden
dann aufgrund hormoneller Veränderungen aufgetreten sind, oder andere Ursachen haben, ist nicht entscheidbar.

Weiterhin werden vermehrt Beschwerden angegeben, wenn die Männer innerhalb der letzten 5 Jahre einer Veränderung ihrer Lebenssituation passiv „ausgesetzt" waren gegenüber Männern, die aktiver ihren Lebensstil änderten und
bzw. ihre Lebenssituation und ihren Lebensstil nicht veränderten.

Hier ist als mögliches Erklärungsmodell die Kontrollierbarkeit der Ereignisse
heranzuziehen. Erfolgte eine Änderung der Lebenssituation- sind es also die
„Umstände", die sich änderten- ist die Kontrollierbarkeit eingeschränkt. Werden
subjektive Handlungsmöglichkeiten eingeschränkt, hat dies entsprechend der
Theorie der Kontrollüberzeugungen Auswirkungen auf Selbstwert und Befinden. Personen reagieren dann häufiger mit (psychischen) Beschwerden (Rotter,
1966).

Die Frage, ob die Partnerin in den Wechseljahren ist oder war, hat keinen Einfluss auf das Beschwerdeerleben. Es wird jedoch mit größerer Wahrscheinlichkeit angegeben, selbst Schwierigkeiten mit den Wechseljahren zu haben, wenn die Partnerin bereits in den Wechseljahren war oder ist. Wenn also unspezifische Beschwerden bei Männern vorliegen, werden sie möglicherweise eher als „Wechseljahre" interpretiert, wenn die Partnerin bereits in den Wechseljahren war oder ist.

12.7 Beschwerdeerleben im Zusammenhang von Partnerschaft und Sexualität

Variablen der Partnerschaft stehen nicht im Zusammenhang mit dem Beschwerdeerleben. Bezüglich sexueller Parameter findet sich ein mittlerer schwach positiver Zusammenhang zwischen der Skala Körperwahrnehmung und den Beschwerden, d.h. eine ungünstige Körperwahrnehmung, die Ekel und Ablehnung des eigenen Körpers beinhaltet, geht einher mit höherer Beschwerdeangabe und umgekehrt. So können Körperbeschwerden oder gar Krankheiten das Körperempfinden stören und das sexuelle Erleben beeinträchtigen. Dies schlägt sich dann auch im Zusammenhang von Beschwerden und sexueller Zufriedenheit nieder, welcher schwach negativ ausgeprägt ist.

Abweichend von der Studie zur Lebenszufriedenheit lässt sich hier ein mittlerer negativer Zusammenhang zwischen der Zufriedenheit mit der eigenen Person und dem Beschwerdeerleben und zwischen Beschwerdeerleben und Zufriedenheit mit den Kindern nachweisen. D.h. die Beschwerdenangaben fallen um so höher aus, je unzufriedener die Männer mit sich selbst sind bzw. mit ihren Kindern sind. Mögliche Gründe, dass dies nur in dieser Teilstudie offenkundig wird, liegen möglicherweise in den soziodemographischen Variablen. Während in der Studie „Partnerschaft und Sexualität" in großer Mehrzahl verheiratete Männer einbezogen wurden, so wurde in der Studie Lebenszufriedenheit und Stressbewältigung deutlich mehr ledige und geschiedene Männer untersucht. So kann man vielleicht daraus schlussfolgern, dass bei verheiraten Männern im mittleren Erwachsenenalter Beschwerden dann verstärkt angegeben werden, wenn sie mit sich selbst und mit ihren Kindern unzufrieden sind. Die Zufriedenheit mit sich selbst ist eine sehr zentrale Facette der Lebenszufriedenheit. Überlappungen zum Konzept Selbstwert, Selbstakzeptanz liegen vor. Dieses ist störbar durch Beschwerden bzw. Krankheiten. Ebenso spielen die Kinder bei verheirateten Männern eine zentrale Rolle. Hier können Schwierigkeiten und Probleme, die sich hinter Unzufriedenheit verbergen können, vermittelt über Konflikte und Stresserleben zu Beschwerden.

Literatur

Backhaus, J. & Riemann, D. (1999): Schlafstörungen. Göttingen: Hogrefe.

Beck, A.T. (1974). The development of depression. A cognitive modell. In R.J. Friedman & M.M. Katz (Eds.), The psychology of depression- Contemporary theory and research (318 pp.). Oxford, England: John Wiley & Sons.

Kaplan, M.S. & Marks, G. (1995). Appraisal of health risks: the roles of masculinity, femininity, and sex. Sociology of Health and Illness, 17, 206-218.

Mowrer,O.H. (1947). On the dual nature of learning -a re-interpretation of "conditioning" and "problem-solving". Harvard-Educational-Review, 7, 102-148.

Rotter,J.B. (1966). Generalized expectancies for internal versus external control of reinforcement. Psychological Monographs, 80, 1 Whole No.609.

Simen, S.; Rodenbeck, A.; Schlaf, G. ; Müller-Popkes, K. & Hajak,G. (1996): Schlafbeschwerden und Schlafmitteleinnahme im Alter – Ergebnisse einer Repräsentativumfrage in Westdeutschland. In: Wiener Medizinische Wochenschrift. 13/14, 306-309.

Jockenhövel, F. (2001). Männer und Gesundheit: Das irrationale Verhältnis. Artikel in der Apotheken Umschau. URL am 19. 12.2007: http://www.wortundbild.de/PGD/PGDP/pgdp_05 .htm?snr=2586.

Volk, S. & Nessen, S.v. (1998): Schlafstörungen im Alter. In: H. Blonski (Hg.): Neurotische Störungen im Alter. Heidelberg: Asanger, S. 43-65.

13. Entwicklung und Evaluation eines Präventionsprogramms für Männer in der Lebensmitte „Männlich fit" ab 40- erste Ergebnisse

Das „Gesundheits-Trainingsprogramm für Männer ab 40 Jahren" wurde als abschließendes Teilprojektes der Thematik „Männer in der Lebensmitte" (Fügemann, 2005; von der Linde, 2007) am Instituts für Psychologie, Erziehungswissenschaftliche Fakultät, Universität zu Köln entwickelt und einer ersten Evaluation unterzogen.

Vor dem Hintergrund, dass physiologischen Veränderungen in der Lebensmitte einer psychischen und verhaltensbezogenen Anpassung bedürfen und gesundheitsförderliche Verhaltensweisen mit zunehmendem Alter ein größeres Gewicht gewinnen werden Informationen über diese Veränderungen vermittelt, Prozesse der Intensionsbildung zur Etablierung gesundheitsförderlicher Verhaltensweisen initiiert, erste verhaltensbezogene Änderungen in Richtung gesundheitsförderlichen Verhaltens angeleitet, sowie ein Entspannungsverfahren und Beckenbodentraining praktisch eingeübt. Hierbei ist auch der Gedanke verbunden, dass im Lebensprozess kummulierte ungünstige Verhaltensweisen mit zunehmend größerer Wahrscheinlichkeit zu Erkrankungen führen und Männern in der Lebensmitte praktisch an einen Punkt geraten, in dem der bis dahin angeeignete Lebensstil erste Folgen zeigt und eine Änderung ihres Gesundheitsverhaltens ratsam erscheint. Weiterhin wird angenommen, dass ein gesundheitsförderlicher Lebensstil sich positiv auf den Alterungsprozess auswirken kann, und Erkrankungen vermieden werden. Zusätzlich soll normalen physiologischen Veränderungen angstfrei begegnet werden, um diese ins Selbstkonzept zu integrieren und das Verhalten entsprechend anzupassen.

Dabei werden in fünf 1,5-stündigen Sitzungen folgende Themen behandelt und jeweils wie Tab. 3 zeigt auch Entspannungstraining mit integriertem Beckenbodentraining durchgeführt:

Tab. 3 Stundenüberblick des Trainingsprogramms „Männlich Fit" ab 40

Kurseinheit	Thema
1	Hormonelle Veränderungen Entspannungstraining/ Beckenbodentraining
2	Prostata- das männliche Problemorgan? Schlaf- ein Schlüssel zum Wohlbefinden Entspannungstraining/ Beckenbodentraining

3	Ernährung- Man ist, was man isst! Bewegung Entspannungstraining/ Beckenboden-training
4	Sexualität Entspannungstraining/ Beckenboden-training
5	Stress-Lebensstil Entspannungstraining/ Beckenboden-training

Das Training folgt dem sozial-kognitiven Prozessmodell (Schwarzer, 1996), welches annimmt, dass zunächst im motivationalen Prozess Intensionen für die Ausführung gesundheitsförderlichen Verhaltens aufgebaut werden. Hierbei spielen das Bedrohungserleben, zu dem z.b. die Risikowahrnehmung zählt (wie wahrscheinlich ist es, dass ich die Erkrankung x bekomme und wie schwerwiegend erscheint diese Erkrankung) und Kompetenzerwartungen bzw. Überzeugungen durch eigenes Handeln das gesundheitliche Risiko kontrollieren zu können, eine Rolle.

Dieser Phase folgt im sozial-kognitiven Prozessmodell der volitionale Prozess, der durch Handlungsplanung, -ausführung und –kontrolle gekennzeichnet ist.

Um die Intensionsbildung zu fördern werden im Training die Methoden Vorträge, Kleingruppenarbeit und Diskussionen im Plenum eingesetzt. Hierbei wird einerseits Wissen über gesundheitliche Probleme und gesundheitsförderliches Verhalten vermittelt. Andererseits sollen durch Gruppendiskussionen Einstellungen verändert werden und die Selbstwirksamkeitserwartungen erhöht werden. Z.B. werden interne und externe Barrieren, die einer Umsetzung gesundheitsförderlichen Verhaltens im Wege stehen in Frage gestellt.

Um konkrete Veränderung im Verhalten im Alltag umzusetzen zu können, werden die Teilnehmer mittels verschiedener Materialen angeleitet. Dies geschieht u.a. durch das Ausfüllen von Selbstbeobachtungsbögen, Planung von einzelnen konkreten verhaltensbezogenen Schritten, Dokumentation der Durchführung bestimmter Aufgaben in Hausaufgabenblättern und der Einübung von Entspannungs- und Beckenbodenverfahren.

Eine erste Evaluation des Trainings wurde als Prä-Post-Messung mit dreiwöchiger Katamnese durchgeführt. Es fanden zwei Trainingsdurchgänge mit einer Gruppe von 4 (durchgeführt durch Frau Dipl.-Psych. Charlotte Staudigl) und einer Gruppe von 8 Personen (durchgeführt durch Frau Dipl.-Päd. Annika Steinmann) statt. Es erwies sich als ausgesprochen schwierig, genügend geeignete Personen zu rekrutieren, da offensichtlich die anvisierte Zielgruppe wenig motiviert ist, über gesundheitliche Belange zu reflektieren.

Die Teilnehmer waren zwischen 43 und 83 Jahren alt, wobei nur 3 Teilnehmer über 60 Jahre alt waren. 8 Teilnehmer sind verheiratet, 3 ledig, 1 Teilnehmer ist geschieden, in einer Partnerschaft leben jedoch nur 7 Teilnehmer. ¾ der Männer haben Kinder, 9 sind berufstätig, 2 Rentner, eine Person ist arbeitslos. Die Teilnehmer sind aufgrund ihrer Schulbildung und ihrer Berufsgruppenzugehörigkeit alle der (oberen) Mittelschicht zuzuordnen.

Zur Evaluation diente ein selbst entwickelter Evaluationsbogen, der jeweils Wissenstand, Motive das jeweilige Verhalten umzusetzen und tatsächliche Verhaltensänderungen zu den behandelten Themen erfasst. Weiterhin wurde die Akzeptanz über Stundenbeurteilungsbögen erfasst und in der größeren Gruppe die Beschwerden mittels KLV gemessen. Weiterhin wurde der soziodemografische Status der Teilnehmer dokumentiert.

Der Wissenstand der Teilnehmer wurde i. d. R. durch Single-Items mit verschiedenen Antwortmöglichkeiten erfasst, wobei die Kodierung über richtig/falsch- Aussagen erfolgte.

Auffallend ist der hohe Wissensstand der Teilnehmer bereits vor dem Training. So ist den Teilnehmer bereits überwiegend (zu mehr als 75%) bekannt, dass Entspannung ein geeignetes Mittel zur Stressbewältigung ist, der Testosteronspiegel mit dem Lebensalter absinkt, der Lebensstil auf den Testosteronspiegel Einfluss hat, dass ein Prostatakarzinom im Frühstadium keine Beschwerden bereitet, dass Prostatafrüherkennungsuntersuchungen geeignet sind, die Heilungschancen eines Prostatakarzioms zu verbessern, dass bei Prostatabeschwerden frühzeitig ein Urologe aufgesucht werden sollte und das es altersbedingte Veränderungen sexueller Funktionen gibt.

Weniger bekannt ist dagegen, dass der Beckenboden mit dem Alter schwächer wird. Dies ist ca. 1/3 der Befragten nicht bekannt. Dieser Fakt ist nach dem Training besser bekannt (11 Teilnehmer geben dies jetzt an), jedoch vermutlich aufgrund von Deckeneffekten nicht statistisch nachweisbar. Knapp die Hälfte der Befragten, wusste zu Beginn nicht, dass vermehrtes Trinken Prostatabeschwerden verbessern kann. Tendenziell zeigt sich eine Verbesserung dieser Kenntnis zum Katamnesezeitpunkt. 11 von 12 Befragten, können jetzt richtig benennen, dass Trinken Prostatabeschwerden bessern kann.

Bezüglich der Schlafveränderungen im steigenden Alter gibt es ebenfalls Wissensdefizite. Überwiegend wird fälschlicherweise eingeschätzt, die Dauer des Schlafes nähme mit dem Alter ab. Dies beleibt über die drei Messzeitpunkte (leider) stabil.

Die abnehmende Schlaftiefe kennen vor dem Training 50% der Teilnehmer. Dies bessert sich tendenziell nach dem Training. 10 von 12 Befragten antworten jetzt richtig auf diese Frage. Zur Katamnese wird die Frage nach der Schlaftiefe dann von 11 der Teilnehmer richtig beantwortet. Diese Veränderung ist jetzt statistisch signifikant.

Dass nächtliches Erwachen häufiger vorkommt, ist dagegen überwiegend wieder bekannt.

In Bezug auf die benötigte Kalorienzufuhr wissen die Teilnehmer, dass diese mit dem Alter absinkt, weiterhin ist überwiegend bekannt, dass Ernährung einen Einfluss auf Alterungsprozesse haben kann. Der Ernährungskreis wird jedoch von allen Teilnehmern nicht korrekt wiedergegeben. Dies besserte sich signifikant. Nach dem Training können 41 % der Befragten die Elemente des Ernährungskreises richtig zuordnen. Dieser Effekt bleibt nach dem Training stabil.

Es wurden im Fragebogen verschiedene Möglichkeiten zur Auswahl angegeben, in welcher Form körperliche Bewegung gesundheitsförderlich sei. Hierbei konnten maximal drei Punkte erreicht werden. Zu Beginn des Trainings wurde überwiegend eine richtige Alternative von den Teilnehmern erkannt.

Alle Teilnehmer benannten alle vorgegebenen Stressbewältigungsstrategien, als geeignet und erreichten so die volle Punktzahl.

So ist insgesamt einzuschätzen, dass die Teilnehmer schon ein hohes Ausmaß an Vorwissen aufwiesen. Substanzielle Verbesserungen konnten aufgrund von Deckeneffekten im Bereich des Wissens nur wenige erzielt werden.

Es ließen sich jedoch auch Kenntnislücken aufzeigen, die durch das Training geschlossen werden konnten. Insbesondere die Zuordnung der Nahrungsmittelgruppen zum Ernährungskreis, welche eine Orientierung für empfohlene Mengen liefert, wird nach dem Training besser, jedoch immer noch unzureichend, geleistet. Vermutlich liegt die Auswahl der Nahrungsmittel und die Verantwortung dafür, was gegessen wird, eher in der Hand der (Ehe)partnerinnen und Männer nehmen vielleicht eher Angebote zum außerhäuslichen Essen war (Kantine, Restaurant, Imbiss), da sie i.d. Regel berufstätig sind. So mit ist eine Auseinandersetzung mit gesunder Ernährung bislang eher ein „Frauenthema".

Wissen über Trinkmenge und Möglichkeiten zur Beckenbodenkräftigung wurden im Training handlungsleitend vermittelt. Dies lässt sich am Wissenszuwachs dokumentieren.

Dass die Schlafdauer sich nicht reduziert, ist dagegen im Training nicht erfahrbar. Da die Schlafschwierigkeiten insgesamt mit dem Alter zunehmen, wird dies auch an der Schlafdauer festgemacht. Zudem ist es eine weit verbreitete Annahme, dass man im Alter weniger Schlaf benötige. Dies könnte durch das Erleben, dass durch weniger Aufgaben und Belastungen mehr Zeit für Schlaf zur Verfügung steht, der jedoch aufgrund der geringeren Beanspruchung nicht benötigt wird, resultieren. Somit findet auch durch das Training in diesem Bereich keine substanzielle Wissensverbesserung statt.

Die Motivation gesundheitsrelevantes Verhalten durchzuführen, stellt sich in den einzelnen Gesundheitsbereichen unterschiedlich dar.

Vor dem Training sind 75 % der Befragten bereit, ihren Beckenboden zu kräftigen, dies steigert sich nach dem Training auf über 90% und bleibt bis zum Katamnesezeitpunkt auf diesem Niveau stabil. Diese Veränderung ist jedoch nicht statistisch bedeutsam.

Ebenso ist die Motivation hoch, Entspannungsverfahren durchführen zu wollen. Bereits vor dem Training geben 10 von 12 Befragten an, dies tun zu wollen, Nach dem Training und drei Wochen später geben dies alle Teilnehmer an.

Ansätze zur Veränderung ihres Lebensstils sehen vor dem Training 11 Befragte, dies reduziert sich nach dem Training auf 9 Teilnehmer, zum dritten Zeitpunkt geben dies wieder 10 Befragte an.

Die Bereitschaft, die Früherkennungsuntersuchung zu Prostatakrebs in Anspruch zu nehmen besteht bei ¾ der Teilnehmer, zum Katamnesezeitpunkt steigt die Bereitschaft auf 83,3%.

Gleichfalls ist die Bereitschaft groß, bei Prostatabeschwerden frühzeitig einen Urologen aufzusuchen. Dies wird zunächst von 11 Teilnehmern angeben. Nach dem Training bejahen alle Teilnehmer dies.

Die Motivation täglich mindestens 1-1,5 l zu trinken, ändert sich im Verlauf des Trainings statistisch signifikant. Vor den Training sind nur 2/3 der Teilnehmer dazu bereit, nach dem Training möchten dies alle tun, 3 Wochen später geben noch 11 von 12 Männer an, ihre tägliche Trinkmenge in mindestens in diesem Bereich zu halten.

Sexuelle Veränderungen werden durchgehend überwiegend nicht gewünscht. Dies trifft insbesondere die Häufigkeit sexueller Kontakte. Jedoch geben zur Katamnese knapp die Hälfte der Befragten an, sie wünschen sich befriedigerende sexuelle Kontakte.

Schlafbezogene Veränderungen werden insgesamt über die gesamte Zeit von etwa der Hälfte der Befragten gewünscht. Diese Veränderungswünsche beziehen sich praktisch ausschließlich auf eine Verbesserung des Durchschlafens. Einschlafen, mehr bzw. weniger schlafen und entspannter schlafen stellen überwiegend keine Änderungswünsche dar. Im Training wurde diesbezüglich auch diskutiert, dass das Durchschlafen häufig auch durch Harndrang ausgelöst wird. Die Steigerung der Trinkmenge und das nächtliche Durchschlafen wurden als gegensätzliche Ziele in der Gruppendiskussion angesprochen.

Die Änderungswünsche im Bereich Ernährung sind heterogen. Wird global erhoben, ob eine Änderung der Ernährung gewünscht wird, oder ob das Gewicht um mehr als 3 kg reduziert werden soll, wird dies relativ durchgängig von etwa der Hälfte bis ¾ der Teilnehmer bejaht.

Wird jedoch spezifischer gefragt, welche Änderungen konkret geplant sind, so zeigen sich bei recht spezifischen Möglichkeiten der Umsetzung (drei fleischlose Tage, mehr Getreideprodukte, mehr Milchprodukte) durchgehend überwiegend ablehnende Statements. Ebenso wird die generelle Aussage, gesünder essen zu wollen, von deutlich mehr als der Hälfte verneint. Nur der Angabe, mehr

Obst und Gemüse essen zu wollen, wird von etwa der Hälfte der Befragten zugestimmt.

Jedoch wird der Strategie „weniger zu essen" nach dem Training in stärkerem
Maße zugestimmt. Diese Angabe erhöht sich von 16 auf 50%. Eine ähnliche
Veränderung zeigt die Strategie „regelmäßiger essen" und augenscheinlich ergibt sich auch ein leichter Anstieg zum Katamnesezeitpunkt bei dem Vorsatz
sich „mehr Zeit zum Essen nehmen zu wollen" (16 auf 41%).

Die Motivation, das Bewegungsverhalten zu ändern, besteht bei 50% der Befragten. Wird aber spezifischer gefragt, ob sie sich im Alltag mehr bewegen oder
mehr Sport treiben wollen, so lehnen dies insgesamt etwa 2/3 aller Befragten ab.
Hierbei muss jedoch auch beachtet werden, dass viele Teilnehmer bereits regelmäßig Sport treiben. So wird vermutlich bei der ersten Frage, eher die grund-
sätzliche Intention abgefragt, ob Bewegung im Alltag umgesetzt werden soll, bei
den spezifischen Handlungsabsichten besteht aber aufgrund des bereits hohen
Ausgangsniveaus keine Notwendigkeit dieser konkreten Umsetzung.

In der Einschätzung, welche Stressbewältigungsstrategie für den Einzelnen
geeignet sein könnte, um Stress abzubauen, finden durchgängig keine Veränderungen statt. Überwiegend werden die abgefragten Strategien als geeignet angesehen. Entspannung (aktiv und spontan), Problemlösen, Änderung der von Ar-
beitsabläufen werden dabei am häufigsten als förderlich zum Stressabbau eingeschätzt (durchgehend mehr als 80%). Dagegen wird Ablenkung, sich gut zure-
den oder neue Fertigkeiten erweben nur von etwa der Hälfte der Befragten als
geeignet angegeben.

Ähnlich wie im Bereich des Wissens, zeigt sich auch bezüglich der Motivati-
on der Teilnehmer ein hohes Ausgangsniveau. In den Bereichen Prostata,
Stressbewältigung, Entspannung und Beckenbodentraining bestehen bereits vor
dem Training gute Vorsätze, gesundheitsrelevantes Verhalten einzusetzen. Im
Bereich Schlaf besteht vermutlich ein geringerer Problemdruck, so dass weniger
Notwendigkeit besteht, hier Veränderungen umzusetzen.

Bezüglich des Ernährungsverhaltens ist einzuschätzen, dass zwar eine unspezifische Änderungsmotivation (gewünschte Gewichtsreduktion) vorliegt, jedoch
eine tiefgreifende Umstellung der Ernährungsgewohnheiten nicht gewünscht
wird und auch nicht durch das Training angestoßen werden konnte. Allenfalls
wird nach dem Training versucht, die Menge des Essens zu reduzieren oder regelmäßiger zu essen.

Bezüglich des Vorsatzes die tägliche Trinkmenge im Bereich von mind. 1-1,5
Liter zu erreichen, konnten durch das Training Erfolge erzielt werden. Hier
konnte die Motivation deutlich gesteigert werden.

Die Frage, ob Änderungen der Gewohnheiten im Bewegungsverhalten vorgenommen werden sollen, zeigt eher ein heterogenes Ausmaß der Vorsätze. Obwohl mehr als die Hälfte der Befragten global angeben, ihr Bewegungsverhalten
ändern zu wollen, werden konkretere Maßnahmen in hohem Ausmaß abgelehnt.

Dies muss jedoch vor dem Hintergrund der tatsächlich ausgeführten sportlichen Betätigung gesehen werden. Wird bei denjenigen, die bereits mehr als 1x wöchentlich Sport treiben, angenommen, dass ein Beibehalten dieser Gewohnheit keinen Änderungsbedarf ergibt, so zeigt sich, dass bei mehr als 80% keine Notwendigkeit zur Änderung besteht. Nach dem Training sind sogar alle Teilnehmer motiviert, vermehrte Bewegung im Alltag (regelmäßig, weiterhin) durchzuführen.

Dass vor dem Training kaum angegeben wird, sexuelle Veränderungen vornehmen zu wollen, kann sicher auch als gewisse Abwehrhaltung interpretiert werden, da nach dem Training die Bereitschaft „befriedigende Sexualität" umsetzen wollen, augenscheinlich ansteigt. Hier könnte das Training eine gewisse Sensibilisierung „eingefahrener" Muster erreicht haben.

Im Bereich der Stressbewältigungsstrategien werden gleich bleibend Strategien benannt, die die einzelnen als geeignet ansehen, um mit Stress umzugehen. Eine Veränderung dieser Einschätzung kann nicht verzeichnet werden.

Weiterhin wurde erfragt, ob gesundheitsrelevanten Verhaltens umgesetzt wurde.

Das Beckenbodentraining konnte im Verlauf des Trainings in den Alltag integriert werden. Während vor dem Training überwiegend kein Beckenbodentraining durchgeführt wurde, führt zum Ende des Trainings die Hälfte der Teilnehmer Beckenbodentraining täglich durch, ein weiteres Drittel übt wenigstens unregelmäßig. Zur Katamnese schwächt sich die Übungshäufigkeit etwas ab. Jedoch geben noch 58% der Befragten an, sie würden 3-4 x wöchentlich oder öfter Beckenbodentraining durchführen. Sicher hat die konkrete Hausaufgabenstellung mit Dokumentation dazu beigetragen, dass Beckenbodentraining auch im Alltag weiter geübt wurde.

Einen ähnlichen, jedoch etwas geringeren Erfolg, konnte bei der Etablierung des Entspannungstrainings beobachtet werden. Während vor dem Training 58% der Teilnehmer noch nie ein systematisches Entspannungstraining durchgeführt hatten, geben zum Ende des Trainings ¾ der Befragten an, sie würden 3-4 x wöchentlich oder öfter Entspannungstraining durchführen, 3 Wochen später sind dies noch 58 %.

Konkrete Veränderungen des individuellen Lebensstils in Richtung Gesundheitsförderlichkeit bereits vorgenommen zu haben, gaben vor dem Training 7 Männer an, diese Anzahl erhöht sich auf 10 Männer nach dem Training bzw. 9 Männer 3 Wochen später.

Knapp die Hälfte der teilnehmenden Männer hatte die Prostatakrebs-Früherkennungsuntersuchung im letzten Jahr vor dem Training in Anspruch genommen. Zwei der Teilnehmer waren noch nie bei dieser Untersuchung. Während des Trainings entschieden sich zwei Teilnehmer, einer der bislang noch nie beim Urologen war und einer dessen Untersuchung länger als 1 Jahr zurücklag dazu, die Untersuchung durchführen zu lassen.

Für die täglich zugeführte Trinkmenge lässt sich eine augenscheinliche Verbesserung nachweisen. Während vor dem Training 7 Teilnehmer zuwenig trinken (< als 11 täglich), reduziert sich der Anteil auf 25 % nach dem Training und bleibt dann bis zur Katamnese stabil.

Veränderungen im Bereich der Sexualität hatten vor dem Training 1 Teilnehmer initiiert, nach dem Training 2 Teilnehmer und zur Katamnese 3 Teilnehmer.

Schlafbezogenen Veränderungen waren schon vor dem Training von 1/3 der Teilnehmer eingeführt wurden, diese Zahl änderte sich nicht grundlegend. Ein weiterer Proband gab nach dem Training an, schlafbezogene Veränderungen umgesetzt zu haben. Diese Änderungen bestehen im Wesentlichen im Befolgen sog. schlafhygienischer Regeln.

Die teilnehmenden Männer zeichnen sich, wie auch schon im Bereich der Motivation gezeigt, durch ein hohes Ausmaß an Sportlichkeit aus. Überwiegend wird 2-3x wöchentlich Sport getrieben. Durch das Training konnte in der Häufigkeit der Sportausübung noch eine leichte Steigerung erreicht werden.

Bei der Einschätzung der Häufigkeit des Einsatzes von Stressbewältigungsstrategien zeigten sich überwiegend keine Veränderungen. Nur die Strategie „Erholungsphasen bewusst planen" wird nach dem Training seltener angegeben, zur Katamnese kehrt die Verteilung in etwas wieder zur Ausgangssituation zurück.

Leichte, augenscheinliche Veränderungen erfährt die Strategie „Arbeitsabläufe ändern". Diese wird vor dem Training von 9 Befragten mindestens gelegentlich angewandt, nach dem Training von allen Teilnehmern. Diese Strategie erfuhr im Training auch eine vertiefte Beachtung, da sehr konkret „individuelle Zeitfresser" analysiert wurden.

Das Beschwerdeniveau liegt zu allen drei Messzeitpunkten bei einen sehr geringem Ausmaß. Das mittlere angegebene Beschwerdeausmaß liegt zwischen „keine Beschwerden" und „kaum Beschwerden".

Da die untersuchte Gruppe mit 12 Personen sehr klein ist und außerdem schon eine hohe Gesundheitsorientierung vorlag, konnten wiederum nur wenige statistisch bedeutsame Effekte erzielt werden. Jedoch sollten auch einzelne Verbesserungen nicht unterschätzt werden. So sind beispielsweise der Anstoß zur Krebsvorsorge zu gehen oder die Erhöhung der täglichen Trinkmenge kleine Erfolge, die einzelne Teilnehmer verzeichnen konnte.

Auffällig erscheint, dass es gerade die konkret verhaltensbezogenen Inhalte sind, die auch umgesetzt werden. Dies bestätigt die Notwendigkeit des konkreten Einübens in der Gruppensituation. Auch die Führung der Hausaufgabenprotokolle und damit verbundene spezifische Anregung, die Übungen in den Alltag zu integrieren, unterstützt sicherlich den Transfer. Veränderungen im sexuellen Bereich, schlafbezogenen Veränderungen oder Veränderungen im Umgang mit Stress stellen sich möglicherweise erst später ein, da hier weniger spezifische Vorhaben angegangen wurden.

Die Akzeptanz des Trainings wurde mittels Stundenbeurteilungsbögen überprüft. Dazu konnten bezüglich 8 Dimensionen Einschätzungen auf einer fünfstu-
figen Skala von sehr zufrieden bis absolut unzufrieden abgegeben werden.

Der Informationsgehalt wurde am besten bei den Themen „Hormone", sowie
in der Stunde „Prostata und Schlaf" eingeschätzt. Hier wurde eine Bewertung
zwischen „sehr zufrieden und zufrieden" erreicht. Am uninteressantesten wurde
die Stunde „Ernährung/ Bewegung" beurteilt. Hier wird im Bereich von „zufrieden" beurteilt.

Die Didaktik und das Niveau der Präsentation sind die am schlechtesten beurteilten Kategorien. Stunde 1 erhält hierbei eine Bewertung im Bereich „ bedingt
zufrieden". Ebenso wird in Stunde 3 das Niveau der Präsentation in dieser Art
eingeschätzt. Alle weiteren Stunden erhalten für diese beiden Beurteilungsdimensionen im Mittel Bewertungen im Bereich „zufrieden".

Die Zufriedenheit mit der Möglichkeit zur Durchführung praktischer Übungen zeigt einen leicht u-förmigen Verlauf, wobei die erste Stunde am schlechtesten und die Stunde zur Ernährung/ Bewegung am besten eingeschätzt wird. Alle
mittleren Bewertungen liegen jedoch im Bereich „zufrieden".

Das Gruppenklima erfährt bis zur vierten Stunde eine zunehmende Verbesserung und wird in dieser Stunde zur Sexualität sogar im Mittel mit „sehr zufrieden" eingeschätzt. In der letzten Stunde fällt die Zufriedenheit mit dem Gruppenklima jedoch wieder leicht ab und liegt dann im Bereich „zufrieden".

Die Gelegenheit zum gegenseitigen Austausch wird in den Stunden „Hormone" und „Ernährung/Bewegung" am schlechtesten, jedoch noch im Bereich von
„zufrieden" eingeschätzt. Die anderen 3 Stunden bekommen tendenziell bessere
Beurteilungen ebenfalls im Bereich „zufrieden".

Die Möglichkeit aktiver Mitarbeit wird wiederum in Stunde 1 am geringsten
eingeschätzt und in Stunde 3 am zweitschlechtesten eingeschätzt. Auch hier bewegen sich alle Zufriedenheitsbeurteilungen im Bereich „zufrieden".

Mit der Kompetenz der Kursleiterin sind die Teilnehmer im Mittel „zufrieden". Die beste Beurteilung erreicht die Stunde „Stress-Lebensstil". Hier liegt
die Einschätzung zwischen „zufrieden und sehr zufrieden".

So zeugt auch die Gesamtbeurteilung der Stunden von einer hohen Akzep-
tanz. Die Rangfolge der Zufriedenheitsbeurteilung verläuft von Stunde 5
„Stress-Lebensstil" über Stunde 4 „Sexualität", Stunde 2 „Schlaf-Prostata",
Stunde 3 „Ernährung- Bewegung" zu der am schlechtesten beurteilten Stunde
„Hormone" (Stunde 1).

Da die erste Stunde mit sehr viel theoretischen Informationen und auch Ein-
führungen gefüllt ist, bietet sie weniger Möglichkeiten zur aktiven Mitarbeit.
Dies sollte in einer Modifikation des Trainings ggf. verändert werden. Auch die
dritte Stunde zur Ernährung und Bewegung sollte eventuell noch einmal überprüft werden. Wie schon in den Darstellungen zur Motivation und Vorwissen

der Befragten aufgezeigt, erscheint es möglicherweise sinnvoll, bausteinartig Themen je nach Bedarf anzubieten.

Es stellt sich zum Beispiel auch die Frage, in wieweit das Thema „gesunde Ernährung" speziell unter Männern als interessant und relevant betrachtet wird. Die Wissenslücken und die geringe Motivation die Ernährung gesundheitsförderlicher zu gestalten, weisen hier auch in diese Richtung.

Zusammengefasst kann eingeschätzt werden, dass das Training von den Teilnehmern gut angenommen wurde. Es zeigt sich, dass es geeignet ist, konkrete Veränderungen im Gesundheitsverhalten anzuregen und Wissenslücken zu schließen.

Wie jedoch häufig bei Präventionsprogrammen üblich, wurden überwiegend gesundheitsorientierte Personen erreicht. Dies zeigt sich z.B. an der hohen Sportorientierung, sowie an einem hohen gesundheitsrelevanten Vorwissen der Teilnehmer.

Da Männer aber insgesamt nur in weitaus geringerem Maße Präventionsmaßnahmen in Anspruch nehmen, stellt sich die Frage, wie weniger motivierte Teilnehmer erreicht werden. Möglicherweise stellt die Implementierung von Elementen des Trainings in Einrichtungen der Rehabilitation hierfür eine geeignete Methode dar.

Literatur

Fügemann, C. (2005) Probleme von Männern in der Lebensmitte- empirische Studien. Hamburg: Verlag Dr. Kovac.

von der Linde, I. (2007). Männer in der Lebensmitte- Gesundheitsverhalten und berufliche Anforderungsbewältigung. Hamburg: Kovac.

Schwarzer, R. (1996): Gesundheitspsychologie. Göttingen: Hogrefe.

Peter Lang · Internationaler Verlag der Wissenschaften

Martina Becker / Gerd-Bodo von Carlsburg / Helmut Wehr (Hrsg.)

Seelische Gesundheit und gelungenes Leben

Perspektiven der Humanistischen Psychologie und Humanistischen Pädagogik
Ein Handbuch

Frankfurt am Main, Berlin, Bern, Bruxelles, New York, Oxford, Wien, 2008.
277 S., zahlr. Abb. und Graf.
Erziehungskonzeptionen und Praxis.
Herausgegeben von Gerd-Bodo von Carlsburg. Bd. 71
ISBN 978-3-631-56985-6 · br. € 29.90*

Die Beiträge dieses Buches behandeln die Thematik *Seelische Gesundheit und gelungenes Leben* aus verschiedenen Perspektiven der Humanistischen Psychologie und Humanistischen Pädagogik. Hierbei stehen besonders die Ansätze von Erich Fromm und Carl Rogers im Vordergrund, aber auch andere Ansätze, wie Interaktionstheorien und spieltherapeutische Bereiche kommen zur Sprache. Es soll ein *Perspektivenwechsel* gewagt werden: von der Parthogenese, dem Schielen und Fixieren von Negativaspekten, in Richtung Salutogenese voranzugehen, dem Wahrnehmen von potentiell Positivem: nennt man es nun Glück, Flow, Lebenskunst oder ‚Emotionale Intelligenz'. Diesen Fluchtlinien wollen die Autoren theoretisch aus unterschiedlichen Perspektiven nachfahren. Gelungenes Leben entsteht dann, wenn das Streben nach Freude verwirklicht wird. Ein gelungenes, also zufriedenes und glückliches Leben zu führen, hat viel mit seelischer und körperlicher Gesundheit zu tun, auch wenn es nicht vollständig identisch ist. Jeder von uns sehnt sich nach einem ‚guten' Leben und nach ‚Wohl-Sein', wo Raum für individuelle Spontaneität und Kreativität sowie eigenständige Weiterentwicklung/Exploration bleibt.

Aus dem Inhalt: Selbstwert erleben und seelische Gesundheit · Pädagogische Interaktion zur Erlangung identitätsfördernder Kompetenzen · Die Förderung „seelischer Gesundheit" · Therapeutische Gemeinschaft · Kompetenzorientierte Prävention · Seelische Gesundheit von Jungen · u.v.m.

Frankfurt am Main · Berlin · Bern · Bruxelles · New York · Oxford · Wien
Auslieferung: Verlag Peter Lang AG
Moosstr. 1, CH-2542 Pieterlen
Telefax 00 41 (0) 32 / 376 17 27

*inklusive der in Deutschland gültigen Mehrwertsteuer
Preisänderungen vorbehalten
Homepage http://www.peterlang.de